U0815522

共 享 理 性 的 力 量

在耶鲁精进

成为专才之前，先成为通才

王烁 ◎ 著

民主与建设出版社 博集天卷 CS-BOOKY

惟一靠谱的人生策略是精进

罗振宇跟我说把这个订阅产品定名为《王烁·大学·问》的时候，我是抗拒的。

“不敢当。”

“你想多了。不是大·学问，是大学·问。”

“这样的啊。这我擅长。”

提问题是我的工作。如果有一件事是我的专业，就是它了。我新闻从业20年，参与创办中国最杰出的财经新闻媒体财新传媒，采访过的人不计其数，刚过去这一年就有周小川、伯南克、默多克这些。采访多了，我明白一个道理。记者是内容的专业中介，提出恰当问题，使新闻人物给出高质量的回答，传达给读者。理解—提问—再表达，反复迭代。好记者理解两头，一头理解新闻人物，一头理解读者需求，然后用自己的理解把两边对接在一起，功成身退。

我这次不是采访，是高强度学习，道理相通。

从9月开始，作为2016年度的耶鲁世界学人，我在耶鲁大学游学。世界学人计划由耶鲁大学前校长理查·莱文创办，每年从世界上千候选人中挑出十余人，在耶鲁大学学习一个学期，旨在培养明日领袖。明日领袖实不敢当，我把这当成难得的学习机会。

我见过的杰出人物多了，无一不是终身学习，在漫长的人生马拉松中，渐渐把停止学习的同侪落下，一骑绝尘。终身学习于他们是内在需求。亚投行行长金立群，“文革”期间当知青在乡下背单词的时候，他并不知道有什么用处，更想不到有一天，会在亚投行的谈判中用莎翁典故来打动英国人，为谈判突破找到润滑的通道。学习也不止于狭义求学本身，做事并始终琢磨把事做到更好更是学习。作为新闻工作者，胡舒立早已功成名就，却始终在一线转战。穷则独善其身，达则兼济天下，终身学习者不停进阶，与中国一起攀到高峰。国运与个人努力，缺一不可。

世事无常，精进不已，是惟一靠谱的人生策略。

在学习的世界里，我是贪婪的游牧民族。看见哪里的青草更肥美，我就转场到哪里。很幸运，新闻工作给了我不停转场的理由和动力。世事纷纭，无法预知下一件大事在哪个领域发作，必须立即反应，快速学习，你的分析框架得包容，有弹性，管用，持续扩展，还得有好几套。

智识的游牧民族没有家，只需要每一刻都有立足之地。多年转战，我攒下三个硕士学位，哲学、工商管理、国际关系，但除了新闻，我在任何领域里都不是专家，不需要是。内特·西弗说，人生有一个另类二八定律，就是付出两成努力，对一个领域了解八成。不是为了取巧，而是首先八成就够用，因为不是为学习而学习，而是学为有用，八成就够先用起来；其次，也是更重要的，八成足够激发智识游牧民族对新领域的好奇，以后与其在征服过的所有领域中已获取的其他八成相激发。二八定律的另一半是，如果要穷尽剩下的两成，需要付出另外八成的努力，所以他们宁肯把努力用在别的地方：跨界。麻省理工学院媒体实验室主任彭特兰说，最有创新能力的那些人，在观念的溪流中自由徜徉，每获得一个新观念，就把它置入思想的溪流中，与其他人交融，碰撞，验证，证伪，生发出新观念。他们不是专家，但也不浅尝辄止，而是追逐知识、观念、思想、技能跨领域碰撞的化学反应，不能自已。

世界学人项目很独特，它每年从全世界选来十余人，成就不同，背景各异，把他们放在耶鲁大学，彼此砥砺，共同接受一流学术环境的淬火，让经验与观念在学术熔炉里交融，为明日奠基。他们这样介绍和期许耶鲁学人：

“他们是开拓者：巅覆式思想家，为他们所在的领域带来大胆、原创的声音。他们是在职业生涯中途的实干家，来自各个行业，准备下一步的成长。他们极为好奇，充满激情，关注带来积极影响。无论走到哪里，他们都会仿佛不由自主地深刻地改造环境，使其变得更好。他们是创业者、活动家、记者、政治家，他们是医生、律师、军人、商人。他们是世界学人。”

有幸身处其中，我带着一个大问题来到耶鲁大学：世界正在告别冷战结束以后的大温和期，极端气候就在前方，似将席卷一切，动荡再临。在国与国之间，它将怎样重塑国际关系动力学？在一国之内，它将怎样催化国家与社会的再调整？政经相扣，它将怎样使商业环境对一些玩家来说变得险恶，而给另一些玩家带来机会？以及对我们来说最重要的，个人怎样在黑天鹅正在飞起的世界里安身立命，修齐治平？这些事，我事事关心。

层层问题，虽然尺度不同，彼此关联也并非逻辑推理链般咬合，但自上而下、自下而上都有清晰可见的关联。随举一例：如果各国筑墙，全球化退潮，那么中国继续用出口给经济增长找出路就事倍功半；外贸行业将发现自己始终处于一场上坡的战争；个人呢，在决定自己职业生涯时则应该意识到——机会在别处。再比如，美国此时也在关键时分，特朗普与希拉里相争。希拉里上台后的政策能见度是比较高的，而特朗普则几乎没有能见度，因为他还没有政策，波动会更大。美国总统谁来当这件事对普通中国人能有什么影响呢？忽略中间过程，快进到财务决策：在风和日丽的时候，家庭资产组合中实物黄金的比例最多给到1%，但如果特朗普上台，应该考虑把比例提到5%。刚去查了下菜百金价，300多块钱一克。

个人的曲线，环境的曲线，全球的曲线，层层叠加。我们习惯了自下而上由己及人的视角，但也要学会自上而下，鸟瞰世界在哪里，中国在哪里，自己在哪里。

世界学人项目结束之后，我还会继续在美游学一段时间，下一站在西岸，总计是一个学年的时间。无论在耶鲁还是别的地方，我会听许多课，去许多讲座，见许多人，读许多书。不要指望我照本宣科，讲述我听到看到了什么，我会讲我学到了什么。我学习，我消化，我与你分享。

预先提示，这些问题不会有简单答案。我在分答上回答过许多问题，许多人关心如何解决特定人生难题：如何挣到第一个一百万？对工作不满意怎么办？怎样读书？年齿渐长，我慢慢懂得，凡是有答案的都是小事，大事则只有取舍，而取舍人各不同。小事都能取巧，大事则只能拼实力：努力、耐力、爆发力。我在这里持续用力。希望你也一样。

“读过许多书，走过许多路，还是过不好这一生。”这句话流行一时，我完全不信。这样都不行的人，得有多雉？

学习是终身之旅，欢迎与我同行这一段行程。

目录

耶鲁故事

极简金融课

目录 / 03

极简谈判课

财智逻辑

在美国看美国

大学·问·答网友

耶鲁故事

耶鲁是这样的

到2016年，美国建国才240年历史，但耶鲁大学建校却有315年。没办法，北美大陆特别是东北部的新英格兰这块地方，先有文明，后有国家。这跟中国正好相反，中国历史悠久，现代大学的历史则短得可怜。

历史悠久，在这里沉积。纽黑文是座小城，位于纽约和波士顿之间，耶鲁大学最早的校区在市中心，然后一点点向外延展，特别是向北，爬过缓坡，登上科学山。从南往北步行穿过整个校园也就是30分钟，谁不愿意走在新英格兰初秋的阳光里呢?

耶鲁大学的建筑大多有历史感，哪怕新修，也尽量融合到庄重静穆的画风之中，研究生院就是代表。

沉积至今，耶鲁有14个学院，其中一个本科生院，一个研究生院，12个职业学院。职业学院跟国内对这个词的理解有别，指商学院、法学院一类专门学院——耶鲁立校之本是通识教育。

积淀深厚也造成了麻烦。耶鲁有校部，但你把它看作14个学院的自由联合体就好。每个学院都自行决定课表，也自行决定每年秋季开课时间。作为耶鲁世界学人，我有在全校跨学院任意选课的特权，但跨学院这三个字与各学院自行其是的现实相遇，就给习惯国内统一规划的新来者如我制造了许多头痛的事。

而且，耶鲁周五一般没课，但如果遇到下周一是节假日，则将当天课程提前到本周五。2016年9月5日周一是美国劳动节，课程提前，于是开学的第一周，我乱成一团浆糊。

开学前两周是耶鲁的选课季，耶鲁人称为 shopping period，很形象。所有课程第一节课都是教授简介课程，说清要求。学生们先感受再决定是否选修。

耶鲁一年开多少门课？有个专门指导世界学人选课技巧的教授说是3000门，马上被纠正为6000门，然后过两天我听见的新说法是10000门。谁知道哪个对呢？总之，我这样可凭兴趣随便选课的人，完完全全陷入了课程的汪洋大海之中，亲身体验了“更多的选择并不更好”这一行为经济学的重要发现。

令人头晕目眩的选课季下来，我有两点小小的体会。

第一，不论是在商学院那样的超现代化课堂，还是法学院十几把椅子围着张桌子这种小教室，教授对学生在课堂上使用电子设备都深怀敌意。客气点会说，电脑只能用于记笔记；不客气的就直接说，记笔记也请用笔。

写过《大国的兴衰》的著名教授保罗·肯尼迪就是这样。他在课上说：“绝对不许用电脑和手机，必须学会手记笔记，这对你的职业生涯极为重要。”肯尼迪花了十分钟歌颂了另一位耶鲁教授、美国前副国务卿查尔斯·希尔的笔记传奇。希尔年轻时曾经是基辛格的顾问，无论多么紧急忙乱的会议，他坐在一旁沉着地记下来会议的精要，“漂亮、有组织、可识别”。肯尼迪对学生悲鸣：你们是不可能达到他的水平了，但清楚扼要地记下正在发生的事情，极为重要。他讲了个故事：上校给将军作汇报，照着汇报文件念，将军打断了他：“上校，我也识字的。这样吧，阿拉斯加见。”于是上校职业生涯的后半段就被发配到阿拉斯加了。

不知道你会怎么样，反正我听完就把电脑合上了。

不是每一位教授都如此重视笔记，之所以敌视电子设备，主要还是因为需要学生保持专注。我曾问过某教授用电脑记笔记有何不妥，教授说：“我需要每个人的脑子。”

这我同意。虽然我这样早已习惯用电脑做笔记的，损失一点表面的效率，转而从专注获得回报，划算。

第二，耶鲁本科生素质惊人。

一周下来，我在法学院、商学院都听了课，典型的美式大学课堂，老师介绍论题，引导学生讨论，但直到我上了主要是耶鲁本科高年级学生参加的一堂大战略课，才真正感到震惊。

这是大战略的第一堂课，讨论全球化。很荣幸，这个论题是我在求见耶鲁著名学者约翰·加迪斯时提的。我问他：前两年还显得无可阻挡的全球化势头，为什么此刻已停顿，甚至可能正在逆转？加迪斯主持大战略课多年，刚刚把主持人的角色转给另一位教授。他非常喜欢这个问题，建议这学期第一课就讨论全球化。

主持这节课的伊丽莎白·布雷德利教授，开场提了三个问题：

——全球化确实是在逆转中吗？

——如果是，是因为全球化这件事本身就难以持续？

——还是说全球化可行，但被谁在什么地方搞砸了？

然后，整堂课就是学生发言。

我看着40多位学生争相举手，一个一个地站起身来，侃侃而谈，言之成理。这个问题是我提的，自然有一些思考，但这些学生看问题的角度整合起来，远远超出了我的幅度和深度：他们自如地运用统计学、经济学、政治学、历史学知识，结合自己的观察——几乎每一个人刚刚过去的暑假都在海外某个地方度过——然后互相驳难。

教授只需要把学生们的发言在黑板上整合成为一个思维导图——是的，学生们用一个小时，初步描画出了研究全球化问题的思想地图。

我曾在国内最好的高校讲过课，然而对比过于强烈，不多说了。

结束之际，加迪斯教授站起身来："同学们，你们忘了一件事。政策决定是人做的。你们不能只从政策对国家的长期利弊来思考问题，必须还要从决策者的个人角度来思考。政策不仅要对国家有利，还要决策者能接受。"政治，政治，政治，重要的事情说三遍。

事后，我跟加迪斯教授说："这些学生水平太高了。"加迪斯挤挤眼："哈，我们精心挑选过。"

我稍微松了口气。即便如此，我也知道，这些学生来自历史系、文学系、政治系，等等，不一而足。他们都至少已初步掌握了当代作为一个知识人必备的思维框架和表达能力。无论将来在什么领域开始职业生涯，他们只需要补上特定的专业知识即可，而这不难。

在成为专才之前，先成为通才。这是耶鲁通识教育的精髓，我刚刚见识了它的力量。

耶鲁怎么培养学生

前一篇文章讲到，耶鲁施行通识教育，极重本科。本科生素质之高，惊吓了我。前两天请几位耶鲁高年级本科生吃饭，他们笑笑说：随时随地站起来，侃侃而谈，言则成理，这件事耶鲁学生最擅长。耶鲁学生的辩论水平在美国大学中也是翘楚。

很自然地，其中一位讲起她的哥哥，她与哥哥都在耶鲁上学。为什么提到他呢？因为这位是个神人，最初为塞舌尔驻联合国使团做点事，然后因缘际会，不期然成为其驻联合国代表，时年18岁而已，是联合国历史上最年轻的国家代表。

塞舌尔虽小，但联合国是个大国小国都有机会发言的地方，而这位出自耶鲁，年纪虽轻，却有甘罗之风，特别能侃，依次得罪了伊朗、朝鲜，也曾被伊朗人在纽约大街上追逐，也曾被朝鲜放上终身禁入该国的黑名单。

不去也罢。

一边做联合国代表，他还一边在耶鲁当本科生。现在总算是不当了，今年毕业，拿到著名的罗德奖学金，即将去牛津待一年。罗德奖学金是美国大学生的顶级荣誉之一，一年32个人有机会去牛津、剑桥待一到两年（这个奖学金的机会2016年刚刚来到中国，第一年是10个人）。

一个大写的“服”字。

所以，我这篇文章准备讲讲耶鲁怎样培养学生。我到这里总共没几天，也还没来得及上过几堂课，有什么资格写这个话题？

因为看了两个演讲。

两个演讲都出自现任耶鲁大学校长萨洛维（Peter Salovey），一个是2016秋季开学典礼发言，另一个更早些，是当年春末夏初时毕业典礼上的发言。一个迎来，一个送往，承载耶鲁这家三百年名校对学生的期许。

在出任耶鲁校长之前，萨洛维担任过耶鲁本科生院院长、研究生院院长、大学教务长等职。他是著名社会心理学家，与他人合作提出了至今影响极大的“情商”理论，也曾为新生教过多年的心理学入门课。他懂耶鲁学生。

耶鲁校长似乎没有什么任期一说，300多年校史至今，总共不过23任校长。你要是干得好身体又还能干，那就一直干下去。他的前任理查·列文就做了20年校长。萨洛维才三年，未来长得很。

两篇发言，没有一篇讲学生具体应该学啥，掌握什么技能，只讲一个主题：学生应该成为什么样的人。

大学之道，在于树人。

先讲迎来。

2016年秋季的开学典礼上，也就是前两天，对刚刚来到耶鲁的新生们，萨洛维讲了三点：

——警惕任何简单化的陈述，特别是那些做法：夸大、扭曲、忽略关键事实，以煽起你的恐惧、愤怒和厌恶情緒；

——如果这类陈述与你的既有看法特别吻合，就要更加警惕；

——静虑深密，保持怀疑精神，培养批判思维。

萨洛维说，耶鲁教育的价值，不仅在于扩展学生的想象力，增加其知识库，助力其职业生涯，更重要的是帮助他们在日益极化和碎片化的世界里，保有积极的领导性的角色。

再讲送往。

往前几个月，春夏之交送别毕业生时，面对这群前往人生下一站的大好青年，萨洛维也讲了三点。

——无论何时何地，要充分表达你的看法，不论它是什么。充分表达看法，意味着不为从众而从众，也不要为了寻找认同和安全感而与看法相似的人抱团取暖。如果你的看法确实与众不同，一定把它说出来说清楚，这是你的权利，也是对社会的责任。

——与此相互为镜像，你得仔细倾听别人的声音，特别是那些与你不同的声音。萨洛维提出一个很有意思的看法，就是如果你要批评别人的看法，那么你得批评这个看法的最合理版本，而这一点你若不仔细倾听是做不到的。著名认知科学家丹尼尔·丹尼特也有类似看法：无论你要批评谁的观点，你要批评他观点中最棒的那10%，因为无论是谁，其观点的90% 都是没有价值的，要批评就批评有价值的那10%；此外，批评之前，你要把他的观点表达得比他本人更完整周到。

这批评的门槛，你能越过吗？扪心自问，我还要努力。

还不止此，萨洛维说，除倾听对方说什么之外，要付出更多努力，去了解他为什么这样说，理解其背后的个人经历和利益所在，而不能仅限于其观点的智识内涵。

——要寻找共识。如果你既全力表达自己，也仔细倾听他人，那么寻找共识就不是放弃原则，因为没有哪个社会经得起长时间的撕裂，要在多难之间为每个人都有份的社会创造性地寻找中庸之道。寻找共识的路上永远会有不同看法在对峙，但不要卡在对峙上。

最后，萨洛维让毕业生们全体起立，训示：

“在你们踏出校门前往世界时，把耶鲁给你们的全都带上：

寻找简单之道，但能理解复杂性；

倾听，但保持批判精神；

在人生际遇中找到快乐，但不忘责任。”

我当年走出校门的时候，何尝听过这样的训诫。

大学优异的基因

朋友发给我刘守英先生的文章《哈佛何以一流》，建议我写篇耶鲁。其实珠玉在前，我何必续貂？耶鲁优异之处，又岂是我浮光掠影能写透？

想来想去，还是凝聚到一点，从耶鲁看那些最优秀的大学以何为基。

一

耶鲁是私立大学。所谓私立，即其经费不由政府拨款而来。耶鲁大学每年的预算中，最大宗收入来自校产基金的贡献。校产基金主要来自校友捐赠及其孳息，这对耶鲁至关重要。汇集各路捐赠，耶鲁校产基金现管理260亿美元资金，在美国大学中仅次于哈佛，名列第二。过去五年中，为耶鲁贡献了超过50亿美元的运营资金，是最重要的资金来源。耶鲁也使用一些政府经费，主要是某些课题项目有政府资助，但所占比例有限，且分散在大量课题里，并不集中，对大学整体不形成影响。

大学为何要有校产基金？大学之道，在明明德，本不在有产。有产的理由，是以可永续的财务资产，创造稳定的收益，为学校教学、研究及其扩展提供资金。大学首先应有使命，由此界定教学、研究的方向与规模，催生长期资金需求规划，倒推校产收益率目标，并形成基本制度：管理要专业化、资产配置要多元化，要追求给定收益目标下的风险最小化，治理结构要最大限度透明化。

耶鲁校产基金现由传奇管理人大卫·斯文森执掌，他以一己之力开创校产基金管理新路，收益率稳定地战胜市场，为耶鲁大学的永续在财务上奠基，其投资理念已统治全美大学校产管理界。在《王烁·大学·问》中他已多次出场，想对他了解更多的话，请翻看本书文章。

财务自由本身不能保证思想自由，但没有财务自由的话，绝对没有思想自由。

二

与其他美国大学一样，耶鲁大学的最高权力机关是董事会，不过耶鲁大学董事会的名称不大一样，Yale Corporation——耶鲁法团。耶鲁历史太悠久，1701年成立时全称即为“学院”，1718年获商人伊莱·耶鲁捐赠560英镑，改为现名——这大概是历史上性价比最高的一笔冠名捐赠了。

耶鲁校董会共19名成员，校长是当然成员，另外两名当然成员是康涅狄格州州长和副州长。其余16名成员中，10名为继承校董（successor trustee），6名为校友校董。

其实在多年以前，根据康涅狄格州宪法，州政府在校董会中有

8名代表，除州长和副州长外，还有另外6名政府官员。1752年，耶鲁校史上的著名校长克莱普曾想将政府官员挤出校董会，以失败告终，因为耶鲁当时还必须依赖政府资金。

两三百年过去，耶鲁校董会全然改观。州政府代表只剩下正副两位州长，其余6名政府代表已全数消失，由6名校友校董取而代之。

继承校董也经历了相似的历程。耶鲁创立之初附属于教会。耶鲁大学的独立，是教育、研究、思想自由从政府影响下独立的历史，同样也是从教会控制下独立的历史。耶鲁前身由十名牧师创建，所谓“十位创始人”，这十人被认为当然校董，后来接任其席位的人，则视作其继承者，因此有“继承校董”之称。直到近二百年后，耶鲁才于1905年产生了第一位不是牧师身份的继承校董。

今天，耶鲁大学早已彻底独立，早年由政府和教会统治的顶层结构焕然一新。校友校董也好，继承校董也好，现在的耶鲁校董会里面，除正副州长外的17人，包括校长在内，全部是耶鲁校友。

当然，还能看到许多历史遗痕。比如说校董的选举方式不一样：继承校董的选举只在现任继承校董任期届满之后才举行，且只有现任十位继承校董有选举权，一旦选出，服务两个六年任期。六名校友校董则是错期服役，每年选出一名校友出任，服务一届也就是六年，六年才能梯次换完。谁来选呢？耶鲁全体校友，每年春天投票。

如此犬牙交错安排，早年应是出自政府与教会相互制衡的设计，留存到今天，暗合进化论的逻辑：如果什么东西没坏，那就继续用着。同时它使耶鲁校董会有极强延续性，如果谁想换掉全部校董，最短也要六年，最长则理论上可达十二年。请问在美国谁耗得起十二年呢？总统也就做四年而已。凝聚传统，坚如磐石，难以颠覆，这制度设计与大学的永续目标相符。

世界上没有千年的政府，但有千年的大学。大学之大，固然不在于有大楼，其实也不在于有大师，虽然大楼、大师都是题中应有之义。大学之大，在于永续，为自由思想、独立学术提供空间，教书育人，服务社会。政府来来去去，大学永远伫立。

三

从政府和教会的控制下，逐步实现财务独立、治理机制独立，终有学术的独立。今天耶鲁以一所非盈利的私立大学服务于公共利益。类似大学在美国很多，它们是多元化社会的中流砥柱。个体独立与社会多元相辅相成缺一不可。只有真正独立的个体大量存在，社会才有多元可言；反过来说，只有社会容纳多元空间，个体独立才有可能。一切定于一尊的话，哪里还有独立个体和多元社会？

在这个社会里，特朗普想乱来没有那么容易，且不说什么三权分立，他拿耶鲁这样的机构就没有什么办法。不光耶鲁甚至也不光大学，整个美国社会自下而上由无数个大大小小的独立个体层层叠加而来，各有自己的根基。只要他们的独立性还在，强健社会就还在。

说远了，拉回来。

像耶鲁这样的大学，本质上是两个共生的自治体相濡以沫的结果。一个是学术自治体，围绕教学、研究，自由思想，切磋砥砺；一个是校友自治体，它远不仅仅体现于校友会组织，更贯穿大学治理的主要环节，既在校董会执掌大局，又在大学、学院、讲席、项目等各个层级为大学发展筹集资金，贡献思路。

为什么校友对大学这么重要？直接原因当然是校友捐赠。深层原因则是大学与校友植根于同一基础。校友对于母校有什么期待？母校对于校友有什么期待？归根到底，就是简单一句话：我愿以母校为荣，母校愿以我为荣。大学与校友之间财力、智力、能力的相互支持，无不以这最朴素的善意为基础。声誉是大学与校友最美好也最重要的纽带。在一代代的传承中，校友成就与母校声名交相辉映，结成难解难分的声誉共同体，渗透落实到财务支持、治理安排，成为大学独立的核心支撑。

同在声誉共同体，校友是母校的天然盟友也是诤友。校友们会时时戒慎，既会奋力保护母校声誉免于外部威胁，同样也会揭竿而起抗议来自内部的侵蚀。如果一个大学校长丧失声誉，哪怕其一切所为表面合规，也只能下台了事，因为这个共同体是大学生命之所系，用声誉黏合。丧失声誉，最终丧失一切。

大学在长期中取决于声誉，在短期中需要金钱与人才。那些最优秀的大学已经形成长短期的正反馈：声誉带来更多财力，吸引到更优秀人才，又反过来创造更高声誉。这也许需要漫长到数百年的时间，但在竞争中站上塔尖的那些最优秀大学，以声誉共同体为基，以学术自治体和校友自治体为翼，已建立难以撼动的地位，有了永远伫立的基础。

以耶鲁为例，最好的私立大学的学费和生活费用都不菲，但你申请时不用担心能否上得起学。耶鲁世界学人项目请一位刚入学的本科生切尔西帮我们做些协调工作。她来自中西部偏远地带，家庭困难，从来没有离开过家乡，没有坐过电梯，没有吃过新鲜食物——从小到大吃的都是冷冻食品。她能到耶鲁求学，是因为耶鲁只要录取你，你就能获得财务支持，足够上完四年大学。资助不是基于你有多优秀（merit based）——只要你能被录取，就被认为已足够优秀——而是基于需要（need based）。根据你的家庭情况算出你需要多少支持，就给多少。这也不都是免费午餐，相当部分是贷款，你将来得还。帮你攀上人生阶梯的这些力量，直接来自录取你的大学，间接来自于你的校友。

这些资助有多少呢？以最近一个财年为例，超过一半耶鲁本科新生获得了资助，平均获得的资助是48000多美元。

我愿以母校为荣，母校愿以我为荣。就是这么真真切切。

开始时提到耶鲁校产基金管理人斯文森，他是校产基金管理界的巴菲特。我问他："如果你成立自己的基金，个人财富增长几十倍应该不成问题，为什么不做？"斯文森答道："我更愿意是耶鲁一员，为这个世界上最好的机构工作。这使我快乐。"

我又问："为这个历史比美国还要悠久的机构管理为其永续奠基的资金，你有什么体会？"

斯文森说："这是世界上最好的工作，我很幸运。"

识人方有阿尔法

——耶鲁校产基金管理人大卫·斯文森

我见过不少大投资机构的办公室，大卫·斯文森（David Swensen）的办公室最简朴。

从纽黑文惠特尼街55号上到5层出电梯，前台就是这个画风，看样子来自宜家。斯文森的个人办公室同样是宜家风。

斯文森是耶鲁校产基金管理人，活着的传奇。耶鲁校产基金管理260多亿美元资金，仅次于哈佛，而斯文森在业界的影响无人可比。

校产基金（University Endowment）既不特殊也特殊。不特殊在于校产基金管理的也是资金，是资金就要有回报；特殊之处在于大学是永续的所以校产基金是永续的，它有超长的投资视野。

有多长呢？

耶鲁大学建校时间比美国建国还要早70年。校产基金运营的目标是支持大学延续到无尽的未来。

校产基金主要来自捐赠，这在一流大学的资金来源中占有越来越重要的位置。耶鲁大学每年预算中有近一半总预算、十多亿美元来自校产基金。许多人认为，对耶鲁大学贡献最大的就是斯文森。

以耶鲁世界学人项目为例，大概一半预算来自校方拨款，一半来自捐赠。去年获得美国保险业巨人格林伯格的1500万美元捐赠，加上现有的捐赠资金，保证项目得以永续。这些钱会到校产基金里，哪怕校方拨款出现什么不测，来自校产基金投资的收益也足以保证项目不受影响。

你看到的所有冠名讲座教席，无不如此。

斯文森是真正的学院派投资人。他在耶鲁求学，师从诺奖得主托宾，其职业生涯的绝大部分都在耶鲁校产基金度过，把安静、陈旧、保守的校产基金业带入了新时代。

他认为校产基金应充分利用其超长投资期优势，超出传统的股债组合，投资于更长期的低流动性资产，如私募股权（PE）、风险投资和其他另类投资工具，以获取低流动性带来的风险回报。这在今天已成常识，但在20多年前却属惊世骇俗。

这个逻辑有坚实理论基础，在过去20多年间，为耶鲁校产基金带来了两位数的复合增长率，显著战胜了标普指数，也将耶鲁逻辑带到整个业界。今天美国十大校产基金管理人中，七位出自斯文森门下。

永续只是校产基产管理的两大目标之一，另一个是支持教学研究的当下需求。两者之间存在张力：收益率过于稳定则不能永续，因为难以战胜通胀特别是教育通胀；过于着眼长期则可能发生眼下现金流压力。两者必须平衡。

2008年金融危机对校产基金是一次压力测试，整个金融体系流动性抽紧，那些投资于低流动性资产的基金无不承受重压，许多只好清盘。耶鲁校产基金也遭遇巨额损失，亏损20% 以上。第一大校产基金哈佛也是如此。

校产基金投资受损，有可能直接影响到学校预算，哈佛就不得不推迟了修建一个科学中心的计划。耶鲁还好，斯文森对我说，校产基金还是筹出足够资金，保证了耶鲁的正常运营。

同为校产基金双璧，耶鲁校产基金与哈佛校产基金完全不同。哈佛校产基金好比是设在大学内部的对冲基金公司，完全市场化操作，薪酬也按对冲基金的市场标准来。年景好的话，管理人能拿到上亿美元收入，这在大学里面自然会造成很多非议：大学是以教学研究育人为尊，还是以挣钱为尚？去年哈佛校产基金表现不佳，管理人只能辞职了事。刚刚看到《华尔街日报》投资版头条，哈佛校产基金准备解雇一半员工，基本放弃现有模式，把钱交给外部基金经理来管。也就是说，准备像斯文森那样做。

斯文森在耶鲁所做完全不同。耶鲁校产基金管理260多亿美元，而他自己一年收入不过几百万美元，比教授当然是高不少，但与市场薪酬完全不成比例。谦退自抑，他使校产基金与耶鲁大学和谐共生。

耶鲁校产基金做多元化投资，50% 投美国股债资产，15%投国际股债资产，15% 投并购基金，15%投风险投资基金，剩下是其他。现在总共三十来号员工，基本上都是耶鲁毕业，不直接管钱，而是选择恰当的外部基金，把钱交给他们管理。

耶鲁逻辑是这样的：

市场不是有效的，但利用市场无效获利又是极难的。斯文森及同事把几乎全部时间用来找那些能获得阿尔法（超额收益）的主动投资管理人。

怎样寻找和管理这些人？斯文森认为：

第一，定性标准远比定量标准重要。如果不分析基金历史表现的原因，动力何来，如何激励，什么流程，历史表现数据没有太大意义。

第二，主动投资管理人的策略本身要有靠谱的基本面逻辑，要完全了解其策略的各方面，不能说因为这是量化策略，所以技术黑盒不能向我们透明。

第三，重视自下而上的策略；不太倾向于宏观策略。

第四，这些主动投资管理人往往高度集中投资，因为他们对投资对象非常了解。耶鲁校产拥抱这种做法，前提是自己也要做到对这些投资对象非常了解。

第五，耶鲁校产基金要与外部管理团队所有人都见面，而不是只见负责人。

第六，耶鲁校产基金的目标是与外部管理人保持几十年的关系，而不是短期关系。如果基金管理人的薪酬跟基金表现关系不大，而跟自己公司股价的关系很大，这种关系就是不稳定的。斯文森希望这些机构有长期发展的人才结构和激励机制，希望他们与耶鲁共同投资，不论投什么，把钱一起放进来。

第七，耶鲁着眼真正长期的投资周期，不在乎季度或者年度表现。绝大多数基金的时间观不是这样的，这给耶鲁以机会，是市场无效性的一部分。斯文森选择的几乎所有外部管理人都认同这个看法，给他们的报酬也不按年度考核，基于长期表现，比如五年。

第八，耶鲁校产基金经常是刚刚设立的基金的第一个投资者，以便一起打造结构，创造文化，这些刚刚设立的基金也是最饥渴最有激情的，虽然没有历史表现记录。有趣的是，耶鲁校产基金外部管理人表现最好的那些往往属于这一类，比如张磊的高瓴资本。张磊原在耶鲁校产基金做分析师，成立高瓴资本时毫无投资记录，斯文森拍板投资1000万美元。今天高瓴资本管理200多亿美元资金，只花了十余年时间。

第九，没有最低投资额。

第十，要求很高透明度。如果外部基金经理不准备提供有关全部投资对象的信息，斯文森就不会投资；如果外部基金经理偏离原来的投资风格，一定要沟通；不过，如果其表现低于基准，本身倒不一定是坏事，肯定要沟通，但沟通完了说不定会追加投资。

事实证明，耶鲁模式经受住了金融危机压力测试，今天耶鲁校产基金已经完全挽回损失。过去十年的平均复合收益率战胜标普500指数，且在大型校产基金中名列第一；过去一年呢？也是同样。身为巨人，短跑第一，长跑也第一。

我问斯文森："从冲击中归来，你获得什么教训？"

"对流动性获得了更深的理解。"斯文森说。

下篇发我与斯文森的问答，智慧凝炼，一定要看。

为世界上最好的机构工作
——对话耶鲁校产基金管理人大卫·斯文森

往下看这篇与耶鲁校产基金管理人、传奇投资者大卫·斯文森的对话之前，请先转到上篇文章《识人方有阿尔法》。

我跟斯文森的谈话，从他《不寻常的成功》（*Unconventional Success*）这本书开始。

王烁：你的全部职业生涯都在管机构资金，为什么会想到给普通人写这本书？

斯文森：就是因为有这个念想。普通投资者得不到好的投资建议，所以我想用管理耶鲁校产基金的经验给普通投资者提建议。我前后写了两本书，一本是《机构投资创新》（*Pioneering Institutional Investing*），一本就是《不寻常的成功》，前一本是机构投资，后一本是给普通投资者的。

其实我真正想写的是后面这本，但出版商跟我说，我的声誉是在机构投资领域里，所以必须先写前一本，才能给我出后一本，这是条件。于是我就两本都写了，但我的激情是在后一本上。

我知道，机构投资这本书出了中文版，给普通投资者的书在中国大概不会很受欢迎，因为他们只关心趋势投资，想尽快发财，但想尽快发财的话，结果是尽快变穷。世界不是这样玩的。

有趣的是，我刚开始写时想的是告诉普通投资者，在耶鲁做的投资中，他们可以做什么。我把我们的各种投资工具看了看，像融资合并（LBO）、风险投资、房地产这些追求绝对回报的投资工具，普通投资者无法获得。

现实就是这样：普通投资者没有高质量的投资工具，只有高成本的投资工具。

我得出一个不情愿的结论：我没法告诉普通人我们在耶鲁校产基金里是怎么做的，这没意义；我只能告诉他们：用低成本的指数化投资工具做多元化投资。

王烁：就是说普通投资者别去想什么阿尔法（超额收益）了，还是满足于选好自己觉得舒服的贝塔吧。

斯文森：对！不过再加一句，我认为几乎所有投资者都应该忘掉阿尔法。惟一适合去追逐阿尔法的就是耶鲁、普林斯顿、斯坦福等大学校产基金，还有福特基金会和家族办公室（family office，豪富家族理财，比如索罗斯就把所有外部资金都退了，现在只管自己的钱——王烁注）这类。

王烁：这些机构的共同特点就是投资期可以极长。

斯文森：对，投资期要很长，还得有高水平投资专业人士，十个、二十个、三十个、四十个优秀的专业投资者。他们得专注寻找市场中的失效，从中获得投资机会。没这些的话，要赢就非常非常困难，几乎不可能，结果反而是花了很高成本而业绩不佳。

所以，我就走极端，建议大家都要指数化。

王烁：阿尔法也有多种来源对吧？对冲基金大多数投资周期也很短，他们都不能提供稳定的阿尔法吗？

斯文森：如果你说的是高频交易型对冲基金，他们确实也拿到了阿尔法，但他们是寄生虫。高频交易利用目前市场结构中的异常牟利。交易所和高频交易者们勾结，从所有投资者那里榨取财富以自肥，非常令人恶心。我认为这类做法应该宣布为非法。就算做不到，这样做是不道德的。

除了这一类外，我能想得到在较短投资周期能获得一定阿尔法的投资工具，是并购套利和困境证券投资。并购套利很难操作，好比在火车前捡硬币，而且周期是以月计。困境证券投资也差不多，公司面临破产，证券价格很低，存在机会，周期也很短。这两个都很难操作，要选择好时机。这是我所仅知的两种存在阿尔法机会的相对短周期投资类别。

在这两类之外，我们极大地受益于五年到七年这样的长周期投资，绝大多数投资者没有这样长的周期。

王烁：你们是耶鲁校产基金，投资周期可以无限长。

斯文森：我们当然也要匹配现金需求。不过，许多可以作长周期投资的投资者事实上采取的是短周期投资，太蠢。

王烁：你对普通投资者的建议是三条：多元化、指数化、定期再平衡，这些建议逻辑上非常合理，但我们现在处于一个超低回报率的时代，这套做法需要相应做什么调整吗？

斯文森：你说得对，人们得对未来的投资回报率大幅调低预期。这套策略确实不会创造出高于市场给我们的回报。但是，市场能给你什么，你就只能拿着什么，不管它高还是低，因为其他选择更糟。

王烁：这对那些依赖于投资回报为生的人而言会很痛苦，想想退休基金。

斯文森：确实。在你需要用钱的时候冒风险是件很糟的事情，想想看，如果市场跌了20%，你却不得不从中提钱出来消费，这对长期收益率来说损害很大。

将来有可能面临一场退休危机。社保基金对大多数人来说都不够维持生活，人们储蓄也不够，市场回报会显著下降，这是个有毒组合。最好的情况是，会有许多人退休后发现生活水平远不如意，很愤怒。最坏的情况是什么？不知道。

王烁：未来不仅会给我们更低的回报率，还会给我们更大的波动率。

斯文森：对！现在的投资回报率很低，同时波动率也很低，这让我很担心。我认为波动率会上来。做个思想实验，设想一个永续的现金流，如果基准利率从10% 降到5%，其价值会上涨一倍，从5%降到2.5%，价值会再涨一倍，从2.5% 降到1.25%，会再涨一倍，从1.25% 降到0.625%，会再涨一倍，在收益率极低的水平上，收益率的微小绝对波动会导致长期资产的价格巨幅振荡，但现在远远没有体现在市场中。

王烁：这也许说明，未来振荡真来的时候会更戏剧性。

斯文森：答对了。

王烁：对于泡沫和崩盘，你对普通投资者有何建议，怎样才能相对平安地度过？

斯文森：15% 的政府债券，15% 的通胀挂钩债券，再加30%的实物资产，相当比例的房地产信托投资（REITs），这就是个不错的多元化组合。

王烁：房地产占到多少合适？

斯文森：我书里说的是20%，当然现在，你也可以说只需要15%，而对新兴市场相应从5%提到10%。这个比例大体可以就行了。

王烁：金融危机的时候耶鲁哈佛校产基金都有二三成的损失，你从中学到了什么教训？

斯文森：我们从危机中脱身得还不错。我们没有被迫甩卖任何流动性不佳的资产，同时还保持了足够的流动性，以支持耶鲁的运营预算，当时是每年10亿美元。

我们意识到，将流动性不佳的资产限制在总资产的一半左右为好。因为耶鲁校产基金的流动性资产不够了，错过了在底部低价买入流动性不佳资产的机会。我们是抄了点底，但我本来想要买更多。现在这个结构是比较舒服的，就是流动性好到如有机会可以抄底，同时又有更好的长期投资回报。

我学到的最重要一课就是关注组合的流动性，更好地理解流动性。

王烁：耶鲁校产基金把钱交给一群外部基金管理人来管，你的工作最重要是选人，你看重什么？

斯文森：童子军般的素质、勤奋、创造力、操守。

王烁：你都没提业绩表现。

斯文森：我们帮许多人进入这个行业，而这些人没有传统意义上的业绩记录。我们给张磊1000万美元投资中国股票的时候，他还没有过投资中国股票的记录。这是要敢于相信人，结果押对了。

历史业绩有时可能是反向指标，许多人看历史业绩投资，涨就买跌就卖，结果付出代价。如果投资这么简单就好了。

王烁：耶鲁基金是主动管理，你对普通人的建议是被动投资，你怎么管自己的钱？主动还是被动？

斯文森：你听过这句话吗：补鞋匠的孩子没鞋穿。我自己的钱都放在指数基金里头，我放在里头的精力很少，估计现在相当大部分已是现金了，我得去看看了。有人会去选股什么的，我不做这个，没时间精力，我把自己的投资精力都用在耶鲁校产基金上了，全部。

王烁：你也不跟耶鲁校产基金一起投资？

斯文森：不，那样就把事情搞复杂了。

王烁：你为什么不成立自己的基金？

斯文森：我更愿意是耶鲁的一员，为这个世界上最好的机构工作。这使我很快乐。

加迪斯给我三个惊吓

——拜访冷战史专家、普利策奖得主约翰·加迪斯

耶鲁开学前一天，我去拜访约翰·加迪斯（John Gaddis），受到了三个惊吓。

加迪斯是什么人呢？

“你要去见加迪斯？就是那个加迪斯（此处音速放慢一半、音调提高八度）？”这是耶鲁朋友们听说以后的反应。

耶鲁有些国宝级学者，加迪斯是其中之一。他专治冷战史，延伸研究大战略（Grand Strategy）。《纽约时报》称，在冷战史学家中，加迪斯允称第一。他著作颇丰，《遏制的战略》《冷战史》《乔治·凯南传》，每本都是叫好叫座。

关于《乔治·凯南传》还有段趣事。凯南本来无须介绍，考虑到读者可能年纪较轻，没有赶上那个时代，我多说两句。

如果有一个人能称得上是美国冷战策略的总设计师，这个人就是乔治·凯南。1946年，他从美驻苏使馆发回一封长电报，从此改变了世界历史。电报惊人准确地判断了苏联政权的性质，为美国建言一场持久的艰难对抗，并预言了对抗终结的方式。

凯南说，美国不必击败苏联，只需要比它活得久就行。策略应是遏制（containment）而不是回卷（roll back），要在苏联扩张的任何地方予以坚决回击，但无须强行改变任何既成事实。这一策略将成功寄望于苏联自我失败，而不是战而胜之。

冷战居然真的就是这样结束的。多年后有一天，在问到美国在苏联崩溃这件事上做了什么时，凯南说了个俄罗斯寓言：牛一直在劳作，苍蝇一直在牛鼻子上站着，天黑后回村，苍蝇兴奋地告诉大家：我们劳动了一整天！冷战也是这样，美国确实做了这做了那，但赢得冷战的不是这些，而是向另一个世界展现了自由世界的样子。

闪回结束，回到正题。

凯南跟加迪斯约好，由加迪斯来写他的传记，所有资料都开放，凯南事前一个字都不看，只有个条件：死后才能出版。在英美世界里传主与作者如此约定并不少见，死后才出版，那么生前才可以说实话。而且，毕竟凯南比加迪斯年长37岁呢，怕啥?

只不过，谁也没想到凯南活了101岁，他书中提到的所有人物都死在了前头。到最后，凯南很担心加迪斯死在他前面，那这书还怎么办?两人每次书信往还，凯南都表示我活得太久了很抱歉。

还好悲剧没有发生。2005年，凯南去世；2012年，《乔治·凯南传》出版，立即拿下普立策奖，成为经典。

我为什么要见一个冷战史专家呢，哪怕是天字第一号的冷战史专家加迪斯?

因为，我已看见，从中国、美国、欧洲、中东，都传来信号，世界正在进入动荡年代，冷战结束以后二十年来的大温和年代结束了，中国与俄罗斯越来越近，美国和日本越来越近。未来世界会不会进入类冷战状态？我们又将如何自处？

于是有了我的第一个惊吓。

我问加迪斯，从冷战能得出什么教训对今天有益？教训一词，我用的英文词是 lesson。

“首先，让它冷着。”加迪斯答道。

我马上意识到，我跟加迪斯岔开在两条平行线上。我最坏也就是想到冷战可能要来了，从未想过还有热战的可能，但加迪斯认为，冷战还不错，至少是冷的。他对 lesson 一词的理解，不是教训，而是经验：美苏毕竟没正面打起来，这可是个大成就。

这样的啊，容我消化一下。

“约翰，你的意思是说，我们现在已经处于事实上的冷战之中了吗？”

“不是，现在没有冷战。”

我长出一口气，但马上便又噎住，第二个惊吓来了。

“现在不是冷战，因为有意识形态才有冷战，而今天意识形态不是重要因素。我们今天的世界正在回归第一次世界大战前欧洲那种力量平衡（balance of power），就是俾斯麦玩的那种游戏。美国、中国、日本、俄国、欧洲，五大势力现在很接近这种状态——全球的力量平衡游戏。”

力量平衡，这个词听起来很无害，但它对应的是下面这些东西：

第一，各国之间是丛林社会，惟力是视，没有共同认可的规则、原则和价值观。

第二，各国之间随时调整朋友和敌人的组合，弱者联合以制衡强者，但随时拆散重组，不受观念、历史以及鲜血凝成的友谊所制约。加迪斯提到了俾斯麦，而俾斯麦最著名的格言就是：政治家就像棋手，但比棋手更不受规则的约束，不能说棋盘64格有哪格是禁区。

“天命不足畏，祖宗不足法，人言不足恤”，一切服务于现实利益，这就是力量平衡游戏的玩法。

国家间的力量平衡游戏主导了几乎整个人类历史，但最后导出惨淡结果。欧洲力量平衡的解体直接导向两次世界大战。

可以说，二战以来的国际社会治理体系：联合国、世界银行、国际货币基金组织等等，都是对力量平衡的反动，其内在逻辑是通过共有的规则、共享的价值观及其载体国际多边机构，各国合作避免战争。

我自然要问：“现行国际多边体系都要退回去了吗？”

加迪斯没有给我留下幻想空间：“是的。多边体系从来都很弱，联合国从来也没有超越过强国意志，现在将变得更弱。问题是，国际关系的自然状态也就是默认状态是什么？如果是15年20年前，人们会说是全球化。今天人们说是碎片化。大国各行其是，在各地区伸张势力已成现实。全球的力量平衡时代已经到来，而且各大国各有其体制，有的威权，有的民主，并不共享同一种体制。”

我又问：“欧洲统一搞了几十年，现在英国脱欧，统一进程逆转这个趋势本身是不是不可逆转？”

加迪斯：“欧洲统一首先就是个错，以为全欧洲可以拥抱同一种文化，而这是荒谬的。美国大熔炉是个例，别的地方没有见过。最终，欧洲会分裂成两三个部分，重新回到自己搞过几百年的力量平衡游戏里头去。欧洲统一这件事，理念很了不起，事实上搞砸了，这就是我的结论。”

我试图将话题扳回冷战，问加迪斯：“五大力量的平衡游戏，会不会收缩成两大阵营？”加迪斯认为不会，冷战两大阵营有特殊原因：苏联人、中国人真信马列主义。

都听明白后，我问了个普通人最关心的问题：“力量平衡的世界危险还是冷战的世界更危险？”

只是在这里，加迪斯的回答出现了一丝犹豫。他不知道答案，也不相信有谁知道答案，因为历史没有答案，两方面的镜鉴都有。一方面，大国玩力量平衡的时候，小国的处境会更危险，难以自立，更容易被作为牌打出去牺牲掉；但是，力量平衡之下也可能维持相当长的和平，欧洲一战前一百多年没发生大的战事。

总之，大家都要更小心。

最后，加迪斯给了我第三个惊吓。我此前给他写信约见，提了个问题：为什么仅仅几年前还显得不可阻挡的全球化，今天已陷入停顿，甚至可能开始反转？加迪斯很喜欢这个问题，要我去上他的大战略课，把它作为主导问题提给学生们，希望能引发持续整个学期的讨论。

自己的问题如此受重视，我自然感到荣耀，但也明白原因也在于，有的问题恐怕由外人来提更合适。

归多的清算
——耶鲁法学院院长归多·卡拉布雷西

站在耶鲁法学院斯特林楼121阶梯教室讲坛上，归多·卡拉布雷西（Guido Calabresi）声如洪钟：

“我老了，耳朵不行了，什么都听不见！你们向我提问，一定要用吼的！”

满堂哄笑，不过竟然有几十秒钟，没人提问。

与其说是冷场，不如说是亲昵和尊重。除了个别我这样的外来人，在座都是他的弟子、弟子的弟子、弟子的弟子的弟子，对他刚才讲座的内容早就烂熟于心，还有什么问题呢?

他们来听老归多讲座，有些是来见证活着的传奇，有些则是见一次少一次，能见一次是一次。

归多·卡拉布雷西，84岁，与罗纳德·科斯、波斯纳并列法经济学三位创始人之一，耶鲁法学院一宝，任院长多年，教鞭下出过三位美国最高法院大法官、法律界重量人物不计其数，现任美国联邦第二巡回法院高级法官。

今天来讲他2016年出版的书《法经济学的未来》（*The Future of*

Law Economics），这是他历年来关于法经济学演讲的修订结集。他在自序里说，朋友们都劝我，快出吧，不要等老糊涂了想出都不行了。

归多的新书与讲座，都旨在为法律经济学做一个路线问题总清算：法经济学，有法有经济学，孰主孰从？

在归多看来，当法经济学于1950年代兴起的时候，路子是正的，代表就是科斯的经典之作《公司的本质》。

科斯发现，如果市场像主流经济学家说的那样有效，那么公司这东西就不应该存在。你要做什么事情，需要什么物品、服务，临时从市场上买来整合就完了，何必要组永久性的公司呢？

可是，公司它事实上就存在着啊。哪里出问题了呢？

从这里出发，科斯提出交易成本概念。市场和公司都有交易成本，哪个交易成本低，生产就更倾向于围绕哪个来组织。两者都有交易成本，而成本又有差别，所以既有市场也有公司，并塑造了两者之间的边界。

在讲座中，归多说，科斯既加深了人们对公司本质的认识，又拓展了经济学研究的边界，这就是他理想中的法与经济学的关系，那就是法与经济学，而不是法的经济学分析。后者用经济学剃刀来解剖法律问题，并视不符合经济学推论的法律现象为不合理，必去后快。

“在法经济学中，法律不是经济学的婢女，应是平等的，法和经济学。”

归多所指的目标，是法经济学的另外一位创始人、也有联邦法官之称的理查·波斯纳。将法经济学的流向从互补扭转成为用经济学单向解剖法律这件事，归多认为出力最大的正是波斯纳。波斯纳有一位盟友，诺贝尔经济学奖得主加里·贝克尔，芝加哥学派的旗手之一。多年来其他学科屡有经济学帝国主义之怨言，首当其冲的就是贝克尔。他是走出经济学传统领域的第一批重量级经济学者，将经济学分析方法用于家庭、社会学、犯罪、毒品问题研究。在他看来这很正常，人就是人，理性假设、效用最大化，用来研究哪种人类行为不行呢？

敌人的敌人就是朋友，归多亦通此道。在经济学营垒中，归多引行为经济学为盟军，与他认为的法经济学正道有相通之处：即根据现实调整假设，而不是把现实当作异常现象。

这些不仅是学术派别之争，背后有着非常沉重的真问题。

归多自己就走过这个历程。他早年曾写过一本对法经济学影响极大的书《事故的代价：法律和经济学分析》，这本书讲，你不能只看事故造成的损失，还要看为了防止事故而付出的成本，公共政策应该建立在对两者的权衡之上。

《纽约时报》发表书评批驳归多，认为人命无价。在新书中，归多讲到自己想法的变化。他的第一反应是给《纽约时报》去信，建议《纽约时报》的运报卡车时速一律不得超过每小时10公里，因为“人命无价”。但是，逐渐地，他意识到，尽管事实上人命皆有价，但“人命无价”的道德观在社会中具有统治性的地位也是事实，两个事实同样真切，你不可能把其中一个嘲笑掉来解决两难，它硬硬地还在。

包括生命在内，社会不接受为许多东西定价。为这些东西定价，会为社会带来负外部性，这种外部性与纯粹经济学概念中的负外部性如污染不同，它是道德意义上的负外部性，制造极高的道义成本。

还有一类东西，社会大体接受其有价格，但很难接受按照已有的财富分布来分配。比如说，人体器官。人体器官有价这件事，并不让人们感到特别不适，但如果器官分配按照价高者得来分配，谁有钱，谁获得器官，谁活下去，那几乎没有社会能公开接受这样的结果，虽然这是大多数相关经济学论文支持的做法。

人们对公平感的强烈情绪与效率的改进同样是现实，同样重要，如果经济学看不到这点的话，是经济学的问题。

从此出发，归多研究利他问题，研究市场与政府，剩下的都是历史，读《法经济学的未来》可见脉络。

我来听归多讲座还有一个原因，我读过他的名著《悲剧选择》（*Tragic Choices*），这本书的副题是“社会在分配悲剧性稀缺资源时面临的选择”，专讲社会怎么分配悲剧：怎么确定悲剧总量，以什么方式分配给谁。

“我们都想活下来，但做不到；我们希望人人平等，但却不是；我们盼望苦难结束，但它不会。”

对这个题材，我是太感兴趣了：第一层，作为新闻工作者，我和同事们每天都在耳闻目睹悲剧；第二层，去了解这些悲剧并把它写出来就是我们的工作；第三层，作为主编，我需要在社会分配悲剧之后下判断，再做报道资源的分配。

泰坦尼克号撞冰山，谁先下船？计划生育，如何分配生育指标？器官移植，谁优先获得器官？大病保险，哪些病能进名单……

回答这些问题，是全社会的事。决定投入多少资源去报道，是我的事。

在《悲剧选择》中，归多说，社会分配悲剧有四个策略：市场、政府、摇号、惯例，但没有哪个能长期维持分配的稳定性。

市场化分配是分散决策，但价高者得这一机制，不可避免地将已有的财富不平等延展到当下悲剧分配的不平等，并且注定将人们认为不可定价的东西比如生命也贴上价签。没有一个社会能允许用市场化分配一切。

政治分配的好处是较能反映民意，如果政治背后的力量对比产生自选票的话。但这也使得混乱成为现代社会常态：如果政府直接出面分配悲剧，那就成为社会价值观冲突的目标；民意如潮汐，总在分配谁去承受悲剧的政府无法稳定地保有民意支持。

抽签把一切交给运气，看上去是绝对平等，但抹杀了被社会珍视的另外一些平等观：为什么不先救孩子？为什么不把机会让给那些有巨大贡献的人？而且，抽签撕下了面纱，让悲剧无法避免赤裸裸地摆到社会面前。社会其实不能承受这种真相。

所以，社会也用惯例、习俗、文化来掩盖对悲剧的分配，比如印度留存至今的种姓制度。可是，这种表面上无分配的分配有其代价：社会假装习以为常，披上虚伪面纱。

社会要保有道德自信，就得将悲剧的分配伪装起来。归多认为，单一策略的效果往往不如混合策略，就是既不是全靠市场也不能全靠政府，而是两者杂糅。即便如此，稀缺永恒，每个社会都在做六个杯子五个盖的腾挪，能玩就玩下去，玩不下去了，社会就只好重置游戏。

这导向社会价值观的周期性切换：因为无法在冲突的价值观中做出取舍，所以都保有它们，但在时间上分开。某个时段某个价值观占上风，直到它承载的负能量过多，终被另一个价值观所取代。风水轮流转，这是社会选择悲剧的跨时多元化策略，借以为相互冲突但都被珍视的基本价值观留下火种，并缓解冲击。

叔季之世生存法则
——耶鲁历史学教授蒂姆·斯莱德的人生箴言

中国人眼中的历史是循环往复的，所以特长于生存智慧。合久必分分久必合，治久必乱乱久必治。用之则行，舍之则藏，虽夫子亦许之。古往今来第一等能干人曹操，被评点为治世能臣乱世奸雄，以之为誉。

《菜根谭》将这些化反为传家箴言：治世用方，乱世用圆，叔季之世方圆并用。前两句好理解，天下有道宜则持身刚直，天下无道则处世圆通。叔季之世是什么意思？

“叔季之世”出自《左传》。中国人兄弟排序为伯、仲、叔、季，叔季排行在后，叔季之世指治世将尽乱世将起之时。

方圆并用是混合策略，可惜《菜根谭》没讲细节，方多少圆多少？外方内圆还是内方外圆？前者伪君子，后者与世浮沉而有所不为。运用之妙，存乎一心，在于每个人自己。

今天介绍一种学院派的生存法则，来自耶鲁大学教授。如果你把它当成书生之见弃置不理，自己负责。因为它出自专治人类历史中最黑暗那部分的专家之手，它有理念，不天真。

斯莱德（Tim Snyder）来给世界学人讲历史，他是耶鲁大学历史学教授，近作《黑土：作为历史和警示的大屠杀》影响很大。在特朗普当选美国总统后，他在Facebook上给出20条关于活着的建议，广为流传，我摘译如下，略做点评：

1. 别望风而降

独裁者的权力往往是免费让渡的，别望风而降。

2. 保卫制度

因为制度本身是靠不住的，它不能保卫自己。

3. 保有职业伦理

政治越荒谬，每个人就越有责任保卫自己的防线。

4. 警惕政治术语

别一听到“恐怖主义”“极端主义”就激动。

5. 哪怕极端事件发生，保持冷静

独裁者总是利用极端事件集中权力。

6. 重读经典

读哈维尔的《无权者的权力》、奥威尔的《1984》、加缪的《反抗者》、哈伦特的《极权主义的起源》、波莫兰切夫的《一切都是假的，一切皆有可能》。

7. 站出来

有些时候，总得有人站出来。

8. 相信事实

放弃事实就是放弃自由。

9. 了解

读长文章，订阅有操守的专业媒体，资助调查报道。

10. 社交

站起来，走出去，到没去过的地方，认识陌生人，交朋友，与他们携手。

11. 聊天

与周围人聊天，看着他们的眼睛，要知道谁可以信任谁不能，如果社会崩坏，一切人彼此攻讦，你得知道社会的心理地图。

12. 做点事

如果看到纳粹标志，把它取下来，别光走开。

13. 投票

不要放弃投票机会。

14. 资助

资助你认同的公民组织。你不资助谁资助?

15. 保护隐私

少发邮件，多当面谈话。

16. 学习别人经验

交海外朋友。现在的挑战不是哪个国家的事，也没有哪个国家会单独拿出答案。

17. 警惕带枪的人

那些带枪的人，长期声称反体制，现在成为体制本身，这可不是好事。

18. 乱命不众

如果你有公职，愿上帝保有你的良心，不从乱命。

19. 保有勇气

你如无勇气，谁有勇气?

20. 留下榜样

为后代留下真正爱国者的榜样。

我问斯莱德，马克·吐温说，历史从不重复，但总是押韵，历史学家是不是比较能找到历史的韵脚？能不能更好地预测未来？

斯莱德说，历史学家不能更好地预测未来，但有可能更好地为未来做准备。理由很简单，今天发生过的事情，基本上历史上已经发生过。历史学家熟知历史，知道未来有各种可能，所以对未来有更多的想象力，预做准备。

普通人则忘记了历史。

与马云相遇是命运安排

——耶鲁捐赠人、阿里巴巴集团董事会执行副主席蔡崇信

耶鲁法学院中国中心成立十多年了，今年在前面加上了“蔡中曾”三字。蔡中曾出身耶鲁法学院，1957年毕业后回台湾执业，商业律师生涯很成功，多年来对母校颇多回馈，惜本人已于数年前去世，此次名题中国中心，起因于一笔3000万美元的捐赠。

捐赠来自他的儿子，蔡崇信。

蔡崇信也是耶鲁法学院毕业，身份是阿里巴巴集团董事会执行副主席，但人们都知道，在阿里，头衔是什么并不重要，重要的是马云信不信任。蔡多年来在阿里低调行事，如果在马云信任的人当中选三个，其中肯定有他，如果只选一个，恐怕也还是他。

典礼上，中国中心负责人保罗·格威兹主持，法学院院长、蔡中曾当年的老师、蔡崇信同窗以及蔡崇信次弟发言。我参加的典礼也算不少了，所有发言都这样讲理、周到、体贴、动人还是第一次体会。这里当然有捐赠与回馈的固定套路，我还是很被打动。耶鲁法学院水平真是厉害啊。

典礼之前，蔡崇信与耶鲁法学院学生做了次对话，我挑了人生

抉择这部分。蔡今天的成功与他1999年从国际洋行投身本土小公司阿里巴巴密不可分。他也是那个时代做出类似决定的第一人。

下文凭笔记和印象整理，不是原文重现，还有从英文到中文的转换，如有错误，一切在我。

问：你学法律出身，为什么转而从商？

蔡崇信：我家三代都是律师，其中父亲和我都毕业于耶鲁法学院。毕业时，我的同学中不少去了公职，有些去做大法官的助手，我却喜欢做税务律师。因为有人跟我说，我数学好，试试税法吧。我一试，还真喜欢。事后看，从律师到商界的转换，其实没有那么大，对我来说算是渐变（evolution）。与其说是职业的转换，不如说是文化的转换。做律师有个遗憾，就是只能出主意不能做决定，我想做决定，所以就转到商业那边去。

1999年加入阿里巴巴之前，我在瑞典银瑞达集团（Investor AB）的香港公司做投资，这是瑞典最大的家族企业。我在这里学到了很多东西，比如谦卑，比如严格要求，比如学会用Excel，瑞典人习惯将任何事情研究透。

问：你耶鲁法学院毕业，做投资做得好好的，为什么会加入阿里巴巴？当时它啥都不是。

蔡崇信：1999年5月，我第一次见到马云，感觉是命运把我们带到了一起。本来我是代表Investor AB去看要不要投资马云，结果发现它连个公司都没有，就是个网站。我就说，我给他注册公司吧。

我见过他们18个创始人，都是马云的学生，一群没出过国的人，但个个精力旺盛，龙精虎猛，感觉很奇特。我跟马云说，让他把股东名单发我，我给他注册公司，马云就发来了传真，18个人都在上面。虽然他们都是马云学生，但马云把他们看作创始人和伙伴。与同伴分享，这在创始人中可不常见，我就动心了。

问：你到阿里巴巴做什么？

蔡崇信：马云从来没有给我一个明确的角色。我最早做公司财务方面，比如融资，做模型，其实一言以蔽之，就是把马云妙不可言的创新想法转化成专业投资者能懂的模型。

问：你为什么敢冒这个风险？

蔡崇信：当时其实是冲动决定，没有经过什么周密的风险收益计算。现在回头想想，其实，我是耶鲁法学院毕业的，在座的也一样，我们是很幸运的一群。耶鲁法学院的学位是这世上少见的珍宝，在政府和商业世界里都很稀缺。换句话说，我们去冒险，风险收益是不对称的（asymmetrical），下行风险（downside risk）很小，上行收益（upside benefit）可能很大。说到底，如果我去阿里巴巴干半年，公司不行了，我还是可以再回头去干税务律师或者做投资。很幸运，阿里巴巴成功了。

问：冲动哪里来的？

蔡崇信：我做事看人。跟谁干，跟人的感觉，有没有操守，品格如何，值不值得信任，有没有友情。如果觉得对方会照看你，你就有纵身一跃的勇气。我绝对相信人的因素。

问：法学院要不要改革课程，以培养出更多你这样的人？

蔡崇信：不用什么变化，我认为法学院教育培养出来的人很适合从商。比如说，法学教育重视研究材料，强调分析能力，致力于培养优雅、简洁、有逻辑的写作，最重要的是，法学教育要你随时随地说出想法，培养说服力。回头想，想从商的话，那些上商学院的人吃亏了。

问：做管理最重要的是什么？

蔡崇信：我们最看重的领导力要素就是“胸怀”，能请比你强的人。杰克·威尔奇说，一流人才请一流人才，二流人才请三流人才。还有就是谦卑，从商要打交道的人，比做律师要打交道的人复杂多了，无论是与人打交道，还是管理团队，谦卑都极为重要。

历史给他留下特殊位置

——耶鲁全球化研究中心主任恩斯特·塞迪略

平民家庭，学者出身，技术官僚，不期然成为大国总统，治下有上亿人口、万亿美元GDP，上台伊始就得拯救国家于金融危机，幸不辱命，然后学以致用，用于扶贫；人生华彩却在退位，终结一党连续执政71年未中断的历史，和平交权；回归校园，教书至今。

这般传奇人物，在现代政治史上独一无二，我在耶鲁见到了。

恩斯特·塞迪略（Ernsto Zedillo），1994年到2000年间任墨西哥总统，现在是耶鲁大学全球化研究中心主任。

塞迪略的办公室在耶鲁大学北坡科学山顶的贝茨屋，结庐人境，车马不喧，繁华落尽，在此栖身。

塞迪略问我来意。

我说："来向你致敬。"

2000年，墨西哥总统大选，塞迪略所在的革命制度党败选，输给反对党候选人11个百分点。墨西哥宪法规定总统只有一个任期，塞迪略不能参加竞选，但他抢在革命制度党候选人之前，作为执政党的在任总统承认败选结果，锁定大局，终结了革命制度党自1929

年以来的连续执政史——也被不少党人视为叛徒。

我说："历史会给你留下特殊位置。现代史上还没有发生过，一个政党连续执政71年，然后其总统接受选举结果，和平交权。"

你为什么选择这样做?

塞迪略答："倒没有你说得这么简单，好像仅仅是我这般选择就行一样。民主的形式在墨西哥早就有了，政党竞选公职这件事已有很长时间，当然并不完全公平，总是对我所在的革命制度党有利。在我当选总统之前，已经有所改革。在我任总统期间，我尽量使这个系统真正更富竞争性，过程更公平，结果就是把革命制度党给选下去了。"

同期耶鲁世界学人中，加比莉娜来自墨西哥，也曾担任过教育部副部长，颇多同事曾与塞迪略共事过。她问我见过塞迪略的观感，我说，他很谦卑。

加比莉娜说，是的，因为他做的事非常关键。

什么事呢?

用塞迪略对我说的话来说：

"在那次选举之前，我们已建立了独立的选举管理机构，以监督选举过程并负责宣布结果。政府为竞选各党派提供公平的财政支持，保证其获得平等的媒体曝光。

"大选结果出来后，大家很清楚地看到人民的意志。选举的公平和合法性无可置疑，所以，我的党也只能接受结果。

"我所做的就是改革制度，建起公平的竞技场，使得接受选举结果这种反应有机会出现。"

2012年，间隔12年之后，革命制度党重新赢得总统大选，再掌政权，这次无风无波。反对党被选上台，又被选下台，完成两次权力和平移交，而政局始终保持平稳，这是政治学界公认的民主稳固标志。

16年前，在墨西哥从徒有民主的形式到稳固民主必经的那个关键时分，正确的人在正确的位置上做了正确的事情。塞迪略功在国家。

他成为墨西哥总统，却是件极为偶然的事情。

塞迪略于1951年生于平民家庭，在墨西哥上完大学，1974年起在耶鲁相继完成硕士博士学位，成为经济学家。回国后，相继在中央银行、计划和预算委员会任职，年少得志，以技术官僚崭露头角，逐渐攀至高位。

1992年，塞迪略被时任总统萨利纳斯任命为教育部长。次年，为帮助朋友、革命制度党总统候选人科罗西奥竞选，他辞去部长职位，成为科罗西奥的竞选经理。

阴差阳错。1994年3月，科罗西奥在竞选途中遇刺身亡，未查出主谋，终成无头案。案没破，但总统总还得要选。

谁上呢？

墨西哥宪法规定现任部长不得参加总统选举，科罗西奥死于意外，革命制度党并无准备，派不出资望足够又合乎宪法要求的候选人，而塞迪略因为提早辞职助选，正好达标。

于是，竞选经理成了总统候选人。

革命制度党力量尚在，大选获胜，塞迪略就位总统。

天地不仁，命运无常，独钟斯人斯国。

我问塞迪略：“你并非职业政治家，当上总统也是因为原本的候选人遇刺而临阵换人，这一系列偶然和悲剧，是不是使你少了羁绊，多了责任感？”

塞迪略不同意。他认为职业政治家的定义是相对的，非要按传统定义来说的话他算技术官僚，但职业政治家和技术官僚很难区分，尤其是在墨西哥这种国家。他此前就已是内阁部长，肩负教育和计划两项分工。他还是朋友、遇刺候选人的竞选经理。这些当然都会带来责任感，但责任感的最主要来源还是总统职位本身。

上台前后，国家动荡，风雨飘摇，政治上有中南部农民造反，经济上有墨西哥比索危机。

“实话说，我一度以为搞不定了。”

塞迪略上台第一周墨西哥比索贬值13%，比索危机正式爆发。这是亚洲金融危机之前最大的一次新兴经济体的货币危机。塞迪略被迫向美国求援，当时正是克林顿政府。

著名经济学家、时任美国副财长萨默斯回忆说，当时白宫召开紧急会议，萨默斯告诉大家，如果要有效，援助金额要25个billion；有幕僚问，你说错了吧，是25个 million 吧？

拿到250亿美元援助，墨西哥付出了许多代价，但毕竟是拿到了，挺过危机，渡过难关，慢慢恢复。

其后塞迪略访美，当时我在编辑部的 CNN 直播上看到，塞迪略夫妇与克林顿夫妇并肩而立，都在盛年，意气风发如画，政界很少有如此养眼的时刻。现在想来如隔世。

塞迪略处理内政有短板，有时颇为严重。1995年初，因为诉求长期被忽视，中南部农民发动查巴斯起义，这被称为第一场“后现代起义”，也是对塞迪略的第一场重大政治挑战。塞迪略力图军事解决，发动连番围攻，但收效甚微，而抗议四起，不得不寻求政治和解。经过一年多谈判，政府与农民军终于达成和平，翻过这一页。

为不平等问题找解决方案，流血不是出路。经济学家出身的塞迪略本应该知道这个道理。多年后，塞迪略在课堂上说，他在墨西哥可是招人恨，就像特朗普在这里一般。

我问加比莉娜，他在国内风评如何？

加比莉娜说：第一，他敢做对的事；第二，他干净不腐败；第三，他作风严厉，特别凶，人们敬重他，但对他不感亲切。

我请她具体讲讲。

加比莉娜说，比如第一条，敢做对的事。他技术官僚出身没什么政治资本，能当总统首先是因为前任总统萨利纳斯在原候选人遇刺后挑选他继任候选人，但他当选总统后就把萨利纳斯的弟弟小萨利纳给逮捕了，后来判杀人罪成立，这说明了他是个什么样的人。第二条就不用说了，墨西哥谁不腐败？他真不腐败！第三条就是对手下要求严格，达不到要求就训，毫不留情面。

我说，有了前两条铺底，最后一条应该也是优点啊。

加比莉娜："哈哈哈，我们墨西哥人更简单，都不用第一条，只要有第二条就够了。干净人太少了。"

我跟塞迪略讲墨西哥人都认为他干净。塞迪略再严肃，也不禁露出微笑说："我是干净，干净对我不是难事，让我不干净更难些，因为不干净对我是折磨。"

毕竟是当过总统的人，塞迪略有原则但不天真："从政你就得妥协，不妥协就别从政，在不同的目标间取舍就是妥协，只要不枉法，不违背原则，想要达成什么都得妥协。"

许多国家在民主化转型中失败，哪些因素最关键？塞迪略说，各国自有路。就说墨西哥，经济快速增长时政治权力高度集中，这个模式管用了几十年，但政治上缺少自由度，经济就很难进一步发展，因为限制政治竞争，权力过度集中，会影响经济正常运行。墨西哥历史上出现过的经济大问题，几乎都可归因于缺少政治上的相互制衡和权力的过度集中。

“现在回过头去看，上世纪八九十年代时，墨西哥政治中如果有更强的相互制衡和适度的多元化，经济会发展得更好。”

塞迪略在墨西哥留下的另一大可持续遗产是“进步”项目。它把对穷困家庭的补助与孩子入学挂钩。与普通扶贫相比，它着眼长期，增加穷人家孩子的受教育机会，而且注重改变穷困家庭的激励结构，使父母有动力将孩子送入学校。国际研究发现，这个项目使得12岁到17岁孩子的入学率增加了10%，而5岁以下儿童健康状态改善了20%。

经济学家经世致用，造福民众，莫过于此。

冬日正午阳光照进塞迪略的办公室，我最后问，为什么来耶鲁教书？将来还有可能重返墨西哥政坛吗？

塞迪略笑笑，说他本来准备在墨西哥过下去，不想两年后母校耶鲁的全球化中心请他过来，他就来了，一待就是14年。

“重返政坛不可能。总统都当过了，还要从什么政？难道当老家市长吗？”

绝望过方能乐观

——身患癌病的治癌专家文森特·德维塔

“如果大夫对你说已尽全力而无力回天，那就换个大夫。”文森特·德维塔（Vincent DeVita）回答我。

德维塔是那种为一丝希望也要动用大炮的医生，他也这样建议病人。

我的问题是如何与癌症共存，德维塔最有资格作答。他曾是美国国家癌症中心负责人，也曾是美国国家癌症计划第一任主管。他是组合化疗路线的领袖，将霍奇金淋巴瘤病的治愈率从0升到70%。他本人也是癌症患者，与前列腺癌共处十余年。在癌症战争中，作为医生，作为病人，比他更清楚战场的人没有几个。退休后，他栖身在耶鲁医学院。

德维塔自己患癌症后，本来耶鲁医学院有个很好的医生可以主刀，但这位医生对于激进治疗方案有些犹豫。德维塔的朋友就对他说：“文森特，你现在不需要犹豫的战士，你需要战士。”于是德维塔换了个不犹豫的医生主刀。很幸运，手术成功，现在每年检查一次就行。德维塔认为自己应算作慢性病人。

德维塔认为美国正在赢得对癌症的战争，尽管比他负责全国癌症计划时的预期要晚。

——1991年，美国癌症患者死亡率见顶，然后一直下降，今天比那时低25%。

——68%的美国癌症患者可治愈，如果算上很容易治疗的皮肤癌，则这一比例在80%以上；所谓治愈，按德维塔的标准，即治疗成功并渡过关键期之后，复发的概率低于10%。

“我们当初的预言无一例外都实现了，只是时间算错了。对癌症的战争肯定能赢，只是时间问题，我是看不见了，但你能看见。”他对我说。

我有生之年能看见什么呢？

95%的癌症将可以治愈，或者转成慢性病，德维塔说：“癌症将不再有今天令人谈癌色变的地位，而成为诸多慢性病的一种，会是最易治疗和死亡率最高的慢性病。”癌症患者与慢性病人如关节炎和糖尿病患者将越来越接近：接受长期治疗，治疗过程将远远不再那么痛苦，几乎正常生活，预期寿命几乎不受影响，而不用时时担心死亡就在前面不远处。

凭什么如此乐观？

德维塔在新书《癌症之死》（*Death of Cancer*）中说，人类战胜癌症并不需要现在还没有看见的技术突破，迄今使癌症死亡率下降的主要动力是成熟疗法（化疗、放疗、手术）的优化和组合，特别是化疗的精准化。三大范式变迁正在发生：组合化疗能治愈部分晚期癌症；精准治疗可将部分癌症转为慢性病；免疫疗法有效。

“以前的化疗好比在黑暗里什么也看不见，朝着某个方向用大炮轰，轰到什么算什么；今天的精准化疗可以针对特定分子层面上的异常下手，如同有精确制导。”

但这一天不会自动到来。在德维塔看来，它取决于 FDA（美国药监局）能不能放松临床试验上的管制。

尽管有上百种类，但所有癌症细胞共有八大标识：

疯狂生长

没有刹车

拒绝自杀

免疫系统抑制失效

劫取营养

永生不死

入侵健康细胞

转移

这些标识也即癌症细胞的获得性状，使之能生存和疯长。如果能使得这些标识不在健康细胞上出现，它就不会成为癌细胞；已经成为癌细胞，如果不产生全部标识，也可以将其控制在局部，用针对治疗来对付它；即使癌症已转移，如果能关闭这些标识，也能止住癌症扩张。所有这些，现在都已可行。

德维塔说，控制住这些标识就控制住了癌症，但现在的疗法主要是针对其中一个特别是第一个标识的，需要做的是同时攻击多个标识，而这需要新方法，而新治疗方法又需要医疗监管变革。组合多种药物，同时进攻多个标识，需要全新的临床试验——传统的临床试验要求保持其他因素不变，这种做法则完全不同，同时测试多个变量。

“这样做风险不是很大吗？”我问，“就算生效了，你怎么知道是哪种药物生效？”

“你这正是药监局的态度。”德维塔答道，“可你想想，不这样做的后果是什么？”

我忽然意识到，德维塔代表了现代癌症治疗拓荒期的那些医生。他们面对令人窒息的绝望，像牛仔冲进荒野一样，拔枪四射，固然鲁莽，但并无选择。一种药没有效果，那就加大剂量，加大剂量还没有效果，那就再加一种药；如此反复迭代。

今天癌症治疗早已渡过拓荒期，但即使被基因理论和精准治疗武装起来，德维塔仍然保有当年的气质，叫作牛仔风也好，叫作英雄气也好，面对仍然无尽的未知，他总是保持乐观，穷尽手段，敢冒风险。他对缓和医疗嗤之以鼻。

他是对还是不对？面对这位眼放精光的81岁老战士，专业上我无从置喙，价值上无法评判——他经过的我没经过。

我问：“在癌症医生里，从1到10，10是最乐观，你的乐观程度是几分？”

他答：“9.9。”

他说，癌症医生越老越乐观，因为经历过当年无所顾忌什么都敢来且不得不来的阶段。年轻人没有这么乐观，入行时条条框框太多了。

从最绝望处归来，德维塔获得了乐观。

设计的金律
——认知科学家唐·诺曼

走进 Design@Lab，四周小隔间里各种人在忙，中间留出大片地方用来开会讨论，一个人也没有。白板上画了个创意流程图。我走过去看。过了会儿，感觉有人走到我旁边，一言不发，跟我一起看。

我没回头就说：“观察，合作，创意，执行，这个流程很简单啊。”

他说：“只要够用，简单有什么不好？”

转身一看，大胡子，小老头，正是今天跟我约好见面的唐·诺曼（Don Norman）。

诺曼是设计界的大人物。他本来是大牌认知科学家，创建了加州大学圣迭戈分校（UCSD）的认知科学系，而从认知科学角度研究设计则是第一人。1980年代出版《日常物品的设计》（*The Design of Everyday Things*），一举成为设计名著，曾被乔布斯延请至苹果主持设计，不合则去。近年重回 UCSD，创建 Design@Lab，成为设计思想界重镇。

没等坐下，我给他看了张照片，是我前一天在 Balbao 公园洗手间拍的门上把手。

“你猜这门是推还是拉开？”

诺曼知道我在干什么。与无数渗透了设计师心血但让使用者迷茫的门把搏斗，心力交瘁，是把他从认知科学家变成设计思想家的起因。

诺曼想了良久："推……？"

错。这门是用来拉的。我进洗手间时也做错了。

好在有了诺曼和他的书，在推门还是拉门之间彷徨时，我知道这不是我们自己的错，而是设计的错。

在设计与人之间，人是不会错的，错的是设计。这是诺曼多年前在剑桥学习时与各种反人性的门把手搏斗之后的灵光一现，今天已成为设计界的金律，虽然总是被忘掉。

诺曼说，设计师做设计时心里有个模型，用户使用时心里也有个模型。设计师别以为两者天生会一样，也别说不一样时是用户的错。两个模型的汇通只能通过设计本身呈现。只有上手就会用，才说明两者圆通无碍。说明书与使用手册应该只是备用，如果必须看说明和手册才会用，那么设计已经失败了。

在日常生活中，我们大约要与两万件物品打交道。交道怎么打？绝大多数时候得靠本能，自然而然，上手即用。我们的大多数日常知识存在于外部世界，而不在脑袋里，不然脑袋早就爆炸了。

认知科学家出身，诺曼深知人类大脑特别善于且乐于理解世界，给点线索就开始编故事。对设计师来说，这是机会也是陷阱，必须善用而非滥用人们编故事的能力：要给出正确理解的线索，既不能一点线索都不给，更要注意别以为自己给出的线索注定能被用户心领神会。你精心指引，搞不好把用户带到沟里去。

所以，诺曼说，设计的概念模型（conceptual model）必须要对。它包括以下要点：

第一，可供性（affordance），即设计要使得物品的正确使用方法显然呈现，而错误方法根本不可能进入用户的大脑。可供性为如何正确使用物品提供强烈信号，用户一眼即知。

第二，限制（constraint），设计师不想让用户做的事，就得把物品设计得让用户做不了，不能靠在物品上写满警示。

可供性负责让用户做什么，限制则负责让用户做不了什么。两者合起来就是两个字，简化。自然会用，绝不误用。

由此延伸出其余两点：

第三，对应（mapping）。设计是设计师与用户不见面的沟通，而通过设计品的形状完成。设计品的使用方法必须自明，用户所作操控与预期效果之间的对应须得显然。为此，要充分利用形状本身的提示，比如一个把手是推是拉，需要设计得一看即知；也要充分利用用户所处社会中已有的文化标尺，比如空间隐喻，上下左右。它们的本质是为物品无限开放的使用可能性加以逻辑限制。

第四，反馈（feedback），使用物品必须有反馈，反馈必须即时、明确、清楚。

设计师怎样才能根据可供性、限制、对应、反馈做设计？诺曼说，观察，观察，再观察。观察到深处，设计涌现。这就是自然设计。

我问诺曼，你刚刚写了篇文章，讲分心（distraction）不是我们的错，而是设计的错。喏，我这儿有个手机，整天分我的心，我动不动就要拿起来看。你能讲讲怎样设计不分我们之心的手机吗？

“好巧，谈到分心，正好我闻到咖啡香味，这算是个有益的分心吧？你想分一下心吗？”诺曼问。

当然。

咖啡间是现磨现煮的咖啡，口味比煮好保温的咖啡好很多，但凉了怎么办？怎么知道煮好了没有？

咖啡机旁的柜门同时是个小白板，有人写下了煮这壶咖啡的开始时间，两点一刻。诺曼看表，煮了十五分钟，正好。

自然设计，俯拾皆是。

接着说分心。诺曼说，人的注意力本来就是跳跃的，但许多产品的设计使得人们必须长时间保持高度专注，比如开车。如果出了车祸，说到原因，往往归咎于司机分心。问题是如果人们总是免不了分心，那设计就得把它考虑进去。设计是应该让物品来将就活生生的人呢，还是让人来将就物品呢？

至于手机，不是手机使你分心，是你本来就在分心，首先你得懂你自己。分心可以是好事，比如我的灵感往往就来自于思维的随机跳跃；也可以是坏事，比如你需要专注但Facebook给你发来一个推送提示。所以，关于设计能否防止人们分心，一定要我回答，就是三个：能，不能，何必。能与不能，不能是因为一般而言人总是在分心，能是因为在特定情境中总是可以通过工具自我管理注意力；何必是因为分心可以是好事。

我问：“你说到开车，自动驾驶不正是解决了分心问题的好设计？推开去，人工智能兴起，算法当道，对设计会有什么样的影响？特别是你强调的可供性、限制、反馈、对应这些概念，把人工智能考虑进来以后，会发生什么变化？比如说，设计品的形状还那么重要吗，考虑到AI可以随机应变，应答如流？”

诺曼说："先说眼前，现在商用的这些AI产品，比如亚马逊的Echo，基于自然语言交流，进步是进步了，但许多事还是解决不好。举个例子，你能不用动作光用语言告诉我怎么系鞋带吗？"

"不能吧？"

但AI未来能做什么，真是难以预测。诺曼说："赋形（embodiment）是现代设计的核心，AI会如何选牌，实在说不清。"

其实，UCSD是AI复兴的据点、"联结主义"的策源地。多年前，他在一次讲座上介绍人工智能先驱明斯基对神经网络的批评。明斯基认为神经网络技术没有前途，因为单层神经网络无法处理"异或"电路问题。这个批评使神经网络技术沉寂了数十年。

那次讲座上，一个家伙站起来说，明斯基错了！夺过诺曼的粉笔，就在黑板上列式子。这位年轻人叫辛顿（Jeff Hinton），后来发明反向传播算法和对比散度算法，今天人工智能深度学习的最重要人物之一、Google的AI研究领袖。

剩下的都是历史。

诺曼问过辛顿，神经网络技术卷土重来最重要的原因是什么？辛顿说，计算能力今非昔比了。

所以，面对未来，AI会怎样重塑设计？AI能不能取代设计师？与所有人一样，诺曼内心并无答案。他讲了一宗趣事：两个月前，他与好友麦克马努斯现场辩论这个主题，两人都是一样迷茫，但上场之前总得定谁当正方谁当反方，最后只能掷硬币决定立场。他猜错了，只好被安排当反方：不能。

他输掉了辩论。

又见巴舍夫斯基

——在加州与原美国贸易谈判代表谈新贸易政策

查琳·巴舍夫斯基（Charlene Barshefsky）曾担任过美国贸易谈判代表（USTR）。美国谈判代表是内阁成员，但籍籍无名的还是多得很，巴舍夫斯基可不一般。她任职时，正值中国加入 WTO 的关键时分。与欧盟贸易专员拉米、中国首席谈判代表龙永图一起，三位关键谈判者在世纪之交牵动了关心中国经济未来所有人的注意力，最终将中国送入了 WTO。

WTO 对中国有多重要呢?

我记得很清楚，中国与美国、欧盟完成谈判是1999年到2000年之间，正式加入 WTO 是2001年底。加入 WTO 第二年，国际舆论开始谈论中国成为世界工厂；第三年，开始谈论中国向世界出口通缩，因为中国制造成本低，出口价格低，抑制了发达市场的通胀；第四年，舆论焦点变成中国崛起会怎样改变世界。

WTO 对中国的效果就是这么立竿见影，它使中国正式融入世界经济体系，劳动找到市场，于是将中国人从包袱变成资产，而中国最不缺的就是人。无数中国人的努力、勤劳、巧思找到用武之地。

身为美国谈判代表，巴舍夫斯基当然没少给中国谈判代表出难题，这正常得很，各有国家利益，各为其主。好在，结果好一切好。事实是中国从这一轮全球化中受益太多，完成了工业现代化，将数以亿计的人群从贫困线下方拉上来，积攒了以4万亿美元外汇储备为代表的巨额财富，跻身发达国家的目标也已进入射程。每一位中国人，自然也包括我，算算总账都是受益者。巴舍夫斯基的名字与这些回忆联系在一起。

我跟她说，我的同事采访过她两次，一次在中国加入 WTO 之前，一次在中国加入 WTO 之后，做第二次采访的还是我妻子楼夷。那是十几年前在华盛顿，巴舍夫斯基卸任后在世界银行对面一家律所做合伙人。采访前，楼夷在楼下星巴克排队买咖啡，念念有词，准备问题，当时的一宗贸易纠纷会不会影响到中美经贸关系？反复数次。排在她前面的西装男回过头来，正色作答：Absolutely（绝对会）！华盛顿果然藏龙卧虎，问什么都有人答得上来。

我跟巴舍夫斯基讲起这宗公案，她大笑，那个多么令人难忘的年代！

今天在加州大学圣迭戈分校21世纪中国研究中心一年一度的埃斯沃兹（Ellsworth）讲座上，巴舍夫斯基演讲带来的却是完全不同的信号。

她说，现在美国人的主流看法是，在中国加入 WTO 这件事上，美国吃亏了（get the short end of the stick）。今天，包括美国在内的国际公司在中国还有机会，但越来越小。中国市场越来越有吸引力，但在这个市场上开拓，比如说，所谓的市场换技术，如果是正常的商业行为还好，但如果变成是事实上强制性的，并且必须用最先进的技术来换才行，甚至指定国际公司与中国公司成立合资公司，而不巧后者是前者的竞争者，这对国际公司们来说壁垒就太高了。此外，政府给予形形色色的“国家队”各种补贴，虽然历史证明政府补贴并不能创造长期竞争力，但它会在短期内扭曲市场，造成不公平竞争。

巴舍夫斯基说，美国对此怎么办，特朗普政府已经给出了答案。几天之前特朗普政府发布了贸易政策报告，虽然没有特别针对地提到中国，但方向已和盘托出：

第一，严格执行有关贸易的美国法律，在需要时启动单方制裁，也就是说，绕过 WTO 的争端解决机制；

第二，启用乃至制造杠杆（leverage），迫使中国进一步开放市场；

第三，制定新的贸易法案，将减少贸易逆差写进立法；

第四，在国际贸易谈判和多边协定中，强调美国主权，翻译过来就是，如果美国不喜欢 WTO 的裁决，那不理就好了。

巴舍夫斯基当然并不喜欢特朗普方案，她秉持的是美国版的国际主义路线，并不希望看到美国抛弃 WTO，切换到双边施压的逻辑，这只会导向两国经贸关系的进一步恶化，中美贸易战后果不堪设想。

“中国开放给全球带来正面公共品（global goods），反之，如果中国转向内视，则会给全球带来负面公共品（global bads）。”

那怎么办呢？

她建议，中国坚决果断地走自己一再承诺要走的路，就是扩大对外开放，进一步拥抱全球化。如果中美之间达成广泛且可执行的自由贸易协定，与当年的中国入世谈判相似但更全面深入，那么，这会成为危机促成变革的典范。中国和美国都急需这样一个大交易。

它会发生吗？

我知道谁得为 IS 兴起负责
——听艾玛·斯凯讲述战后伊拉克

艾玛（Emma Sky）从耶鲁来北京见我的时候，恰逢我比较忙，于是请她在办公室用工作午饭，外卖叫了几个菜，就放在办公桌上，极为普通。但艾玛看了，大呼小叫，拿出手机拍了照，当即放在 Facebook 上，因为这是她第一次来中国。

我当时想，专门搞国际实务的，到今天才第一次来中国，得是个什么样的人呢？

后来，对艾玛了解得多了，我才知道，见惯鲜血的人也会珍惜小确幸。

一发榴弹炮从窗户斜穿进来，击中天花板后爆炸。艾玛惊醒过来，卫兵已在与乱军交火。还好，对方被击退了，至少这次不用死了。

艾玛说，这是2003年底，伊拉克北部基尔库克，这对当时的艾玛来说不算什么。时光倒转12年，第一次海湾战争时，艾玛签过名要去伊拉克，去当萨达姆政权的人肉盾牌，就是平民自愿站在政府大楼上，以“威慑”前来空袭的美军战机。

再往前几十年，艾玛还在以色列的基布茨农场度过少年时光，又与起义（intifada）中的巴勒斯坦人共同生活过——艾玛与中东的关系，就是这样一言难尽，难解难分。

今天，艾玛是耶鲁世界学人项目的负责人，从激荡暂归平静，人生新驿站。在耶鲁大学 Horchow 厅会议室里，我听她讲故事，却不是从少女轻狂到中年沉静的个人旅程，而是一个大时代，大到超乎我们现在的理解。

因为她在那里。

今天人们把美军2003年入侵伊拉克比作1979年苏联入侵阿富汗，都是帝国过度扩张并以此为起点开始反卷。小布什政府决意拿下萨达姆政权，以错误的理由发动了一场错误的战争；8年后，在奥巴马任上，美军终于撤军，举国支持，却又是一个错误，把伊拉克留给一个错误的政权。伊拉克，美国人会长久地记住这三个字。在这里，美国实力受损，道义有亏，全球领导地位下降。始乱终弃。

2003年，打败萨达姆后，美国人终于发现出了问题：从来没有做过怎么治理伊拉克的计划。指望伊拉克人民自动填补政治真空，创建新的国家治理结构，不现实：民族问题、宗教差别积重难返，这些问题之外，几十年威权体制下，民间组织从无成长空间，统摄一切的威权力量突然被推翻，全社会的现代外表立即崩坏，回归传统形态：血缘、宗族、教派。阿拉伯社会现代化早已失败，战争则将其赤裸裸地掀开来给人看。

谁打破鸡蛋就得负责善后。占领军可以打仗，不宜行政。英美成立了“联盟临时管理局”，相当于临时政府，紧急征召志愿者加盟。

来的人当中，当然就有艾玛。

时值伊拉克战争结束后第三个月，混乱和迷茫之中，无人知道任何人该做什么。从最南端的巴士拉到中部的巴格达，艾玛一路向北，直到最北部基尔库克省省会、同名城市基尔库克，再往北就是库尔德人控制区，不再是实际上的伊拉克了。

她突然发现，自己成了这里的最高文职官员，直接向美国驻伊拉克大使汇报，因为并没有别人在这里。战争和战后收拾残局就是这样，需要你是什么你就成什么。她说自己相当于基尔库克省的总督。我听了听，对她说，在中国，这应该叫巡抚。

如果你中学地理学得还可以，就知道基尔库克意味着什么。这里有石油，而石油是最容易获得的东西，谁抢到是谁的。基尔库克因此百年来是四战之地。艾玛在这里待了两年，离开伊拉克时，以为已经见完了一辈子的鲜血。

然而并没有。2007年，她收到了一封邮件。

邮件来自时任驻伊拉克美军总司令雷蒙德·奥迪尔诺（Raymond T. Odierno）："亲爱的艾玛，你做我的政治顾问好吗？"

艾玛没有回信，她并不想回去，但军人从来不会把沉默当作婉拒，将军派人在伦敦登门找到了艾玛，把她带到了将军面前。

"我要你做的就是随时随地跟我在一起，不论我是见伊拉克总理还是视察部队还是开会，一旦我哪里搞砸了，你马上告诉我。"

还不错。艾玛接受了。

这场在国际上广受批评同时在美国国内越来越不受欢迎的伊拉克战争必须结束，这一点没有疑问。问题是，把伊拉克交给谁？

最合理的答案是，让伊拉克人民用投票来回答吧。

大选势在必行，但前提是起码的安定。从2006年起，为平息伊拉克战乱，美军持续增兵。美国也调整了政策：除了必须要打击的对手如伊拉克基地组织之外，其他力量要尽量纳入到政治进程中来。朋友多多的，敌人少少的，统一战线这一套，美国也懂。

如果只用一段话来讲清楚伊拉克迄今发生了什么，从族群的角度看，就是这样的：

伊拉克是一个穆斯林为主体的国家，而穆斯林中，逊尼派穆斯林占少数，什叶派穆斯林占多数。萨达姆出身逊尼派，执政数十年，阿拉伯复兴社会党高层基本来自逊尼派；什叶派穆斯林受压制多年。萨达姆政权被推翻后，什叶派翻身上台，什叶派政治领袖马利基出任总理，逊尼派普受压制。2005年的伊拉克第一次大选，逊尼派根本就没参加。

现在，美国人想走了。不可能设想伊拉克保有和平，而整个逊尼派都被排除在外。美国必须统战逊尼派，于是必须容忍逊尼派发展起来自己的武装，其实不容忍也不行，因为逊尼派总会做这件事，要么你把它统战过来，要么它自行其是，成为叛军中坚。

统一的国家必须有统一的军队。既然接受逊尼派武装，接下来要做的事，就是让逊尼派武装与什叶派武装混一，共同组建伊拉克国家的军队。

马利基坚决不同意，这逼出了艾玛作为美军总司令政治顾问的最大成就。

她与一个意外的人结成了盟友——巴西玛博士。

巴西玛，女性，什叶派，时年38岁，前火箭科学家、时任伊拉克总理马利基的军事顾问，但实际权力比这要大，因为马利基对她言听计从。她也是美军最不喜欢的人，因为力主反对容纳逊尼派武装。

艾玛想见她，坚拒不见，一番水磨功夫后终于见到，然后大吃一惊，原来巴西玛是这样的人。

什么样的人呢?

这种人在全世界都很多。他们看到美国的强大，于是认为美国所做的一切都有险恶用心、周密策划。巴西玛看到的就是：美国人来了，萨达姆倒了，然后伊拉克变成废墟，能把人送到月球上的国家对这一切必然早有周详安排。“你们嘴上说要打倒萨达姆，其实是要摧毁伊拉克。”

艾玛花了好几个星期才说服巴西玛，一切灾难的源泉，并非出自周密的阴谋，而是出自美国决策者的无知与无能：无论是对基地恐怖组织的渊源，还是对伊拉克有无大规模杀伤性武器，还是对与灭国相伴而来的责任，等等。

最终，至少在表面上，艾玛说服了巴西玛，而巴西玛说服了马利基，接受将逊尼族武装与什叶族武装混编成伊拉克国家军队的建议。

伊拉克局势迅势去紧张化，稳定似乎不再遥远。

然后，真正的考验来了，大选来了。

2010年初，逊尼派与什叶派均积极参加，伊拉克迎来第一次真正意义上的大选。一个对现总理马利基来说无法接受的意外发生了：出身什叶派但主打世俗牌并主张全国团结的阿拉维派赢得了最多议席。马利基派得票第二，相差三个议席。

谁来组阁，马利基还是阿拉维?

艾玛说，美国人自己陷入了分裂。驻伊拉克美军总司令奥迪尔诺支持阿拉维，这也是艾玛的主张。再没有更合适的选择：阿拉维有最多议席，主张派别和解，走世俗路线，这不正是美国最想要的结果吗？美国驻伊拉克大使则支持马利基，理由是伊拉克人没有准备好搞民主，强人政治更有利于稳定，而伊拉克最需要的是稳定。

伊拉克问题在奥巴马政府中的分工是属于副总统拜登主管。拜登听了两边的意见，选择支持大使。

其他且不讲了，美国背弃了自己旗帜上高扬的原则，于是剩下的都是历史：

——马利基续任总理，恢复打压逊尼派，变本加厉。

——在表面上仍保持的短暂稳定表象中，美军撤出伊拉克，留下权力真空。

——什叶派的马利基政权靠拢什叶派大国伊朗。

——为制衡伊朗，逊尼派大国沙特支持伊拉克逊尼派力量。

——以逊尼派保护者自居的 ISIS 兴起，马利基政权一触即溃，改写从伊拉克到叙利亚的政治版图。

——ISIS 羽翼丰满，即向全世界输出圣战，欧洲已成战区，世界政治版图会不会就此改写？

……

其实，把这里面的马利基、阿拉维、什叶派、逊尼派、伊朗、沙特、ISIS 换成别的名字，我们会更加熟悉。历史不会简单重复，但总是押韵，马克·吐温早已说过。

艾玛与伊拉克的个人史写在了 *The Unraveling: High Hopes and Missed Opportunities in Iraq*（我译作《崩解：宏大期望及错失良机》）这本书里。

她对我说，不写出来我必定会后悔。

这本书出版得太匆忙，来不及找到哪怕一个名人推荐，却上了《纽约时报》《金融时报》《泰晤士报》年度好书榜，还上了《纽约时报》书评头版："一个写书人的终极追求。"它塑造了今天美国精英对伊拉克战争及对美利坚帝国衰败之源的理解。

最终，它是个悲伤的故事：要有好结果，一切都得做对，而且最多只有一次机会，还不知道机会多大；要有坏结果，只需要做错一件事就足够，肯定够。

而且，谁能事前就说拜登的决定一定是错的呢？谁能保证艾玛的路线图一定会有光明的结果呢？

大历史暂放一边，我问艾玛："这段经历对你有什么影响？"

艾玛想了想："伤痕累累，初心未改。"

I am scared by I am what I am.

战争没有离开过

——来自叙利亚的耶鲁世界学人穆斯塔法·海德

“中国为什么要掺合叙利亚的事呢？”手持一杯酒，穆斯塔法·海德（Mustafa Haid）问我。穆斯塔法来自叙利亚，是同届耶鲁世界学人，被放逐多年。

我答不上来。我告诉他，我也不懂。如果一定要乱猜的话，就是中国跟俄罗斯在叙利亚问题上立场接近，并不是因为在叙利亚有多大具体利益，而是中俄接近大格局的一部分。

这不是什么好回答，大战略太空洞，叙利亚太悲剧。

世界学人项目请来了纽黑文当地一些NGO组织负责人来做路演，其中的克里斯（Chris）来自当地难民接收机构，欢迎世界学人们去帮忙。

帮什么呢？

他说，他们的规矩是，把难民从机场接出来，送到租好的公寓里，所有家具都是二手的，除了床垫，床垫必须新。同时，经办人要找义工，为难民一家做顿家乡饭，让他们在担忧、敏感、对未来最无把握的那一刻，闻到熟悉的味道。

“你们谁愿意为难民做顿家乡饭？”

我举手：“中餐有需要吗？”

克里斯摇头：“我们缺做叙利亚家乡饭的人手。”

今天全世界有2000万难民，其中500万来自叙利亚。关于叙利亚之惨状，不需要比这更多的话。

穆斯塔法在战争之前就离开了叙利亚。他早年参与成立 NGO，上了阿萨德政府的黑名单，有数年东躲西藏，望门投止，托身于朋友之间。当时许多朋友莫名消失，再无消息，近来在网络流传的1500名叙利亚人被折磨的档案照片中找到。

阿拉伯之春传到叙利亚，出现了短暂的机会之窗。政府想把麻烦制造者们送走，于是送他一本护照：走可以，别回来。同样处境的不止穆斯塔法一人，有行者，有留者，各安其所安。

穆斯塔法选择离开，来到土耳其。随后，内战爆发，难民四起。穆斯塔法的 NGO 转而致力于帮助难民，帮助他们离开叙利亚，帮助他们通过中间国家，帮助他们到达目的地。在绞肉机下面，最重要的就是救人，能救多少是多少，人活着才有未来。

穆斯塔法来自阿勒颇。这个《圣经》中就有记载的历史名城此刻正在巷战之中。俄罗斯空军和叙利亚政府军正在空袭，联合国要求空袭停止。它是叙利亚今日的缩影，一台巨大的绞肉机，而在绞肉机上搭手的人越来越多，有阿萨德政府，有反政府武装，有 IS，有基地组织，有库尔德人，有随时改换旗号的形形色色武装，每一派势力都有对应的国际支持。这不仅是一场内战，还是一场代理人战争。

各方都在制造杀戮，问题是谁制造得最多？

穆斯塔法给我看了一张图，叙利亚内战以来丧生人数及对应的死亡制造者，阿萨德政府远远地高居第一，占到95%，其他各方包括 IS 在内各在1% 上下。当然 IS 只花了两年时间，就赶上其他派别四年的恶业。

我问他，今天的叙利亚内战各方，还有哪方算得上是世俗的民主派的力量？他说，没有了。恶与恶的螺旋把一切绞成了黑色。

穆斯塔法不是穆斯林，他是完全的无神论者、绝对的世俗派，他喝酒，享受生活，对任何新奇的事情有天然的兴趣。一位世界学人称他的笑容最为温暖。

他活在当下，别无选择。

他说，叙利亚内战没有军事解决方案，只能政治解决。代理人战争的最大问题就是无法结束，永远不会有决定性时刻，就是用人命来耗。虽然政治解决方案此刻看不到任何曙光，但谁知道呢？政治解决一定是无法预期的，因为叙利亚迄今发生的所有变局，事前都是完全没想到，如伊朗参与之深，如俄罗斯直接参战。

穆斯塔法与同事在自我怀疑与煎熬当中度日。许多同事虽然有申根签证，本可从土耳其坐飞机去欧洲，但还是上船，与难民一起偷渡，共担一点点风险，以略略平复心中幸存者的内疚感。

项目培训要世界学人们绘出五年内的愿景。穆斯塔法绘了瀑布、险滩、大海，他指着逆流而上卡在险滩上那个人说，这就是我，我卡在这里。我本不想逆流而上，我想去的地方是大海，但只能继续在这里，上不去，下不来。许多同事也一样，见识过战争的残酷，就永远无法抽身而退。飞蛾扑火，没有选择。

两天前，穆斯塔法的弟弟丧生于阿勒颇。

战争没有离开过他。

背着三千人走下去

——我的耶鲁女同学德蔻·默罕默德医生

每个耶鲁世界学人都有不凡之处，只是那些不凡中特别不凡的故事往往来自女性，比如德蔻·默罕默德（Deqo Mohamed）。

德蔻还很年轻，微胖，温和，始终在微笑。只要她开始说话，人们就能够沉静下来。刚开始我不明白为什么，后来就觉得理所当然：如果你照顾着300个家庭3000口人，你自然有这本事——没有的人早就放弃了。

比如说，德蔻有六个孩子，没一个是亲生的。我怎么知道的呢？有一次我问她为什么不把孩子一起带来，她说不行，因为收养的孩子要带出境的话，必须亲生父母同意，而她收养孩子的亲生母亲往往是未婚少女，生下孩子无法抚养，也不能曝光，就留在德蔻家的医院里了，久而久之，德蔻就收养了六个孩子。

德蔻的故事不是她一个人的，属于她全家。

她来自索马里。

德蔻父母出自索马里本地望族，都是共产党员，母亲在苏联学医，父亲从政。30多年前，母亲哈瓦·阿布迪医生在家族农场上开设妇女诊所，最开始是接生，但自此开始，责任一波一波降临，停都停不下来，越来越多。

德蔻记得16岁时帮母亲替孕妇接生，第一个婴儿抱在手上又惊又怕——最近她去参加了他的婚礼，她是教母。

1991年，索马里内战爆发。母亲来自南方，而父亲是北方分离派的部长，父母因此分开，直到2000年父母离婚。德蔻恨战争。

德蔻与妹妹被送往俄罗斯学医。那时正是苏联解体之后，俄罗斯经受转轨的巨大痛苦，但在德蔻眼中自己最快乐的时光就在那时："俄罗斯人接受我，拥抱我，照顾我。"

学成后，妹妹回到索马里，但德蔻转到美国，长年在强势母亲的阴影下，她受够了。她继续在美学医，只是一切都要重来一遍；她当时也不会说英语，但只要能不回到母亲身边，这些都不算什么。

十余年间，世事变迁，德蔻在美国皈依了伊斯兰教，美国干预了索马里，黑鹰坠落，美国退出，索马里内战愈演愈烈，难民越来越多。母亲的诊所一变再变，规模越来越大，功能越来越多，变成难民营，最多时容纳过80000人。

母亲有了"索马里的特雷莎修女"之称，还被提名过诺贝尔和平奖。然而，8万人吃、住、安全的责任都在你身上，多么沉重。

这份沉重，渐渐移到了德蔻姐妹身上。2009年，哥哥车祸去世。德蔻应母亲召唤回国，再过两年，身在北方的父亲也去世了。一家人只剩母亲、妹妹和德蔻三个女人。索马里版杨门女将，传承的不是财富，而是责任。

想当年，德蔻逃离故土，逃离母亲，逃离责任，却在美国成了穆斯林，最终也没逃过责任，回到索马里。我说："你绕了一大圈，还是做个穆斯林做个医生做个女儿。”她哈哈大笑：“我会记住你的话，不过终点虽然一样，过程还是有意义的。”

索马里今天仍不太平，中央政府初建，军阀林立，极端组织势力很大。母亲前两年被基地组织的当地分支绑架，虽然平安归来，绑架者还写信公开致歉，但母亲严重中风，身体一落千丈。德蔻一家今天照顾着大约300个家庭共3000口人，只有很少一部分人有工作，从食品、医疗、教育到安全，事事要操心。

“母亲身体不好，我的角色算是总理加外交部长，妹妹是国防部长。”德蔻说，妹妹主管情报，索马里情况复杂，她得知道一切风吹草动。

“知道有什么用？难道匪徒打来你们好组织抵抗吗？”

“不，我们提前逃走。”

我问德蔻：“你这样永无止境做圣母，最好的结果就是维持现状，看不到根治希望。你靠什么撑住？”

德蔻说，首先，这是家族责任，没的选。其次，做着做着，你就与他们难解难分。

有次，有位妇女来看病，她已经有五个孩子，德蔻对她说，她有这病，不能再生孩子了，不然有生命危险。妇女没说话。过了一阵，妇女又来看病，又怀孕了。德蔻极为愤怒。妇女拉着她的手说：“大夫，你的忠告我记得，可是我得告诉你，我现在再嫁了，如果不给现在的丈夫生孩子，他不会管我前五个孩子的。”

生活如此沉重，只能接受，理解，对付。

偶尔有高峰时刻，给德蔻继续做下去的能量。有天走进急诊室，德蔻发现病人额头插着弹片，但还活着，意识清醒。跟母亲一样，德蔻的专业是妇科医生。“你等等。”她对伤者说，飞奔回房去查脑外科手册，花了两个小时现学，伤者就在那里等了两个小时。然后德蔻就做了这辈子第一次脑外科手术，万幸，病人活下来了，弹片没伤到要害。

我问德蔻：“你后来还做脑外科手术吗？”

“迄今就这一次，将来谁知道呢？”

我惟一见过德蔻批评他人，是同期耶鲁世界学人介绍关于非洲慈善的某个项目，致力于将种子和化肥送到农民手中，我作为外人只有鼓掌而已。德蔻则严厉地说，这个项目企图心太大，结果没有效率也不可持续，应该做小一点，真正使哪怕更少一些农民可靠地脱贫。

可持续是德蔻今天惟一关心的主题。她一家与各种国际援助组织打过多年交道，她坚决相信，就其本身而言，今天的国际援助弊大于利，就是因为只是授人以鱼，然后几年时间就走了，一切回归原样，扭曲当地人的激励，或者养懒汉，或者养军阀，或者养政府，总之比浪费还糟糕。德蔻做了一场讲座“全球扶贫产业”，标题即讽刺。

这也正是当前国际援助的困境。你是要授人以渔呢，还是授人以鱼？授人以鱼，结果总是会强化接受国的既有政经格局，因为援助者总要与当地政府合作才行，而政府必然会控制援助资金和物资，如果本来是民主国家则民主国家加强，如果是威权政体则威权政体加强。这些国家哪里会有几个是民主政体呢？

授人以渔是理论上更好的选择，但谈何容易。谁都知道制度重要，但改变制度必然卷入当地政治，难道这是国际援助该做的事吗？说是与不是的人都有，谁也说服不了对方。

德蔻承认没有好答案，走一步做一步，尽量把自己的事做好。

一天深夜，我与德蔻同在耶鲁医院，德蔻给我看手机上刚收到的消息，母亲刚刚获得克林顿基金会的2016年度全球公民奖。“恭喜！”我问，“有钱吗？”

德蔻摇摇头。

德蔻缺钱。她给我算了笔账，直到今天，她们家照顾3000人，除了工厂收入、家庭基金会募捐之外，仍有不少费用缺口，要靠国际援助填补。至于她自己，身负“外交部长”之责，常在外面旅行，总是随身带着一批替母亲写的传记《继续希望》（*Keep Hope Alive*），有人要就卖一本，比亚马逊上的价格贵一点，以贴补旅费。

我买了一本。

只有天空是尽头

——来自阿富汗的女议员法蒂玛·贾法利

这届世界学人当中，只有法蒂玛·贾法利（Fatema Jafari）有保镖，而且是两位，当然不是在耶鲁，在家乡。

她来自阿富汗西陲赫拉特省，是省议会里第一位女议员。两个保镖都是男的，为随时保护她，必须与她同住，所以只能从家族后辈中挑人，送去警校训练，再给她做保镖。

阿富汗今天没有大规模战事，但并不安全。比如，法蒂玛从来没有从赫拉特坐车去过首都喀布尔。塔利班四伏，军阀割据，举步维艰。

我问法蒂玛："你有多危险？"

法蒂玛给我看了张图片，是省议员们两年前的集体照，跟她同在第一排的大约十位同事中，两年间，有人遇刺，有人中七枪躺在医院里，有两人被绑架，有一人因孩子被绑架精神崩溃。

照片里的并不只是受害者。"我来这边后，警察抓了另一个议员，发现他是一个绑架集团的首脑，有个绑架名单，我在上面。"

一个崩坏的国家，还在重建秩序的路上挣扎。

我写这篇文章的时候，法蒂玛即将离开耶鲁回家乡。展望前途，她忧心忡忡，觉得自2013年前回到家乡，阿富汗从未如此危险重重。

美军在撤出阿富汗，从最多时的八万到现在不到八千。美军撤出伊拉克后，IS崛起，同样的事会不会在阿富汗重演？

“很有可能。”法蒂玛说，自美国2001年进攻阿富汗以来，塔利班重掌阿富汗的可能从没有像今天这么大。

如果这事变成现实，法蒂玛没有活路。法蒂玛所在的赫拉特族本属阿富汗少数民族，在塔利班执政年代广被杀戮，部族四散，她是女性，竟然还从政，活着就是对塔利班的羞辱。

“那你为什么急着回去？”

“想孩子了。”她给我看儿子照片。赫拉特族人面相与中国人接近，法蒂玛的儿子看上去跟我家二宝一样，像中国人。

更重要的是，她“没有别的选择”。如果只是她一个人，也许可以离开阿富汗，但家庭怎么办？家族怎么办？上百人的命运已跟她绑在了一起。

这条路要走就走到底。法蒂玛提前回去，准备明年竞选全国议会议员。

从没有路的地方走出路来，法蒂玛习惯了。

阿富汗几十年来没有安宁过。1979年，苏联入侵阿富汗，法蒂玛父母逃到与赫拉特相邻的伊朗境内，打工维生。伊朗对外来者只是勉强包容而已。法蒂玛小学成绩很好，但很快被通知不能继续上学，要上只能去旁边的城市。父亲好不容易才在当地找到工作，不能轻易放弃，一度想让她弃学算了，好在母亲坚持，父亲买了辆摩托车，每天早晚各骑两个小时，接送女儿上下学。这并没完，两年间，如此这般，她共换了六个学校，但她和父亲都坚持下来了。

机会起于微处，坚持住，抓住它，才有下一个机会。

高中快毕业的时候，法蒂玛一家仍寄居伊朗。当时阿富汗还是塔利班执政，能逃的赫拉特人都逃到了伊朗。两边都看不到希望。

毕业就要失业。法蒂玛问邻居，我给你家孩子当老师行不行？邻居同意了。这成为法蒂玛工作生涯的起点。两年间，她成了300个孩子的老师，还建起了学校。

2001年，拉登发动“9·11”事件，同年，美国进攻阿富汗，推翻了庇护拉登的塔利班政权。大敌既去，2003年，赫拉特人纷纷回国，包括法蒂玛一家。

回到家乡赫拉特省，法蒂玛教书并当接生员，打两份工之余，半工半读上完了省立大学，成为他们家族和全村第一个女大学生。

2009年，法蒂玛看到了新机会。省议会要选举了。

女人从政过去在阿富汗没有机会，但现在有了，新宪法规定女性在议会中不能低于一定比例，很多NGO愿意支持女性参选，提供培训、教育和组织帮助。

法蒂玛找到选举委员会：“我能不能参选？”当然可以。但是，从亲人开始，所有人都反对：没人会投票给女的；竞选太危险；你没钱；等等。法蒂玛没听这些：“我相信自己能说服任何人。”她说服了丈夫、父母以及族人。

她无师自通，发现了滚雪球的逻辑。人们只会支持他们认为有可能当选的候选人，都怀疑一个年轻女孩能有多大动员力量，所以法蒂玛必须要让他们及早看到自己的潜能。她告诉同事、朋友、学生，你们回家去，跟朋友家人说，法蒂玛在城里有个集会，一定要来参加。结果，来的人出乎意料地多，彼此看到了法蒂玛的号召力，选举的雪球就这样滚起来了。

为了绕过土匪袭扰，通达潜在选民，法蒂玛还制作了第一个电视竞选广告。

最终，法蒂玛当选。在184个候选人中，她得票排名第九，成为省议会19名议员之一。2014年，法蒂玛连选连任。这一次，不再有人怀疑她的能力。

此次来美国之前，法蒂玛基本不会说英语，只有小时候在伊朗上学的一点点基础，凭着在美期间恶补，如今已经能够自如发表演讲。我在台下听着，觉得人的潜能释放，真是件美好的事情。

《肖申克的救赎》里有句台词："有的鸟儿你是关不住的，因为它的每片羽毛都闪着自由的光辉。"套在法蒂玛身上是这句："因为它的每片羽毛都在奋力高飞。"

即将到来的全国议会选举对法蒂玛不会是很大挑战，两任省议员经历已使她在自己选民中奠定了信任基础，也使她成为老练政客，懂得政治就是交换，她会竭尽所能，为女性、选区、赫拉特族人争取利益。这足以使她走上全国政治舞台。

至于未来能走多远？不计风险，全力以赴，充分燃烧后，只有天空是尽头。

"祝你未来成为阿富汗第一位女总统。"我对她说。

法蒂玛大笑，却没有谦让。

走前法蒂玛最后参加的世界学人项目是领导力培训。导师让我们想象五年之后自己身居何处，有何作为。

我们看到了法蒂玛和她手绘的未来导图，在关于爱、功业和国家前途的各种憧憬之上，一个冷峻的标题：希望到时我还活着!

Hopefully I am alive！

世界学人这样破解难题

耶鲁世界学人个人都已相当成功，但大家都是人，同样有压力有烦恼有挑战。当一位学人提议开一场特别讨论会，彼此贡献解决问题的技巧（life hack），讨论意想不到的热烈。

围绕三大主题展开：

怎样自我管理，提升效率？

怎样在压力面前增加适应能力？

怎样激励自己和他人保持创造力？

下面是成果整理，来自16个耶鲁学人的集体贡献，希望对你也有用。

有纪律地管理时间：充分利用晨起后的高效时间段；保持准时；用番茄钟来协助保持专注：每次只做一件事，做25分钟，休息5分钟，为一个番茄钟，如果还想继续做，则再来一个番茄钟，依此类推；在日程表上为重要项目优先留出时间，其他事为此让路，并围绕重要性来重排时间。

主动设定日程：为短中长期目标设定优先序，并主动构建自己的日程，而不是被动应变，从每天固定时间回邮件做起，而不是邮件随来随回，这样你的日程就是被动的。

定期自问：我接下来的目标是什么？

随时记下想法：善用列表。

善用软件：日程（Calendly.com）、小组会议（Doodle）、任务管理（Trello）、记录（Evernote）、团队协作（Slack）。

保持开放心态：即使事情并不在你掌控之中，不要焦虑。

拥抱变化：旅行、听音乐、做菜、做瑜伽。

学习一项新技能：比如演奏一种乐器。获诺奖的科学家中会演奏乐器的比例远高于整个科学家群体。打破日常惯例，比如换条上班路线，换用左手刷牙……

走出舒服圈：听不同意的观点和想法；见陌生人，跟比你更聪明更能干的人在一起。与能力互补的人合作。

督促你周围的人成长：给自己找一位导师，或者指导一位门徒。

大胆从别人那里“偷”想法。自己不会没关系：向他人求助。

下放任务：注重最后的结果，而不是下面的人用什么方式完成它。

读书，无论是传记、历史、小说还是诗歌，上下班路上听有声书，衣服口袋里随时放着 Kindle，好书要重读，写长文章，每本书不必读完有益就行。

最后，也是最关键的，健康最最最重要，一定要定期锻炼身体。

我决定都试试。

最后告诉你一个我自己的小办法：我总是把手机和 Kindle 放在一起，并在大脑中植入一个 if-then：if 想刷手机，then 打开 Kindle。

理解自己，操纵自己，更好地管理自己。

极简金融课

别把市场当敌人，要当朋友

不要指望炒股发财

任何时候总有炒股发财的人，但你炒股发财的机会微乎其微。这里说的发财，指获得超额收益在短时间内实现财务自由，不管你对财务自由定义的标准是什么。炒股则是泛指，“炒”字后面，可以跟着债、汇、大宗商品、君子兰、普洱茶、艺术品，等等。

以股市而论，股票投资收益可分解为市场收益与超额收益两部分。超额收益即所谓的阿尔法（alpha，源于希腊字母 α），它来自于能创造阿尔法的那些交易员的高超技能。是的，这是一个循环论证。谁能获得阿尔法，那都是后验的。

无论何时何地何种市场，总有一部分人获得阿尔法，但第一几乎不可能事前识别他们，第二，整个市场的阿尔法总和是零，因为你之所得是我之所失，阿尔法是个零和游戏，阿尔法攫取自市场中的韭菜们。

这个零和游戏你不应该参加。比交易能力，你比得过专业机构吗？你有内幕信息吗？就算都靠公开信息，你的整合、分析能力比别人强吗？你的反应够快吗？你有超快跑道能抢在别人前面吗？你有超级计算机吗？你有能持续获利的算法吗？极少数个人拥有前面这些条件之一，而那些拥有全部这些条件的，早就成为业内超级机构。

市场没有恻隐之心，不知道你有多需要发财。想拿市场当提款机的人，成为市场的提款机。

更何况，如果仅从交易角度看，市场不仅是零和游戏，更是负和游戏，因为政府、交易所、中介机构要拿走各种费用，雁过拔毛，越来越瘦。参加这个游戏，你就是任人宰割的鱼肉。别参加。

必须做一生的投资安排

绝不能指望靠炒发财，但你必须做投资安排，而且是一生的投资安排。你可能觉得这是相互矛盾的，然而并不是。只有认清前者，才能开始后者。

必须做一生的投资安排，是因为你的人生有与生俱来的周期，你会生老病死，如朝阳升起，如夕阳渐落。你要安好地度完这朝夕，就必须做好一生的投资安排。

假设你一生收入的总和，相当于现值的1000万元，但这些收入不会平均到一生中获得。普通人的收入曲线是这样：二十来岁开始工作，获得收入，刚开始挣多少花多少，然后收入逐步上升，到四五十岁达到高峰，储蓄增加，然后收入走平或走软，于60多岁退休，用青壮期的积蓄维持退休后的生活水平。

大多数人的一生，生不带来，死不带去。美国典型中产阶级家庭的收入与支出总结算，就是把孩子送进大学，把自己养到死亡，期间教育、医疗、养老，用得干干净净，全部消耗完毕。这也将会是中国家庭的典型轨迹。

在人生走上坡路的时候，你挣得多花得少，会有储蓄。珍惜它，但不要得意，因为它更是责任，需要你好好相待，以便在你走下坡路挣得少花得多乃至只花不挣的时候，它能支撑得住你的人生。卡内基说，死时还是巨富是羞耻。但这恐惧独属于巨富，大多数人的恐惧是人还没死，钱花光了——这才是人生第一大悲剧。

你的储蓄的本质，就是延期消费。将现在不需要立即花掉的钱，转为将来有需要时的消费能力。这有一个必须达到的要求：就是这些钱在将来的消费水平不低于即期的消费水平。你把100块钱存到10年后再花，期间通货膨胀，如果到时它只能买到今天50块钱买到的东西，那消费能力就被通胀侵蚀了50%。而自从有了现代中央银行，通胀就总是在发生而通缩是异数——印钱多容易呢?

不能战胜通胀的储蓄是没有意义的，不如现在就花掉。市场不仁，人人皆为刍狗，它不关心你需要多少钱养老。你从年轻时开始储蓄，投资持续终身，以期在暮年维持生活水平，惟一必须战胜的就是通胀，其他都是可选项。

当然，现实会比这还要复杂和困难。下一代直到大学毕业为止的教育费用，越来越成为上一代人的普遍责任，在中国更被视为当然。对这些家庭来说，必须战胜的还有高等教育费用的通胀，而这是一个更高的门槛。

要战胜通胀，又不能指望炒股/汇/债/商品致富，那该怎么办?

还好，放弃超额收益的幻想，并不意味着你只能无所作为。相反，跟阿尔法零和游戏不同，捕捉市场收益是另一种游戏，幸运的是，它是正和游戏。市场收益你必须抓住，也可能抓住，而这是你战胜通胀的最好机会。

最后，出个思考题：

“一个小营业部最近一年（2014年6月1日到2015年7月1日）客户收益统计：资产量500万元以上的，账户总体盈利的只有12个，交易客户数为73户。资产量100万元-500万元，账户总体盈利的只有51个，交易客户数为389户。去年6月份到现在资产量30万元-100万元，账户总体盈利的346个，交易客户数为3089户。”

上面是一位朋友从某大券商旗下营业部拿到的数字。同期，上证指数从2039点涨到4053点，上涨几乎一倍，标准的大牛市。七亏二平一赚的股市箴言，如果在熊市成立就算了，为什么在大牛市中仍然成立？

对惟一靠谱的投资方案只有一个要求

交易环节是零和博弈，但市场还有正和博弈，这正是你可能通过市场战胜通胀的根本原因。

长期中，股市参与者加总起来的整体收益，并不是零，最终取决于上市公司效率提升业绩改善。有历史数据以来，所有主要股市的代表性指数，在长期中看，熨平短期波动之后，都显示为一条向上攀升的线，只是斜率有所不同，因此存在所有人都获益的机会。这个正和博弈是你作为普通投资者惟一应该参与的部分，透过市场赚企业成长和经济增长的钱。

抓住市场收益，就是抓住市场的贝塔（beta，来源于希腊字母 β），放弃战胜市场的执念，转而承受市场整体的风险，获得市场收益水平的回报。巴依老爷考阿凡提，几瓢能将河水舀干？阿凡提说，如果瓢跟河一样大，一瓢。阿凡提说的其实就是贝塔。

不同市场的贝塔不同，最简单的方法就是股债组合。相对而言，股票的长期收益率高而波动大，债的长期收益率低而波动小，互相补充，两者组合投资，能够在部分熨平波动的同时获得相对稳定的收益。

举个简单例子：

——你一有工作收入，就开始建立股债投资组合，不要等。

——初始比例为股债8∶2，股8债2。

——每年底再平衡一次：如果股票上涨，所占比例超过80%，即卖出股票补入债券，将比例恢复到8∶2；反之亦然。

——但是，每隔相当长一段时间后——一般建议10年一次——你要调整股债比例，逐步从8∶2降到7∶3再降到6∶4再降到5∶5……债券所占比例越来越高，最终到退休以后主要为债券。原因也很简单，越年轻越能承受价格波动风险，退休之后，你没有工作收入，就该杀鸡取金蛋了——股债比例调整是为了匹配你的生命和收入周期。

道理就是这么简单，细节则有无穷选择：股债初始比例8∶2对你来说是否合适？退休后全为债券对你来说是否过于稳健？每个人的人生规划和收入流跨人生周期分配情形都不同，只能是根据自己情况选择最适合你的那个方案。大体而言，冒险要趁早，退休后就必须守成，这跟性格无关，被你的人生周期决定。

至于买哪些股买哪些债？尽早忘掉这些问题，不要去赌你的眼光，也不要去赌你有眼光挑到合适的人帮你做决定。你得选代表性最为广泛的股票和债券指数，然后在与这些指数对应的指数化投资工具中，选择交易成本最低、成交量最大的那些。

这个思路放弃择股，几乎放弃择时，仅仅根据个人的生命周期和收入流分布安排最小限度的择时，最终把命运交给市场而不是自己的博弈能力。对绝大多数人来说，这是惟一靠谱的投资策略，选择不再试图战胜市场而是拥抱市场，才能免于被市场有针对性地伤害。

之所以它靠谱，是因为长期中大体能够战胜通胀。它能使得你一生渐渐积累不被通胀所侵蚀，使你克制当下欲望把消费延期到未来的努力不致虚掷。它不能实现你的发财梦，但能保护你。

之所以如此，是因为一系列高度相关的因素：从数十年的时间维度来看，代表性最为广泛的股债指数与市场高度相关，市场与经济高度相关，经济与通胀高度相关。

随着你在财富阶梯上攀登，你能看到更多的工具：房地产、大宗商品、海外资产、对冲基金、PE/VC 等等。投资工具越来越复杂，但你的思路应当始终简洁如一：确定初始比例，短期中定期再平衡，长期中定期调整比例，以匹配自己的生命周期和收入流分布。

它对你只有一个要求，而这个要求很高：克制自己的聪明主意，压抑自己觉得市场愚不可及的念头，放弃与市场博弈，转而从长计议，把投资当作与你的工作人生互补的另一面，好比阴阳鱼严丝合缝，相互对冲，阴阳相生。

把时间拉长到你的一生，将视野从能否战胜市场发家致富转到利用市场保护自己，你会无视绝大多数市场短期波动，用更安稳的心态、更少的精力、更简明但长期中更有效的方法，来管理自己的财富与人生。

本课思考题：

中国人的投资品类增长很快，资产配置工具越来越多。但是现今中国人的资产组合存在明显的畸配：二十年的房地产业高潮和人民币升值之后，中国家庭资产中房子占得太多，而海外资产太少，用术语说是过度高配房地产，过度低配海外资产。一旦这两类资产开启走向平配的进程，会发生什么？

终生投资是自己的事，别交给别人

一生的投资安排这件事，无法外包。

首先，投资是你的人生，你的人生必须自己把握，无法交给别人。没有人能真正承担这个责任，胸脯拍得山响抢着要担责的，那是骗子。

其次，你只致力于获取市场收益，于是必须控制交易成本，交易成本够不够低决定这套策略是否可行，数十年的投资周期中，初始差以毫厘，结果谬以千里。

以今天中国金融市场上的投资工具为例，你去买个资管产品，后面是保险公司、银行、证券公司、信托公司各种通道的层层嵌套，每一层都自称给你带来价值，但惟一确定的事情是层层薅羊毛。更何况，羊毛出在羊身上，羊毛被层层中介薅走一大半，你只拿到一点，而羊却已不堪搜刮。要是承受不住了，你怎么办？

变造一下巴菲特讲过的笑话：原来我自己买卖股票好好的，来了个投资银行家说给我出主意，给点好处就行；又来了个基金经理说给我管钱，给点好处就行；再来了个基金的基金的经理，说给我找替我管钱的人，给点好处就行；最后来了个麦道夫。故事讲完了。

再次，跨越人生的指数化组合长期投资，知易行不难，门槛不高，不需要复杂的金融知识、专业的操作手段，那些只属于大机构的秘密武器，你一样也不需要，只需要洞察力与坦然兼备的常识性智慧，而这些你只能靠自己。如果这都要外包，别人有什么理由不鱼肉你一把呢？

最后，讲点悲伤的事。

你早早储蓄，做指数化组合投资，短期再平衡，长期调整配置比例，前面讲的你都做到了。那么，你一定能战胜通胀保有自己人生努力所得吗？

首先恭喜你，你已做到大多数人所不能，你比他们更有机会保护自己；然后抱歉，答案还是不一定。

个人的人生曲线叠加到市场周期、经济起伏、全球兴衰多重体上，哪里还会有什么确定无疑的事情？命运无常，会带来两件少见但关键的事情：泡沫和危机。

大拇指定律说，市场95%的时候是正常的。可是，剩下那不正常的5%却是最关键的。如果扣除掉泡沫期的收益和危机期的损失，市场的能见度和稳定性将高很多，但现实不是这样。不管是因为幸运还是机智，泡沫和危机中的表现仍然是决定长期投资收益率的重要因素。以哈佛和耶鲁校产基金为例，这两个最优秀的永续型投资机构在2008年金融危机中损失了三成。那些没有这两家巨人的持久力被即时洗白的投资者，不知凡几。

泡沫与危机，对应着顶与底，预测顶底是人之常情，做这件事却是愚人金（愚人金原文是fool's gold，是英谚，指像金子一样金光闪闪却没有价值的石头），金光闪闪却毫无价值。好在，你虽不确知何处是顶何处是底，但总能知道大体身处哪种市场状态；预测未来的天气是不大可能，但为雨天备伞这件事却没有那么难。别预测，做准备。

这里正是你最大的优势所在：准备有其成本，市场疯狂的时候你不跟着疯，短期会付出代价，而个人比机构更能承受这代价。投资持续你的一生，你惟一需要战胜的基准是与你一生对应的那个通胀水平。机构则不行，三个月跟不上他们自己那个小世界的基准，立即就有饭碗之忧。一个这么多聪明人扎堆的行业，却做了那么多蠢事，因为屁股决定了脑袋。

泡沫和危机远没有想象的那么罕见，仅过去数十年中，几乎每十年就有一场泡沫及其破灭带来的危机。如果投资从20岁到70岁，那你平均会经历五次泡沫五场危机。将视野拉到如此之长后，你会发现它们中绝大多数事后看没有身处其中时感觉那么可怕，指数化再平衡组合投资在长期中能战胜通胀的各种数据证明了这一点。

真正可怕的是你投资生涯经历的那最后一轮泡沫——危机事件。好比你与市场重复博弈，每轮都合作，麻痹你，养肥你，最后与你摊牌，你一把赔光，再没有下一次机会。越到人生暮年，越不能参与泡沫。你永远不能放弃警惕，不能放弃思考，不能放弃决断，哪怕指数化再平衡组合长期投资这个策略帮助了你一辈子，也要做好及时抽身的准备。

与此相对，对年轻人来说，如果一上来就抄了个顶不要绝望，也不必执着于去抄到底部，投资人生还有四五次底顶在未来等着你。慢慢来。

爱因斯坦说，要简单，但不要太简单。极简金融课，没有太简单。

最后，推荐一本书。大卫·斯文森（David Swenson）的《不寻常的成功：个人投资的根本之道》（*Unconventional Success: A Fundamental Approach to Personal Investment*）。斯文森是诺贝尔经济学奖得主托宾的学生，长期主持耶鲁校产基金，以远低于市场水平的薪酬，获得远高于市场水平的长期收益，并改变了美国大学校产基金的投资风格，影响极大。这本书是斯文森特地写给散户的，核心告诫就这一句话，非专业投资者参与市场的惟一办法，是跨产品跨地域的多元化指数组合长期投资，并梳理了各主要资产类别的长期收益率、波动率、资产特点，方便投资者根据自己的期望做出相应的组合。

如果关于投资只读一本书，那就读这本。

生命周期投资法

极简金融课的要义是普通人只能追求市场收益，而方法是指数化投资 + 多元化投资 + 定期再平衡。我在耶鲁期间，问过从诺奖得主希勒、校产基金管理之王斯文森以降的许多人，结论还是一句话：对普通人来说，没有比这更好的办法。

进阶金融课同时从大小处着眼，小处讲用于日常决策的关键金融概念，大处讲泡沫怎么形成危机有何逻辑你我如何自处。进阶金融课不是教你怎样投资，而是教你怎样理解现实，说得更准确些，从你的角度透过金融棱镜来理解现实。金融世界既是现实世界越来越重要的一部分，同时还叠加在现实世界之上。不理解金融，如何理解现实？

趁年轻多借钱？

如果你从一开始就看《大学·问》，自然会知道巴里（Barry Nalebuff）是本书里的重要角色，他是耶鲁商学院教授，连续创业者，跨界高手，深通博弈论，告诉我如何教孩子学英语，还在极简谈判课里出场，教大家基于博弈论有尊严有原则有技巧地主张利益。

除这些之外，他还精通投资。

有次跟巴里爬纽黑文东岩，下山路上，谈起他合著的一本书《生命周期投资法》(*Lifecycle Investing*)。我说："巴里，生命周期投资法很彻底，但正如你们在开篇就说到的，等看到这本书再练，黄花菜都凉了。"

巴里掐指一算："哪里话，还来得及，别投债，全部投股票指数，再把杠杆加到200%，把失去的时间追回来。"

我苦笑。

巴里还在兴致勃勃地算，忽然想起忘了件事："喔，你们中国股市那个样子，哈哈哈，当我没说。"

我耐心跟他讲，中国股市也是股市，妖是妖了点，但哪里的股市没点妖气呢？中国投资者的问题不在于投中国股市，而是只有中国股市可投，海外投资工具太少，渠道太窄，长期高度管制。比如你在商学院的同事、金融学教授威廉·哥兹曼（William Goetzmann）研究发现，由于海外投资受限，中国投资者大体只能投国内股市，无法充分多元化，不得不加大风险偏好。风险本来就已经是这么大了，再加满杠杆，巴里你是嫌中国投资者死得还不够快是吗？

巴里答："你说得对，不过中国人海外证券投资这件事毕竟是可以做了。生命周期投资法奠基于时间多元化，其逻辑适用于中国投资者说到底也只是个时间问题。对吧？"

这我倒承认。

巴里建议我找这书的第一作者聊聊，我在耶鲁法学院斯特林楼二层的办公室里找到了伊恩·艾瑞斯（Ian Ayres）。

艾瑞斯也是神人，他是美国艺术与科学院院士，同时担任耶鲁法学院教授和商学院教授，著述极多，大多数跟法律没什么关系，比如《超级数字天才》（*Super Crunchers*），讲如何基于数据运用统计学思维解决问题；又比如《胡萝卜和大棒》（*Carrots and Sticks*），讲如何运用激励与自我管理，这本书还衍生出Stikk.com网站，一步步教你怎么设定目标，设定筹码，找到裁判，巧用同侪压力。又比如这本《生命周期投资法》。总之，他跟巴里是同一类人，聪明过人，精力过人，兴趣广泛，精通学术，追逐实效。

生命周期投资法到底是怎么一回事?

它是投资多元化在时间维度的逻辑展开，但是展开得极为彻底，打破股债组合的常规，认为年轻人必须把投资全放在股票，这还不够，还必须加杠杆，而且越早越好。

投资多元化至少包含三层：

第一层是投资工具组合的多元化，最基本的如股债指数的组合，至于是否加入房地产、黄金、其他实物资产、衍生工具，看每个人自己的风险偏好。

第二层是地域的多元化，就是不能全投在母国。你生于斯长于斯，人力资本都在这里，那么多元化就要求你把财力资本做适当海外配置。

第三层就是时间多元化。

投资要做跨时多元化，因为人的生命以及相应的收入都有周期。人生第二大悲剧是钱没花完，人死了。人生第一大悲剧是钱花完了，人还没死。如果你20岁开始工作，60岁退休，而人均寿命是

75岁，这意味着40年工作带来的收入流，要支撑75年的生活开支，时间长出将近一倍——不要以为前20年由父母养育你占了便宜，你得养育自己的儿女，代际转移支付。

人的一生中，收入流和支出流都是不平均的。相应地，一般的投资建议是年轻时七成最多八成投到股票，其余投到债券，然后每十年将股票占比下调一成，到退休后股债比例正好反过来。

人们常谈财务自由，但对于财务自由没有公认解释。有人说财务自由是 fuck you money，就是如果你钱足够，那么不想干了对老板说一声 fuck you，走人。许多人认同这标准，但它过于感性。这本书提出一个更合理的标尺：财务自由的底线就是退休后仍能维持退休前的生活。

艾瑞斯和巴里则认为，如果按通常的股债固定比例投资，则投资资金过度集中于中后期，而那时就已经太晚了，没有给资本增值留下足够长的射程，大有可能无法筹齐退休后维持同样生活水平所需的资金。

更何况，人均预期寿命还在攀升。

怎么办？

在《生命周期投资法》里，艾瑞斯和巴里主张原汁原味的时间多元化策略。为了将投资熨平，他们建议年轻人一开始投资的时候，一定要加杠杆，比如，不仅可投资资产的全部都要投入股市，而且要再加一倍杠杆；随着年纪增长，再慢慢减杠杆。

其具体逻辑是这样的：将你的一生预期收入流贴现到现在，乘以投资组合中买股票资产的比例——这个由你的风险偏好决定——就是你现在应该用来买股票的资金额。刚工作的年轻人因为收入偏低，总是达不到这个数字，所以要加杠杆。杠杆当然有风险，但在时间多元化抵消后，在跨度长达40年甚至更长的投资期中，仍然能获得相对低风险下的相对高收益。

你择不了市场的时，就择自己的时吧。

具体怎么做?

首先，确定自己的风险偏好，术语叫作 RRA（Relative Risk Aversion），相对风险厌恶程度。不明白什么意思没关系，艾瑞斯介绍了一个简易的自我测试方法：

假设，你有一份工作，现在面临另一个工作机会，新工作有一半的机会工资翻番，有一半的机会工资降三分之一，你换不换工作?

简单算一下，换工作的平均预期收益是工资增加三分之一，如果是机器就一定会选择换，人就不一定。许多人仍然不换工作，因为厌恶风险，对失去的担心大于对获得的满足。RRA 就是对风险厌恶的度量。

上题中，如果你决定换，那么，你的 RRA 值在2以下，反之，则在2以上。

把问题一般化，如果有一半的机会工资翻番，那么，另外一半的机会是降薪，你最多愿意承受下降多少?

下图的横轴是降薪比例，根据你愿承受的比例，可从纵轴相应读出你的 RRA，值越大就越厌恶风险，反之就越拥抱风险。如果你不惜冒降薪一半的风险去追逐薪水翻番的机会，那你的 RRA 就是1，比绝大多数人都更拥抱风险。

接下来是标准的经典金融。假设你的投资组合是股和债，那么应该投多少到股票指数?用下面式子一算即知：

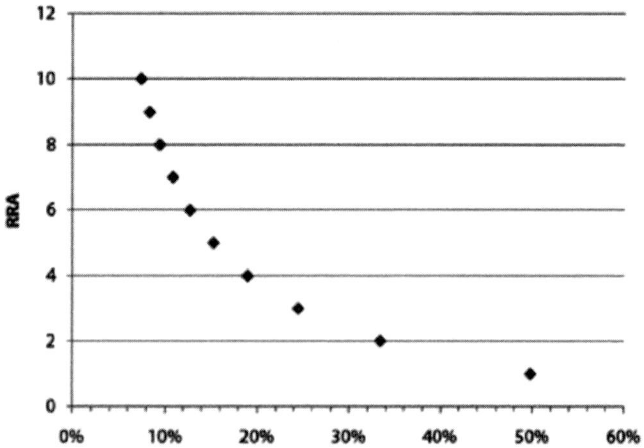

S= 股指预期超额收益 /（股指风险的平方 ×RRA）

其中，股指预期超额收益取的值是超出无风险收益率的部分，股指风险指的是波动率，用标准差表达。

艾瑞斯和巴里用美国股市为例计算 S 值，用的股指数据上溯至1871年下至2008年金融危机，得出其年收益率为7.87%，减去同期国债收益率后是5.04%，而股指风险是17.86%, 套入上面式子，得出：

S=1.58/RRA

把你自己用 RRA 表达的风险偏好值代进去，就得出你应当做的股票投资比例 S。如果你的风险偏好值是1，那么应该把资金的158% 投到股票，多出来的58% 怎么办？融资加杠杆。如果是2，那么应该把资金的79% 投到股票。

现在可以揭晓谜底了。

S 是 Samuelson 的简称，就是那个大名鼎鼎的诺奖得主、20世纪中叶以后最著名的经济学家萨缪尔森。这个 S 值式子是他在1969

年论文中提出的。艾瑞斯说，整本书可谓是向萨缪尔森致敬，他们只是原汁原味地应用到投资实践。

当然，这一切都只是个框架。作为中国投资者，中国股票市场代表性指数的预期超额收益和风险当然跟美国不同，你得填进另外一组数值。

回头来看前面那段话：

将你的一生收入流贴现到现在，乘以投资组合中买股票资产的比例——这个由你的风险偏好决定——就是你现在应该用来买股票的资金额。刚工作的年轻人因为收入偏低，总是达不到这个数字，要买够股票得借钱，借钱就借钱。加杠杆当然有风险，但在时间多元化抵消后，在跨度长度40年的投资期中，仍然能获得相对低风险下的相对高收益。

艾瑞斯和巴里的逻辑，你们看明白了吗？

明白这套逻辑，大概齐能算出你需要多少钱，大概齐告诉你需要什么样的收益率，大概齐告诉你需要用什么办法算出你的股债组合比例，大概齐告诉你一生中杠杆增减的逻辑。它提供了一个思维框架，至于各种参数，只有你自己能填，它们来自你的人生，也帮助你达成对自己人生的设计。

当然，它只是起点，滋生无数新问题：杠杆会不会在短期中就已经把你消灭？你能不能用足够便宜的价格获得杠杆？你能预期未来现金流吗？又如何能将它贴现到现在？过去的股市收益率和风险能保持到将来吗？

人生的难题不会减少，只是换了角度。

最后我问艾瑞斯：“你有没有按书里所说那样管自己的钱？”

艾瑞斯说他现在57岁，钱分成两块，一块是夫妻退休养老的钱，这部分没杠杆，七八成在股票上。另一块是留给孩子的钱，全是股票，杠杆率是200%。

他知行合一，我们拭目以待。

你是股还是债？

在上面，艾瑞斯和巴里两位聪明人给年轻人支了个险招：就是年轻时不仅要把钱全部投资于股票，而且这还不够，还应该加上杠杆。听起来很惊悚，背后真有理论支持。你未必要照着做，实在要做的话，要搞清楚其前提条件中哪些适用于你和适用于你能够得着的市场和投资工具。大胆可以，但自己要知道凭什么大胆，千万不要傻大胆。

艾瑞斯和巴里漏讲了一个问题：他们只看到了钱，也就是财务资本。但在你人生的资产总盘子里，财务资本只是一半，还有一半是人力资本。脱离人力资本谈财务资本的周期管理，怎么行？

人力资本就是你用工作换取收入的能力，理论上它也有一个现值，就是你一生收入贴现到今天的那个值。艾瑞斯和巴里用这个值来计算你应该投资多少到股票上，但到此为止。

太简单了。

首先是人力资本有其周期：人出生的时候财务资本为零全是人力资本，去世的时候则是人力资本归零。不光如此，跟财务资本一样，人力资本作为一类资产也是有风险的。资产的收益也就是劳动收入会有波动，不光是随着人的少—青—壮—老年周期波动，也随着劳动技能的市场定价波动，极端情况下，不等到人去世它就可能归零了。铅字印刷的排字技能，再熟练有什么用?

厘清人生资产总盘子，人生周期投资法展开更深一层。一般性地说年轻时要多持有股票，随着年纪增长逐渐减少换成债券，不能说错，但不够精准——因为必须要看你的人力资本像什么：

如果你的人力资本比较像债券，比如说你是公务员，预期未来收入比较稳定，那么你的人生资产总盘子里头实际上就已经有大量“债券”，相应地，在你一开始的财务资产组合中，就没必要再配债，应该多配股票，这样你的人生资产总配置才是合理的。

事情没完。随着逐渐成长老去，你的人力资本逐渐耗竭，也就是说你人生资产组合中的“债券”部分减少，那为了抵消这个因素，你要相应地多配点债券。

这个故事跟艾瑞斯和巴里的推荐是一致的。但是，假如你的人力资本比较像股票呢?

如果你的人力资本比较像股票，比如说你是基金经理，预期未来的收入相对高但波动也相对大，那么你的人生资产总盘子里头实际上就已经有大量“股票”，相应地，在你一开始的财务资产组合中，就不必要配什么股票，反而是应该尽可能多配债。

随着你逐渐成长老去，你的人力资本逐渐耗竭，人生资产组合中的“股票”部分减少，那为了抵消这个因素，你要多配置点股票!越老越需要在财务资产组合里多配股票!

这个推论反常识，你得多咀嚼。

你的人力资本像股票还是像债券?这个问题很难有确切答案——公务员还有可能下岗呢，这世界上哪有稳如泰山的事情。但是，多想这个问题使你明白，洞察自己的人生，才能做出合理的财务组合，以配合人生资产的总体组合。要不要加足杠杆？艾瑞斯和巴里的话只能听一半，另一半还在自己。

一些推论：

第一，不要买自己就职公司的股票。这等于将自己的人力资本和财务资本全放在股票资产里，而且集中在一个股票上，彻底违反多元化指引。贾跃亭跳着喊 All IN（全下），他有他的理由，你不要学。

第二，教育投资类似于股票。一项研究发现，美国大学毕业生的人力资本回报（年收入增长率）明显高于没上大学的人，但波动也更大。

第三，绝大多数人的人力资本锁定在本地，所以财务资产得做海外配置。但是配什么呢？如果你工作在新兴经济体，那你的人力资本已经天然有很多“股性”，在海外配置资产时就要多配置债券。同样地，随着你老去，人力资本渐尽，股性不性，这时海外资产配置中反而要增加股票。

第四，如果工作收入与经济负相关，比如说你是专做破产案的律师，那么你可以最大限度地配置股票。

一通百通。你有什么体会？发在留言里，大家彼此学习。

用同理心寻找复合成长

这是个特殊场合。一群耶鲁本科生坐在会议桌旁，主讲位置坐的是张磊，高瓴资本创始人；身旁主持的人是大卫·斯文森，耶鲁校产基金管理者、传奇投资人。

这里是耶鲁校产基金的会议室，也是斯文森的课堂。

几十年来，每周一下午一点，斯文森给精选出来的16名耶鲁本科生上投资课。今天的讲课人张磊再合适不过。

十年前，张磊从这里出发。耶鲁商学院毕业后，他在耶鲁校产基金做分析师，然后创业。耶鲁校产基金给他投了1000万美元。经常投没有业绩记录可言的初创基金并获得成功，是斯文森投资风格的重要标记，在投张磊上获得的成功则超过了当初的所有想象。

才十年，高瓴资本就发展成亚洲最大的美元PE基金之一，管理200多亿美元资金，规模不小于耶鲁校产基金本身。今天张磊自己也成为耶鲁大学校董，成功如此快如此大，道势术缺一不可。

高瓴资本的英文名称Hillhouse取自耶鲁校园里一条路的名字，路左是经济学系，路右是杰克逊国际关系研究院，我在这里来回走了四五个月，直到深秋到来，红叶遍地。新英格兰之秋极美，自然与人文相得益彰，浓缩在这条路上。

从张磊所授心得中，我挑出印象最深的一点，根据笔记整理加工，如下。如有错漏，一切在我。

“教科书式投资”

张磊称高瓴师法耶鲁校产基金，是教科书式投资。斯文森出身耶鲁，是耶鲁教授、诺贝尔经济学奖得主托宾的弟子，真正的学院派：寻找阿尔法的前提，是真正超越贝塔之难。

张磊自陈脱胎于耶鲁校产基金：“投资这件事，我是在这个办公室里学到的，因为没有在任何别的地方学过。”世界复杂，金融教科书用得了用不了？张说，高瓴经历证明，教科书式投资真管用，哪怕在中国也能管用。

不过，只知道教科书，而不知道别的杂七杂八，事实上可能是有利的。想想看，要是投资生涯是从深沪交易所短线投机起步，反着教科书来，张磊会成为什么样子？

所谓教科书式投资，张磊认为就是长期投资，投资于价值，投资于合理（make sense）的东西，比如高频交易这些对他来说就不合理。简单明了的东西则比较容易是合理的。

说来简单，但合理这门槛并不低。

聚焦

追求长期价值，追求合理性，偏好简单明了，张磊说，最好一年只需要一个好主意就够了，而不是一年必须得有50个好主意。

找到一个好主意，然后让它在时间中成长。纲举目张，这套逻辑会重塑你的行为、所领导的组织以及自己的生活。

要选择战场，选择你有比较优势有核心竞争力的地方。“弱水三千但取一瓢”，禅宗追求极简思维，讲的都是同一件事：你想要什么？ 如何运用自己的知识实现复合成长（How do you compound your knowledge）？时间是我们惟一的资产，想好怎样组织你的时间。

传统价值投资已过时

张磊将高瓴的投资风格称为长期结构性价值投资：“我们重视价值，但不做格雷厄姆风格的传统价值投资。”这类投资过度关注既往的财务数据，有可能掉入刻舟求剑的陷阱，结果常常变成烟蒂式投资，就是静态地看估值好像很便宜，但企业价值几乎已尽，就像烟蒂，捡起来也只剩一口可抽。

他寻找的是那些能在长期中带来巨变的公司，识别价值成长的动力（dynamics），投资于拥有这种动力的企业，与它们一起长期增长。

确实，如果是基于历史财务数据机械地看估值，这些事情机器能做得更好。张磊称，传统价值投资会被廉价商品化（commoditized），但如果能像我们一样在10年前就看到京东规模能成长到比所有零售连锁企业都大，这种能力就无法被廉价商品化。

要获得这种能力，“我认为需要独立思考、好奇心和同理心（intellectual independence, curiosity, and empathy），尤其是同理心。”

将同理心制度化

张磊举了投资腾讯的例子，高瓴多年前投资腾讯，至今仍然是其最大投资之一。当时腾讯市值只有大概十亿港元，今天的市值就不用多说了。

腾讯当年的主要产品是QQ。那时谁重视QQ呢？有身份的人用微软的MSN Messenger。如果投资光看市盈率的话，张磊说，永远没有理由投资腾讯。幸好，张磊不是很关心市盈率，也不在意其商业模型何时能实现货币化（monetization）——只要它能创造价值，货币化是迟早的事。

在他眼中，投资期足够长的话，估值不太重要——又不是追求30%–50%的收益，而是要看到十年之后，寻找的是那些能长期带来巨变的公司。

问题是你怎么知道它有没有价值？能不能带来巨变？张磊们自己又不用QQ，怎么知道QQ有没有价值能不能带来巨变？

张磊的回答是因为高瓴投资极为重视有同理心（empathy）。同理心指能超出自己的位置和局限，站在别人的角度看问题。有同理心，即使你不是新事物的用户，也有可能理解新事物的用户在想什么，关心什么，重视什么。在社会剧变中，同理心是跟上和把握变化的关键能力。

张磊说，他们当时实地调查了大量草根用户，了解他们为什么用怎么用QQ。最重要的一个问题是，这些用户长大成后收入增加后，会不会弃用QQ转用MSN？他们调研很细，去了义乌小商品市场，发现那里的商户名片上只有两个东西：手机号和QQ号，还发现地方政府在QQ上办公，等等。张磊是不用QQ，但这没有妨碍他们作为投资者真切地了解到 QQ 之力，最终得出结论，不会，QQ 用户不会转移到 MSN Messenger。他们会与 QQ 一起成长。

这个结论价值千金。后来的事大家都知道了，QQ 将腾讯送到今天，成为中国最大市值的上市公司，又有了微信。今天 MSN Messenger 在哪里呢？

高瓴今天规模已大，张磊最重视的问题就是会不会丧失掉与新事物的用户保持同理心的能力。同理心在于人，而新加入高瓴的年轻人，教育背景、收入水平、交往圈子跟张磊起步的时候完全不同，他们还能不能知道、了解、理解、重视普通用户的想法？

张磊说，今天高瓴投资首重研究，而研究中则重视将同理心由个人的素质变成机构的制度（institutionalized empathy）。保持住这个能力，才能把握变化，前瞻未来，从中找到价值复合增长的路径。

同理心重要还是自己的判断重要？张磊没有直接回答这个问题，但席间有学生问他高瓴做不做宏观对冲（global macro）类的投资，他说不做，其实张磊在耶鲁时同时修了国际关系和 MBA 两个学位。“我对宏观当然有看法，但这根本不重要，因为它并不体现在我们的投资里——我们总是自下而上投资，关注一家企业、一门生意本身的潜质。”

如何理解张磊所说的同理心？其实很简单，就是跳出自己，站在别人的角度思考。这就是策略思维，也就是博弈论的研究对象。策略思维天然假设了同理心，博弈论说到底，不外乎常识，就是策略性思考：要根据对对方策略的预测相应采取行动，当然别人也是同样。

可惜，大多数人并不做策略性思考，而是被自己所困；正因如此，那些能站到自己之外站到对方角度上看问题的人，在漫长的博弈中占到先机。

恰好最近看到一本奇书，《简·奥斯汀是博弈论专家》（Jane Austin, Game Theorist），作者详解简·奥斯汀六本小说，一一与博弈论的经典场景对照，非常有趣。作者认为奥斯汀最大贡献在于讲明为什么太多人从来不做策略性思考。她把这称为没头脑（cluelessness），有五种原因：一是智商欠费；二是不了解对方；三是过于自我中心，以为自己怎么看别人也怎么看；四是地位差别，在上位者认为根本没有了解在下位者的必要；五是过度自信，觉得反正能改变对方，何必管他原来想什么？

弈经说：多算胜少算，况不算乎？

全市场通吃的人

读了本新书《全市场通吃的人：从拉斯维加斯到华尔街，我怎样战胜庄家和市场》（*A Man for All Markets*：*From Las Vegas to Wall Street, How I Beat the Dealer and the Market*）。这本书是索普（Edward Thorp）的自传。

一

索普是什么人呢？他早年跟信息论发明者、大数学家香农同在MIT数学系。他出身贫寒，特别喜欢动脑筋，又特别喜欢把动脑筋这事用来挣钱。

到赌场去算21点挣钱的人很多，索普最早从数学上证明通过算牌，玩家可以根据胜率变化相应下注，战胜赌场。

他还真跑了无数趟拉斯维加斯去赌，后来把心得写成书《战胜庄家》，成为21点算牌的圣经。再后来他当上数学教授后，发现股市是更大的赌场，既然算概率能找到战胜庄家的办法，那为什么不用来找到战胜市场的办法呢？于是成为最早的用数学建立套利模型的对冲基金。这次赚了很多钱，然后又写了本书《战胜市场》。再后来，除了自己管钱之外，还把钱交给其他人来管，比如说，他是今天对冲基金重镇 Citadel 的第一个投资人，他在股价不到1000美元的时候投资巴菲特的贝克夏尔哈撒韦公司，我刚查了一下，现在的价格是24.627万美元一股。

总之，这是一个人生赢家的故事，脑袋好使，学以致用，钱袋很鼓。

二

他怎么战胜赌场？21点的规则变化很多，核心是这样的：一副牌去掉大小王，剩下52张，1到9分别按面值算，J、Q、K 都算10点，A 根据情况既可以算成1点又可以算成11点。第一轮玩家和庄家都得到两张牌，然后玩家可以选择是不再要牌还是继续要牌，庄家则有限制，如果两张牌加起来小于17点，则必须继续要牌。21点最大，超过21点则爆掉。庄家的优势是最后一个亮牌，如果他亮牌之前玩家已爆掉，则庄家赢。

跟赌场所有赌局一样，21点庄家有优势，但其优势在所有赌局中最小，精确计算得出的庄家优势是0.4%，也就是说其胜率略微超过五成，是50.4%。

但庄家的胜率不是一成不变的，会随着发牌改变。一副扑克陆续发牌，如果先出的都是小牌，大牌现得较少，那么在剩下的牌堆里大牌较多，而大牌多对庄家不利，因为17点以下他必须要牌，容易爆。这时胜率就倾向于玩家一方，剩下的大牌越多，玩家的胜率就越高。

所有21点算牌术，都是基于上面这个逻辑。但算牌有个问题，人脑不是计算机，庄家不可能让你在牌桌上长考。你的玩法再精妙，还得在赌桌上能用，在精确度与简便性上得有权衡。

索普推荐高－低（High-Low）算牌法。小牌2、3、4、5、6是1分；中牌7、8、9是0分；大牌 A 和10分牌（J、Q、K）是 –1分。每发一轮牌算一次总分，为正则对玩家有利，为负则对玩家不利，如果剩下的牌越少则相应得分的影响越大，依此下注。

关键是，玩家要根据胜率变化调整下注，在胜率对庄家有利的时候，不下注不行，会被赶下牌桌，所以最低限度下注减少损失；在胜率对自己有利的时候，增加下注，胜率越高，下注越重。

逻辑是明白了，问题是最优下注到底是多少？赌注太小，赢得不够；赌注太大，随时爆仓。

索普按照凯利判据下注，来自他在贝尔实验室的同事凯利。

假设一个简单的赌局：押对翻倍，押错赔光，胜率是52%，连续博弈，每次最佳下注比例是多少？

凯利判据的公式是：最优下注比 = 预期收益 /（收益 * 损失），套入上面的数据，得出最优下注比为4%。

数学证明，凯利判据下注有两大好处：在长期中能获得最高的复利增长率；永远不会输掉全部本金。有两大坏处：尽管数学保证长期最高复利增长率，但这个长期可以长到地老天荒，如果赌徒足够倒霉，可能穷其一生都等不到；而且，按凯利判据下注，净值波动总是很大。

如果你有足够耐心，有足够资金，了解胜率变化，并按凯利判据调整下注额，你就能战胜赌场。

索普就是这么玩的。他拿着1万美元去拉斯维加斯，胜率不利时按赌场的最小下注额下注，胜率有利时增加下注，最大下注500美元，也就是总金额的5%。他赢了。

不过，对索普来说，用21点挣钱不够多。虽然有了制胜玩法，但很难赢大钱，因为赌场有很多限制，可以改规则如随意洗牌，可以拒绝常胜玩家入场，甚至赌场跟你作弊。这从另一个角度说明市场“有效性”的真相：市场时常是无效的，但你很难利用市场“无效”获利。

多年以后，巴菲特问索普，如果你以职业21点牌手为生，能挣多少钱？索普说，一年挣30万美元没问题，就是担惊受怕。

索普总共玩过三种赌具，第二种是百家乐，与21点相似。最有趣的是轮盘赌。他跟香农制造出世界上第一个可穿戴计算机，设备放在香农的鞋里，香农站在庄家旁边测量轮盘的速度，然后用脚趾头踩发出信号，索普用耳机接收，根据庄家转动轮盘的情况可预测球最终落在哪些区域的概率偏高。

他们乔装打扮去拉斯维加斯实操，证明作用有限，但那毕竟是可穿戴设备的史前时代，玩起来很累，因为耳机线要做得很细，太容易坏，经常得维修，结果玩玩就算了。这套设备至今还放在MIT的计算机博物馆里。

三

他发现了将概率、数学和发财梦用于现实的更好也更大的赌场：金融市场。

索普跟巴菲特有过深谈，觉得自己与巴菲特完全不同，他不想去判断一门生意的价值。他更想发现同一家公司发所行的不同证券之间的错价，做对冲，构告交易，买廉卖贵，不受市场上下影响。

他第一步做涡轮与正股套利，然后做可转债与涡轮套利，然后把他的心得又写了本书《战胜市场》。

他早在1967年就发现了期权定价方法，当然他没吭气，闷声发大财。1973年，费什·布莱克（Fisher Black）给他寄来一篇论文，介绍他与合作者们发现的期权定价公式，并感谢索普《战胜市场》中介绍的对冲方法的启发。索普一看，这不跟我这几年实操的方法一样吗?

期权定价公司最终为其发明人带来了诺贝尔经济学奖，布莱克因早逝没有等到那一天。

索普与布莱克交好，但与公式的另外两位发明者罗伯特·默顿和斯科尔斯打了多年笔仗，互斥对方为愚不可及。在学界，索普无法与对方的威望对抗，但赌博这种事最终由实绩说话。默顿与斯科尔斯参与创立长期资本管理公司，结果爆仓，因为持仓巨大还引得美联储牵头干预。索普等来了市场的裁决：“默顿这帮人没按凯利判据下注，赌得太大。”

四

在自序中，索普说，自己基本靠自学，所以想得跟人不同。

第一，不盲从常识，比如大家都说赌场不可战胜，那得自己试试。

第二，习惯将纯粹思想变成盈利工具。

第三，设定目标，制订可行计划，坚持到底。

第四，努力做到一贯理性，不是说在某个专业领域里而已，而是在与世界打交道的所有方面。

第五，在基于证据做出决策之前，保留判断。

大屏秘密与最优下注法

2017年是 iPhone 诞生10周年，苹果必全力推出新一代 iPhone。新机型特性除猜测有 OLED 屏幕、无线充电、3D 摄影头之外，还要在跟4.7英寸版差不多的机身上把屏幕扩到5.8英寸。

又要马儿跑得快，又要马儿不吃草，怎么做得到？

有人说会减小边框，有人说会取消 home 实体键，也许都有，但苹果还有另外一个大杀器，我猜它会拉长机身。

还记得电视机、手机和电脑屏幕长宽比都是4：3的年代吗？不知不觉间，4：3已经快要绝迹。厂商们告诉你，变宽变长都是为了你好，因为人的双眼横着长，天然适合看更宽的屏幕。

总觉得哪里不对。

我的桌面就用着21：9的特宽屏，但不是因为我的两眼长得特别宽，只是因为我要并排放两个文档编辑窗口。另外，如果你了解速读，就知道所有速读技巧首先都要减少视线左右移动，也就是说，宽不如窄。前一阵出了批速读类 App，发挥到极致，干脆把阅读窗口缩小到底，一个字一个字快蹦，速度“秒杀”一切。

本来是宽有宽的好处窄有窄的好处，但屏幕一律越来越宽，背后有个厂商没跟你说的原因：他们都说屏幕大小是多少寸，你有没有想过多少寸指什么？说到屏幕大小这件事，用户关心的是屏幕面积，但厂商说的是对角线长度。

屏幕越来越宽，背后有实实在在的利益。

假设两个矩形，一个是正方形，边长为1，一个是长方形，长为2、宽为1／2。面积相等，都是1。对角线则不然，正方形的对角线长度是2开平方根，约等于1.414，长方形则是4.5开平方根，约等于2.121。

明白了？

同样面积的屏幕，正方形的对角线短，长方形的对角线长；反过来说，如果对角线相等，则正方形的面积大，长方形的面积小。

还记得第一代 iPhone 手机吗？屏幕长宽比是3：2，一个闻所未闻的比例，据说苹果的说法是这样最适合 iOS 系统，不要问我这是什么意思。我能告诉你的是，相同长度的屏幕，3：2比4：3的面积要小11.1%。也就是说，屏幕成本减少11.1%。

按面积从屏幕厂商采购，按对角线卖给用户，屏幕长宽比越高则成本越低，这就是真正的秘密。

这秘密所有厂商心照不宣，再后来手机都集体进化到了16：9，苹果当然也不例外。同等长度下，16：9比3：2的屏幕面积又小了15.6%！

我也不是瞎猜苹果，因为屏幕拉长的游戏今天又进阶了。三星最新推出 Galaxy S8旗舰手机，用了个更加奇特的长宽比，18.5：9。标称都是5.8寸，这代屏幕的面积比上一代16：9要小。The Verge 编辑好事，又量又算，发现上一代屏幕面积是92.16厘米，而这一代只有85.12平方厘米，也就是说，减少了7%。

买的就是没有卖的精！

新一代 iPhone 要在原4.7寸大小的上代机身上做出5.8寸屏幕，三星大法不可少。

立此为证，等着打脸。

我讲这个，不光是为了让你们买手机时更清醒，更是因为对角线长度与面积大小的关系藏着更大的故事。

下图是我手绘，是上面内容的一般化解释。抱歉字写得难看了点，清楚就好。建议仔细看看，初中数学程度而已。

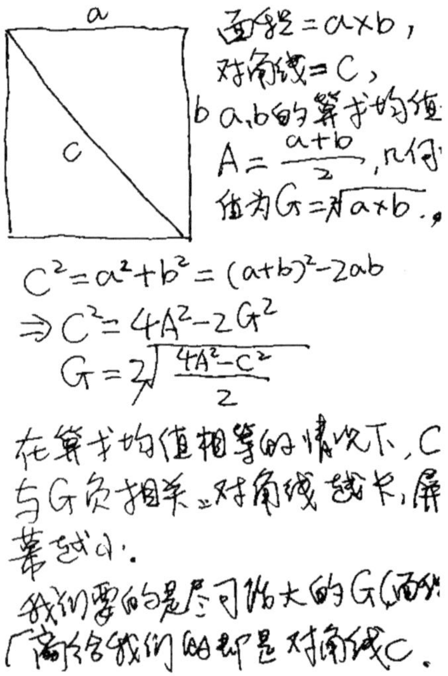

同一组数字算平均值，既可以计算其算术均值，就是简单加总再平均；也可以算其几何均值，就是相乘再开方；谈不上哪个更对，看哪个对你有用。如果对你真正重要的是几何均值，就不能被那些用算术均值来忽悠你的人蒙住。

买手机是小事，厘清不同的均值概念，对你的人生决策很关键。

比如下面这个问题：

两个基金经理都说自己的年收益率是25%，第一个第一年盈利100%，第二年亏损50%，第三年盈利100%，第四年亏损50%；第二个每年都盈利25%。你该选哪个？

这道题本身是太简单，一算就明了，但现实中没想明白的人却很多。

你当然该选那个每年都盈利25% 的。因为前面那个是在坐过山车，算术平均年收益率是25%，真实收益率则是0。第四年结束，你放在他那里的钱，原来是多少，现在还是多少。

即使这位基金经理在盈利年份表现再好一倍，盈利200%，又怎么样呢？其算术平均的年收益率高达125%。凭借这类惊人表现，他会成为明星基金经理，广受追捧，人们会拿着钱来求他管理。第四年结束，他管理的资金净值增长到原来的225%。

不过，就算是这样，你还是应该选那个每年25% 的，因为第四年结束时，他管理的资金净值增长到了244.1%，仍然表现更好。

到这里，你应该已经明白了，第二个基金经理是巴菲特，第一个则是每过几年都有的市场明星，来来去去。要寻找巴菲特，你得忽略算术平均的收益率，转而留意收益率的几何均值也即复合收益率。这是起点。

再来个难点的问题：

人生机遇摆在你面前，输赢机率五五开，输则赔光，赢则盈利10倍，你最多应该投入本金的多大比例？如果盈利100倍呢？如果盈利1000倍呢？

前提是人生漫长，前面不止一个而是有一连串机遇。你要明白，我说的投入不止是钱，说钱只是为了方便度量。

机会太好，算术平均的预期收益分别是5倍、50倍、500倍，你是不是想要 All In?

All In 的话，你迟早赔光。

算一下 All In 的几何平均收益，列式子很简单，就是输赢两种情况相乘再开平方根，以赢10倍输则赔光为例，即得 [（1+10Q）*（1–Q）]^1/2, 其中 Q 为你的下注比例。如果你 All In，Q=1，则几何平均收益是0。无论你盈利多少次，每次是赢10倍、100倍还是1000倍，只要你总是 All In，最后都逃不掉一把赔光。

下注太大，久赌必光。机会再好，与你无关。

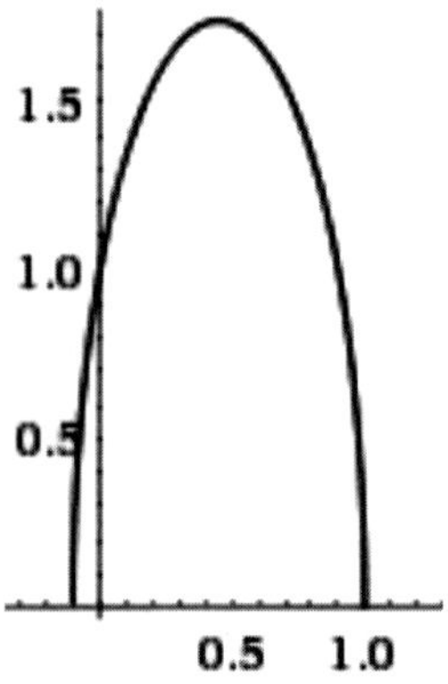

上面的算式对应着这条曲线，随着下注比例上升，先上升后下降，不下注是不亏不赚，全下则迟早赔光。

与曲线最高点相对应的横轴位置，就是你的最优下注比例。按这个比例下注，有两大好处：理论上收益增长最快，而且不会发生本金赔光的悲剧。

其实，本书文章《全市场通吃的人》里已经提到过最优下注比例的公式。主人公索普通吃赌场、市场、学术场，除了自己发明套利方法外，还借用了贝尔实验室同事凯利发明的最优下注公式：最佳下注比例 = 预期收益 / 净收益 * 净亏损。索普是赌场和跑马场常客，实战中进一步简化成：

最优下注比例 = 预期收益 / 赔率（Expected return/odds）

这里所说的赔率就是博彩公司开出来的那个，无论赌马也好赌球也好，输则赔光，赢则博彩公司按赔率赔给你。在这种情况下，两者等价，因为赔光时的净亏损是1。

套用公式，前面的问题有了答案：赢则下注盈利10倍输则下注赔光的游戏，你每次最多只能投入（10–1）*0.5/10也就是45% 的本金，如果盈利上升到100倍、1000倍，投入本金上限也只是分别略微上升到49.5% 和49.95%。输则赔光的风险制约着你，你永远不应下注超过一半本金。

如果盈利则10倍，输只亏损50% 呢？这时最优下注比例急剧上升，你可以每次下注高达全部本金的95%！输不赔光使你可以大幅增加下注。保有坐在桌子上继续玩下去的机会，对人生就是这么重要。

牢记住预期收益 / 赔率这个式子，索普说得再透彻不过：就是

edge/odds。任何选择面前，首先看你有没有 edge（优势），如果预期收益为负，说明毫无 edge（优势），在这个赌局里你为鱼肉，绝不能玩；只有预期收益为正你有优势时才能玩；这时再看优势除以赔率是多少，edge/odds 决定你的最大下注比例。

人生说到底可以还原为一连串选择，你用自己拥有的资源下注，无论是钱、时间、劳务还是人脉。每次下注前，想想凯利判据，吃透其含义，运用其力量。留道思考题给你们：在预期收益相等时，赔率越大，则最优下注比例应该越低。为什么？

谁都不是普通人

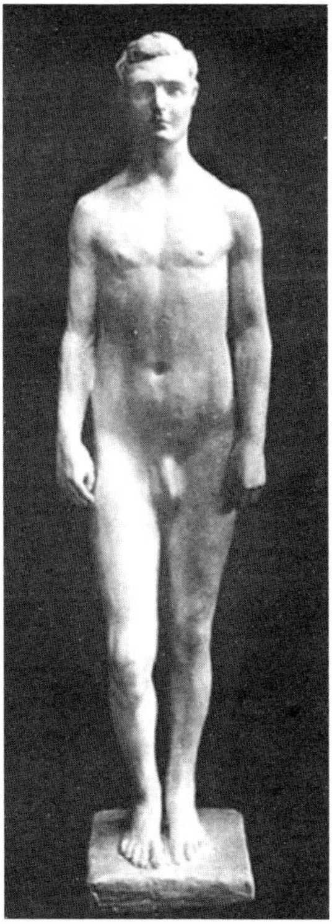

我在前面里提到，对于普通投资者（average investor）来说，要尽早放弃追逐阿尔法（超额收益），但一定要抓住贝塔（市场收益），办法是多元化+指数化+定期再平衡。如果你已经忘记，现在就出去，翻到本书最前面，再读一遍。

什么是普通投资者呢？

看这尊像：

它叫作“平均的美国白人男子”。一战结束，美军士兵退役体检。根据10万名白人男性士兵的身体数据，全部取平均值，简·达文波特造出了这尊平均的美国白人男子造像。

这不是第一位“平均人”。再往前

百年，大数学家凯特勒发明“社会物理学”，测量大量人体之后，由符合正态分布的各项身体数据取均值，也向公众展示过“平均人”长什么样子。

所谓普通投资者，即市场里的“平均人”。

只不过，没有哪个活人是“平均人”，也没有谁是完全的普通投资者，因为没有谁是在所有指标的平均值上，你与“平均人”和普通投资者的距离很重要。普林斯顿大学教授谢宇将变异性原理列为社会科学三原理之首，他认为变异跟均值同样重要，而且可能更有趣。

你与普通投资者必然不同，在构建服务于你的需求的资产组合时，这点差异很重要。贾宝玉说，弱水三千，只取一瓢饮。他说的虽是林黛玉，也可借用来反思你的资产组合逻辑，你从市场大河里偏偏只取这一瓢，凭的是什么？

你与普通投资者的差异，不要从主观上去找，比如不能是因为你比一般人更想发财，市场不关心你想不想发财。相反，斯文森说，想尽快发财的话，结果往往是尽快亏光。

同样地，差异最好不是你的市场判断。市场之河永远流淌，你在此时此刻取其一瓢，如果是因为你认为此时此刻时机最好（择时,timing），且这一瓢会涨（择股，securities selection），那这想法很自然，但太多研究已证明，收益的三个来源中，资产配置决定了90%，择时加择股加起来只有10%。着力于此，事倍功半。

你与普通投资者的差异不要放在愿望和判断这类主观因素，它们靠不住；差异要客观才可把握：你能承受的风险种类和程度，与普通投资者有何不同？特别是，你选择承受的风险总会有糟糕时刻到来，会不会与你人生的糟糕时刻同步？

刚刚播出的《傲骨之战》（*The Good Fight*）是大热美剧《傲骨贤妻》的衍生剧。首集讲到，特朗普上台，自由派大律师戴安决定受够了要退休。她有条件退休，毕生积蓄投在朋友管的基金里头，收益惊人。于是，她与自己一手创建的律所签下退出协议，在欧洲置下豪宅付了首付。然而传来噩耗，管钱的朋友被揭穿是另一个麦道夫，玩了多年庞氏游戏，戴安的养老钱全没了。不仅如此，因为戴安多年来从基金中领取回报，还面临着回溯风险（clawback），个人账户要被冻结公寓要被托管。奋斗一辈子，从顶点掉到底，戴安重新开始一场好奋斗。她但凡有选择，不会想要掉入这个困境。

福无双至，祸不单行。了解你自己，选择对你来说正确的风险，是避免人生的糟糕时刻与资产的糟糕时刻同时来到的前提。

无论你选择拥抱哪类风险，不要以为你能避免糟糕时刻。绝大多数人不能，极少数幸免的人则多半是因为运气。事实上，存在糟糕时刻正是风险有回报的原因所在。如果你确定自己比普通投资者更能承受（多承受）某类特定风险，去拥抱（多拥抱）它，并获得相应的差异回报。

理解普通投资者并理解自己与其不同之后，现在可以介绍一种资产配置思路了。

把你的资产组合分成三类：

第一，负债驱动类（liability-driven）。

负债驱动是什么意思呢？江南人家儿女出生时埋下好酒，科举高中或出嫁时挖出，称为状元红 / 女儿红——就是种朴素的负债驱动类投资。今天，有条件的家庭会在儿女幼时准备一笔教育资金，逻辑相似。跟状元红女儿红一样，按学费现价准备好儿女上大学的资金，单独管理，长期投资（一般十年以上），目标是跟上教育通胀的水平。这其实并不容易，因为教育通胀的水平明显高于CPI，不能指望像填在地下的酒一样在时间中自然变成陈酿；但也不是不可及，因为想跟住教育通胀这个目标自然界定了投资方向：与教育通胀关系最大的是什么呢？不管怎样，如果你找到精准的对标，就真正赢在了起跑线上。

负债即责任，负债驱动就是根据你自己的可预期的确定责任倒推资产选择。它重新表达你与普通投资者的差异。生老病死，抚养幼小，赡养老弱，是我们共有的人生责任，只是每个人遭际有别。认识你自己，为你的人生责任匹配以相应的资产，这件事只有你能做得了。

剩下的就简单了。

第二，市场组合（all market portfolio）。

巴依老爷考阿凡提，几瓢能将河水舀干？阿凡提说，如果瓢跟河一样大，一瓢。

阿凡提的故事在极简金融课里只讲到这里，其实接下来还有，阿凡提接着说：如果瓢是河的一半大，两瓢；如果瓢是河的1／4大，四瓢……如果瓢是河的1/n 大，就是 n 瓢。

阿凡提不完全是忽悠巴依老爷，这也是投资者的指南。

如果你是普通投资者，事情就简单了，你要做的就是成为市场。你当然不可能拥有全市场，但没有关系：你有多大的瓢就拥有多少分之一市场，成为一个小小的市场先生。

所谓市场组合，就是阿凡提方法，市场全部可投资风险资产篮子照方来一份，也是普通投资者的不二法门，一般通过指数 ETF 组合。

第三，机会组合（opportunistic portfolio）

对于绝大多数人来说，负债驱动加市场组合，资产组合这件事已做完。如果资金还有剩，如果确信自己承受风险的能力与人不同，如果深信自己气度过人，可以留出少量资产用于机会性投资。什么意思呢？就是摩根所说，街上流血时进入市场，人弃我取，别人恐惧时我贪婪。

不过，一定不要高估自己抓住这类机会的能力，别人恐惧我贪婪，不是很容易，而是极难。实在想试，你就试一试，少量配置机会性投资，玩一玩，然后市场给你个教训，你加深了对自己和对市场的理解，就知难而退吧。

杠杆

杠杆是根金箍棒

杠杆在本书中出现很多次，接下来还会出现很多次。有读者问，什么是杠杆？这是最重要的金融概念，拿掉杠杆，金融这件事剩不下什么。

杠杆即借钱。

你找人借钱，人问也不问就借给你，这叫人品好，祝贺你，但这样借钱有几次呢？做大事不能靠人品好，先忽略不计。

你找人借钱，别人比较谨慎，问你借钱用来干嘛，如果你说想吃顿好的，这事就算黄了；如果你说有个赚钱的事，但投资的钱不够，他就说，钱我借，但你也把自己的钱放进来，赚了你还本付息，亏的话先亏你的。

杠杆就是下面这根棍子。

自己的钱	**别人的钱**

这根棍子要舞起来，关键就是八个字：要亏先亏自己的钱。这是杠杆精髓。有了这八个字，才有所谓以小博大，用本金撬动本金加负债的组合。中间那根分隔线就是支点的位置，决定了撬动倍数。

这根棍子说来简单，有千变万化。从再普通不过的公司资本结构中的股债组合，到差点把全世界经济搞垮的次贷，就是这根棍子的变形而已。

——把“自己的钱”替换成“股本”，把“别人的钱”替换成“贷款”，就是公司的资本结构，往下拉开就是一家公司的资产负债表。

——把“自己的钱”换成“劣后”，把“别人的钱”换成“优先”，就是国内形形色色的理财产品。

——把“自己的钱”换成“本金”，把“别人的钱”换成“配资”，就是2015年股市泡沫与崩盘中角色吃重的炒股配资。

——把“自己的钱”换成“分级 B”，把“别人的钱”换成“分级 A”，就是 A 股市场挂牌交易的分级基金。

——“别人的钱”层层细分，分成优先层、夹层，再把两层细分，从 AAA 级到 BBB 级分出七八层顺序，如果还嫌不足，再把 AAA 级细分，从 AAA1到 AAA9，就是美国金融危机前的次贷债券。

——把卖不出去的次贷债券，BB 级，B 级，合起来再打个包，分层评级重新来过，这叫作 CDO（Collateral Debt Obligation）。

谁不想借钱呢？关键是凭什么借到钱，人品靠不住，要靠抵押品就是自己的钱。杠杆的本质就是还钱顺序，理顺了才能借到钱。

金融世界表面上光怪陆离千变万化，实质就是形形色色的齐天大圣和六耳猕猴各显神通来耍这根棍子。

明白了就答题，你想不想用杠杆？

一般人会本能地回答不用，因为一般人厌恶风险。掷硬币猜对加倍猜错归零，这游戏你很难找到有人愿意玩；如果人是风险中立的，那么愿意玩的人与不愿玩的人应该是一半一半，实际则远不是这样。

有很多著名家训说透就三个字，别借钱。这些家训从农耕时代传下来，曾经合理过。因为农民借钱的抵押品就是地，钱还不上地就没了，从此世世代代为佃农，几乎不可能有翻身机会。

巴菲特也劝告投资者勿用杠杆，原因是价值投资往往是长期投资，而用杠杆的话，时间不在你这一边。用杠杆与长期投资是互斥的，利息累积是其次，波动一大，杠杆就要了你的命。

橡树资本创始人霍华德·马克斯（Howard Marks）在《投资最重要的事》里略作修正。他说，如果现价低于合理价格很多，潜在收益风险比丰厚，那么可以用杠杆，但为了增加收益而在低收益的交易上用杠杆放大收益则不可取。

翻译一下，他的意思是说，在高确定性的交易上用杠杆，不如在高安全边际的交易上用杠杆。

“杠杆放大结果，但不增加价值（Leverage magnifies outcomes but doesn't add value）。”不论你用不用杠杆，都应该记住马克斯这句话，深刻。

不过，你往四周看看，做成大事的人往往用了杠杆。为什么？

如果你走的方向对，用不用杠杆，你都能走到想去的地方，时间快慢而已，理论上是这么讲没错，实践中，巴菲特和他的好伙伴芒格也是这么讲。用杠杆与不用杠杆，其平均预期收益应当是一样的，因为上去下来都快，搞不好变成急着去投胎。

但现实世界并不是这样的。用杠杆的人占便宜不用杠杆的人吃亏，是眼见的事实。这不是用幸存者偏差就能解释过去的，并不是说你只看见了用杠杆做成大事的人而没看见用杠杆死得很快的人——虽然后者的确不少。这里的关键是用杠杆的风险与收益是否对称。如果对称，那么理论说得对；如果事实上并不对称，那么用杠杆的人占了便宜。

巴菲特就占了便宜。对，就是那个忠告普通人勿用杠杆的巴菲特，他真正理解其力量，所以懂得怎样驯服它。

巴菲特这样用杠杆

今天在中国，如果控制了一家保险公司，就有了在投资市场上纵横捭阖的资格。这些市场上新来的“野蛮人”，以高成本保单的保费收入为基础，撬动多层杠杆，激进收购上市公司股权，一再举牌，不惜发动敌意收购——这一系列操作模式已不鲜见。

巴菲特做得，我就做不得?

的确，尽管巴菲特旗下的伯克希尔哈撒维公司名义负债率极低，尽管巴菲特一再忠告普通投资者勿借债买股票，但巴菲特自己是用杠杆的。

近年对巴菲特投资业绩的研究显示，巴菲特的投资秘诀由三部分组成：

第一，投资于估值便宜的蓝筹股。

第二，长期投资。

第三，用杠杆。

这套策略可以用来解释巴菲特几乎全部的超额表现。论文《巴菲特的阿尔法》作者就估算出巴菲特大约用了1.6倍的杠杆。

问题在于，这个秘诀的第二和第三部分，对于绝大多数投资者来说，是不能共存的。用了杠杆，你就很难长期投资，波动一大，杠杆就会要了你的命。

所以，巴菲特真正的秘密，是找到了一条既能用杠杆又能做长期投资的路。

这条路通过保险公司。

伯克希尔哈撒维旗下拥有多家财险、车险和再保险公司，先收保费，将来再做赔付，等于是向投保人融资。

用保险公司来加杠杆，在国内资本市场上激进开疆拓土的新玩家们，当然也看到了这一点。不过，他们与巴菲特的相似之处，也到此为止。

其实，巴菲特用保险公司加杠杆这件事，从来不是秘密。在2010年度的致股东信中，巴菲特重述了其基本逻辑：

——“保险公司先收后付，使得我们持有大量的浮存金；浮存金理论上最终要支付给投保人，但在这期间可以用于投资。”

——“如果保费收入高于承保成本，那么，在投资收益之外，我们还获得承保利润，等于是免费，甚至是人家付费，让我们运用这笔浮存金。”

但是，不要想得太美。

对保费的激烈竞争，使得全行业处于承保亏损状态，这一亏损实际上是保险业为获得浮存金运用权而付出的成本，看起来不算太高，但在出现灾难时，一年的承保亏损足以吃掉多年的浮存金投资收益。

巴菲特秘诀中的秘诀在于始终以极低的成本获得浮存金。从1967年到2010年，伯克希尔哈撒维旗下公司管理的浮存金总额从6700万美元增至620亿美元，而在2010年前的七年中全部获得承保利润。这意味着巴菲特运用620亿美元浮存金，几乎没有成本。

全行业承保亏损而巴菲特承保有利润。凭什么？

巴菲特多年前就决定，旗下保险公司拼成本控制不拼保费规模。宁可规模上不去，也要追求承保利润，至少要把承保亏损压到最低。在规模与利润之间，巴菲特要后者。他相信，只有保险业务本身可长期持续，才能用其带来的杠杆做长期投资，而这是他投资秘诀的核心要害。

几十年下来，巴菲特达到了这个目标。伯克希尔哈撒维旗下保险公司管理的浮存金长期平均成本约2.2%，比同期美国国债发债成本还要低3个百分点。

既有业内最低的资金成本，还能保持适度的保费规模增长，之所以做得到，巴菲特说，感谢优秀的管理团队。

能放杠杆做长期投资，还能持续扩大保费规模，归根到底，是因为作为其投资链条的基石，保险业务长期来看绩效做到了业内翘楚。

与巴菲特相比，国内保险新玩家处处都不一样。

第一，为保费收入快速增长，不惜付出远高于同业的实际成本。巴菲特不会这样做。

第二，以保费为起点，连环撬动杠杆，层层加码，最终的真实杠杆率高得惊人。巴菲特不会这样做。

第三，在公开市场上发动恶意收购。巴菲特不会这样做。

巴菲特不做，并不一定就不能做。只是投资者要明白，同是用保险公司放杠杆，两者风险大小相去完全不可以道里计。

巴菲特放杠杆，但是2009年美国金融危机最高潮时，巴菲特拥有几乎可与最后贷款人相比的超级地位，只手向高盛注入百亿美元，向市场提供关键的流动性和信心支持。

中国玩家们也用保险公司放杠杆，但是想想看，如果危机来临，或者哪怕只是风停了，他们能站到最后还是会第一个倒下？

同样是放杠杆，一个稳如泰山，一个危如累卵，差别就这么大。

枭雄玩杠杆

上一篇讲巴菲特玩杠杆的方法，到今天基本已成明牌，就是告诉你，你也很难玩。一般人当然买不下保险公司，但就算你掌握了一家保险公司，恐怕也很难复制巴菲特打法。无他，诱惑太大。你只有像巴菲特一样敬畏风险，才会像他一样小心地驾驭杠杆。

我来介绍另一种杠杆玩法，出自枭雄之手。

你是家普通的房地产公司，资产一般，负债率很高，跟业内顶尖公司有明显差距，对方资产规模大很多，资量高很多，负债率低很多。

如果能将对方吃下来的话，你的负债率马上就降下来，而且以更大且更好的资产为基础，可以融到多少新资金？画面太美不敢想。

蛇吞象好是好，怎么做？

第一，控制一家保险公司，发万能险产品，持续滚动短期融资，用来收购对方股权；

第二，把保险公司的股权质押融资，用来收购对方股权；

第三，把保险公司的母公司及其祖母公司的股权质押融资，用来收购对方股权。

另外你不是还有房地产业务吗？拿点钱出来做“劣后”，就是杠杆那根棍子中左边的部分，找银行发理财产品融进来优先级资金，就是杠杆中右边的部分；然后呢，如果你够会玩的话，多绕几圈，隐匿踪迹，最终把这一整根棍子上的全部资金，变成下一根更粗棍子上的劣后级资金，撬动更多的优先级资金进来。杠杆连环套，最终搅进来多少资金，看你的想象力和胆量。

层层融资，循环融资，钱上又没有标记，谁说得清最后大到顶天立地的那根金箍棒里头，哪些是你的本金哪些是你借来的资金？只要连环套还撬得动，又有什么必要说清？影子银行兴起，保险—银行—证券—基金链条事实上已打通，资金纵横往来，每转一圈就变大上一围，但相应监管则各管一段，要么看不见，要么假装看不见。对你来说，这岂不是最好的时代？

给我一个支点，我能撬起整个地球！

气魄极大，风险也极大，因为层层杠杆加上去，最终都依赖于底层的基础资产升值，一切如意就好，一有风吹草动，立刻土崩瓦解。这是正常逻辑。

枭雄逻辑与此不同：风险是很大，但不见得是你自己的。如果加杠杆的收益是自己的，而风险是社会的，不是谁小心谨慎谁犯傻吗？

现代金融体系中用杠杆的风险与收益不对称比比皆是。公司都是有限责任制，豪赌赢了则超额收益归股东，输了就破产清算完事，亏的是银行，不涉及股东个人。本该是能借钱就借，能借多少就借多少，别人的钱（Other People’s Money）永不嫌多，就看你能不能借得到。一个经济体的整体杠杆率就是在借钱一方和放贷一方的既猜疑又合作中形成的。金融安全说一千道一万，最后就是不能使得杠杆率过高，过高则体系不稳。

控制杠杆收益风险不对称带来的道德风险，有这么几层：

第一是金融机构制约借款人。你想借钱，多多益善，可银行不傻，自有一套办法尽量提高贷款偿还的安全边际，比如说要你提供可靠的抵押品。

第二是金融监管机构制约金融机构，因为银行不是单一主体：银行之间可能因为业务竞争而放松贷款要求，银行员工的短期利益跟银行的长期利益并不完全一致，等等，所以得有外部的监管者看着。

第三是金融监管者还得有人看着。以中国为例，银监会、证监会、保监会各管一块，对所管领域不仅有监管之责，更有发展之责，且往往是发展需求压倒了监管，过去几年影子银行勃兴如入无人之境，与此不无关系。另外，监管机构也有代理问题，有效监管得靠监管者履职，但人的激励与监管机构的职责会出现不一致的时候。

杠杆何时失控？当上面三层全部失效的时候，泥沙俱下，玉石俱焚。

普通人拿枭雄是没有什么办法，但至少要做到不把他当英雄。

他玩的是你的钱。

对冲才能聚焦

很多年前，一位朋友忧伤地对我说，钱不够买房怎么办？房价涨得太快怎么办？

我说，那你就买点房地产公司股票对冲一下。这位朋友崇拜地看着我："好办法！"

先想想，这是好办法吗？

答案：作为思路是可以的，作为建议就太差了。

第一，没有数量概念。即使买房地产公司股票对冲风险可行，你得计算买多少股票才能对冲住目标房子价格上涨的风险。

第二，用房地产公司股票对冲房价，共同点是都有"房"这个字，效果就南辕北辙。在中国，房价与房地产公司股价的相关性有多高？我当时自然是没有算过，现在就用不着算了：显然相关度很有限。房地产这块蛋糕是大，但房地产公司其实只是各利益相关方拿走房价上涨利益的载体而已，其中政府拿走太多，得鱼忘筌，七拿八拿，最后剩下房地产公司股东拿不到什么。

市场已经给出了答案。

下图是中国最好的房地产上市公司万科过去10年的股价走势（已复权）。如果不是去年宝能展开了一场激烈的收购战，万科估计还回不到10年前。持有万科10年，收益比打平略好，房价呢？已过万重山。

时到今天，朋友聚散，也不知道他买房了没有。我对不起他。

即使是今天，对普通人来说，钱不够买房又想对冲房价上涨的风险，仍然没有太精准的办法。能不能推出房价指数挂钩的产品？其实也不行。就算你觉得房价指数的编制透明靠谱，它本身也是不精确的：买房总是在本地，而房价指数则总是全国性的，再加上统计的不是同一批房子，好像苹果比梨子——中国总的来说还是在卖新房。

中国最适合用来对冲房价上涨的可能是货币M2指标——数值统计不难，而且出自央行，有权威性。如果哪家能开发出M2挂钩投资产品，内置适度杠杆，肯定大有市场，大大缓解一代年轻人收入赶不上房价上涨的焦虑。前提是这个产品找得到能跟住M2增长水平的投资品——仅供苦笑。

买房这件事，我再也不给建议了。

回过头来说对冲，我的建议不靠谱，但根据人生需求寻找对冲工具的思路则是可取的。对冲这概念并不神秘，也不是仅属于对冲基金的专利。人生的一切都可以视作对冲：生儿育女是过去对养老需求的最重要对冲，今天养老的最主要对冲则是金融投资。

无论你在未来有什么需求，在当下采取行动，以应对其价格在未来变动的风险，就是对冲。比如说，教育、医疗需求人人都有，如何对冲？这道思考题留给你们去展开，不要犯下我前面想当然的错误。我就说一点，买学区房不是对子女教育需求的对冲，学区房既不是孩子获得良好教育的充分条件，也不是必要条件。作为对冲是不合格的。

对冲不是把一切风险都对冲掉，而是对冲掉那些你不想要的风险，只剩下来你想要的风险。你得确切了解自己的需求是什么，同时有精确筛选的工具。前者是你自己的功课，后者则是金融市场的基本功能。今天中国金融市场过于复杂的工具过多，反而是基本工具不足，真要使金融服务经济，首先要做的就应该是提供简单的、低成本的、高流动性的对冲工具。

我们无从把握大千世界，但总有一些我们确信能把握住的东西，它们来自比较。

比如说，你要是问我某辆赛车能不能跑到巴黎达喀尔汽车拉力赛终点，怎么说得清呢，竞争激烈、路程遥远、路况维艰，搞不好还有土匪；但我有极高把握相信它不会比一匹马更晚达到终点。我们关于这个世界的绝大多数高确定性知识是相对的，来自比较，而不来自事情本身。如果能找到恰当工具，过滤掉不相干因素，精确地表达出我们看好的那个比较关系，就是对冲。

对冲不仅过滤风险，还制造支点，那些最幸运的人以此攀到世界之巅：先对冲，再聚焦。

约翰·保尔逊（John Paulson）做交购套利起家，在华尔街上略有名气但未臻一流，直到2007年。

他发现在次贷资产上存在巨大的交易机会，BBB 级次贷债券的长期收益率是6%，仅比同期美国国债的收益率高1%。BBB 级是投资级债券的最低一级，他认为这显然不合理，价差太小，BBB 级次贷相比国债来说太贵了。问题是怎么把这看法表达成操作策略呢？

第一，做空 BBB 级次贷。

第二，做多美国国债。

他说，同时做空 BBB 级次贷和做多美国国债，能对冲掉包括利率变动在内的绝大部分风险，只留下他正想要的那个风险，就是赌 BBB 级次贷与美国国债的收益率差会拉大。

只剩下真想要且真了解的那个风险，你才可以全情拥抱它。

保尔逊最早下注1亿美元仓位，但觉得不够。对冲之后，这宗交易的潜在最大风险是输1%，也就是100万美元，因为就算判断错误，BBB 级次贷债券与国债收益率缩小而非他预期那样拉大，最大亏损空间也只有1%，总不能贵过国债吧？潜在最大收益呢？一个次贷资产包由多层评级不同的资产构成，从 AAA 级资产往下递减到股权级资产，而 BBB 级是投资级的起点，按当时美国房地产市场情况，只要次贷资产包总体损失6%，BBB 级就会被全部清光，也就是说，潜在最大收益率是100%，而且这件事发生的概率并不小。

1% 的潜在亏损对100% 的潜在收益，这个交易的风险收益比太好，保尔逊慢慢把交易仓位加到了30亿美元，而他在次贷危机之前整个基金的规模也不过几亿美元。

该收手了吧？

这时，保尔逊想起了索罗斯说过的，对高确定性的交易“要直取咽喉”。

最终，保尔逊把做空 BBB 级次贷做多国债的仓位加到250亿美元，并沉住气等到了 BBB 级次贷被清光的那一天。

结果呢？ 2007年，保尔逊基金获利150亿美元，他个人豪取40亿美元。

保尔逊当然是在赌。人生能有几回赌？非赌不可的话，要赌在你最有把握的地方。用对冲扫清视界，然后聚焦，直取咽喉。

信息透明有用吗

好些年前，银行刚开始发行理财产品的时候，跟进金融报道的同事过来找我："你看，这些理财产品的说明书，披露不详尽，资金投向常变，说预期收益是多少多少，其实就是给你预期收益，多出的发行人拿走。这不就是债吗？信息这样不透明行吗？"

我说，不行吧。

作为新闻工作者，我们喜欢信息透明，看见不透明就心生疑虑。

今天知道，其实那就是中国影子银行发源滥觞之处。银行理财是将传统存贷款改造为固定收益类产品大潮的源头，它将原在银行资产负债表上的业务移至表外，脱离监管的视线，摆脱杠杆上限的约束，打开了一系列表外信贷创新产品的大门。今天，按照官方口径，影子银行的规模已占到传统存贷业务的60%，还在快速增长中。

信息不透明这些年间可没什么改善，但它没有妨碍中国影子银行的兴起。

为什么？储户/散户投资者傻吗？

不是，而是"因为债对信息不敏感"。加里·高登（Gary

Gorton）对我说。

高登是耶鲁商学院金融学教授，开资本市场课。上课前我查了下他的维基词条，说他对回购危机（Repo）在2008年美国金融危机中角色的研究，使他成为诺奖得主的热门候选人之一。

Repo 即卖出回购，其实就是证券抵押短期融资，只是体现为两笔交易，卖出 + 回购：我把券卖给你，并约定时间和价格回购，最常见是一天。美国金融机构在2008年前主要融资方式已经变成卖出回购，巨额短期融资滚动，支持各种资金需求。但这取决于两点，一是滚动能持续，二是抵押折扣率要低。前者好理解，你得有交易对手；后者是这样的，假设市值100万美元的券能融到98万美元资金，那么折扣率就是2%。反复操作，抵押—融资—再抵押—再融资，理论上能放出50倍杠杆。你不做没关系，自有别人做，整个金融体系合起来效果是一样的。

美国金融危机高潮时，整个 Repo 都不好了。第一，作为抵押品的证券市值下跌，能融的资金相应减少；第二，抵押折扣率上升，因为对手方要留出安全边际。这很厉害。假如上述例子中折扣率从2% 上升到5%，单次融资只是从98万美元变成95万美元，似乎还好，但对应的杠杆理论上限则从50倍下降到20倍，急剧降低，系统性抽紧；第三，愿意向你融出资金的交易对手迅速变少：就算对方相信你的券，也不见得相信你的人。就像雷曼倒台，理清谁欠谁多少就要花好长时间，资金解冻时间更长，谁愿意冒这个风险？那时候，谁也不知道你是不是下一个雷曼，谁都可能是。

高登说，2008年金融危机的高潮本质上就是金融机构之间的回购挤提（Repo run）。同为挤提，它与传统的银行挤提（Ban run）不同。银行挤提是因为储户怕银行垮台于是挤到柜台提现。2008年，英国北岩银行除外，美国何曾见过银行挤提？都是金融机构们层层抽紧对彼此的短期回购融资，互相扼紧对方的喉咙。

危机总会有，每次不一样。Repo 挤提是属于所谓金融脱媒时代的危机：传统银行式微，影子银行兴起，存贷业务变成固定收益类产品投资，商业银行投行化，变得越来越像交易型机构，而这一切的基础是不断滚动的短期融资。

高登的回购挤提论文获得时任美联储主席伯南克激赏，在业界学界极有影响。无他，业界整天在做，但没有全局视野；学界则远远落后于业界，根本不知道发生了什么。我记得很清楚，次贷风险曝光后，主流看法包括伯南克在内是认为影响有限，因为算一算次贷市场规模总量就那么大，再估计下损失率，能有多少呢？高登理论打开了业界、学界、监管者的眼睛。

历史总是押韵。今天中国金融体系正在影子银行化，业界、学界、监管界的反应，似曾相识。

我问高登，维基百科说你的 Repo 理论可能会得诺奖，你自己觉得呢？高登谦虚地说，还有人说我预测到了金融危机呢，但对这种事我的预测能力跟我家的狗差不多。

从信息角度理解债，是我在高登课上学到的最有价值的内容之一。

你买金融产品，肯定担心被卖家忽悠。买家没有卖的精，这就是信息不对称。如果信息不对称没有靠谱的解决办法，市场就会萎缩：你越担心被骗就越不愿交易，给对方开出的交易条件就越苛刻，而愿意接受这条件跟你交易的就越有可能是骗子，这就是逆向选择。

解决信息不对称和逆向选择是有办法的。一是让所有交易对手同时出现，用出价竞争来解决信息问题，股票在交易所集中交易就是这个原因；一是制造出对信息不敏感的产品，就是说，你无须特别关心产品本身的信息，信息不对称对你无所谓。这就是债。

一语点醒梦中人。

为什么买银行理财前没有人读产品说明书？因为银行理财产品本身信息不敏感。

什么叫信息不敏感？举两个例子。

信息完全不敏感的是现金，印着1块就是1块，印着100块就是100块。没有人会去分析现金的内在价值，没有人有动力去创造关于现金的只有你知道而别人不知道的私有信息，因为这信息没有价值。

股票则对信息非常敏感。如果关于某只股票你了解别人所不了解的信息，这信息就很有价值，无数人去创造这些私有信息，才会有那么多股票分析师。

在微博上看到@子柳的一段话，形象地说明了私有信息对股票投资的价值：

“今时今日通过大数据能够获取到的商业信息超出大多数人的想象。有零售行业分析师通过卫星监控沃尔玛停车场收集销量情报，有国产车厂家通过监测日系三杰4S店的交通流量来获取对手成交数据，有保险公司给用户装一个应用监测他去修理厂的行为来识别骗保，有二级市场庄家盯住巨头boss私人飞机的航线来判断他跟谁合作。我有个朋友前段时间监控网易阴阳师的下载量成功预测了财报，最近又侦探陌陌上美女的打赏金额……”

债则完全不一样，对信息不敏感到“都没有债券分析师这个职业”，高登说。

等等，不是有债券评级机构吗？穆迪、标普、惠誉不都是专业做这个的吗？

不，债券评级不是债券分析，高登说。如果有债券分析的话，它应该去创造关于债券的私有信息，进而分析其内在价值。但债券评级不是干这个的，AAA 也好，BBB 也好，这些评级无关内在价值，而是对其离违约还有多远的度量，而且这度量是定性的不是定量的。债券评级其实就是把反映财务健康程度的常用指标套在发债体的数据上面，就这么简单。收费不高，因为关于债的信息不值钱。

跟股票潜在回报上不封顶不同，债的最大回报白纸黑字写在说明书里。不是不能定量分析债的内涵价值，而是没有激励去做这件事。你最多就是收回本金加利息，收益有限，耗时耗力去分析不值得，何况已经有人免费向公众提供债券评级。怕风险的话，买 AAA 级就行了，破产概率逼近于0。

对债的信息要求，颗粒度就是这么粗。

对当年的疑问，我明白了答案。且不说银行理财产品说明书披露不足，就算披露充分，也不会有谁去仔细看，人们只看收益率。在美国是这样，在中国也是这样。区别在于，在美国，投资者还要求知道债券评级信息；在中国，投资者连债券评级都不关心，毕竟美国市场上的债券评级还讲财务逻辑，中国市场上的债券评级不怎么讲财务逻辑。

当然，投资者不傻。虽然不关心资金投向，不关心风险水平，但他认准一条，无论自己买的是什么产品，如果出现违约事件，那么从银行到证券公司到保险公司到信托公司，凡是在产品链条过过手的，谁有钱就找谁，没谁找了就找政府。这是中国特色的违约保护机制，它的另一个名称是刚兑，刚性兑付。与银行将资产移出表外的需求、投资者对收益率的追逐一起，并列为中国影子银行勃兴的三大动力。

只是，“债并不是始终信息不敏感的，”高登说，“当债从对信息不敏感变成敏感，就是危机到来的时候。”

人们突然关心起债的信息时，市场现有解决信息不对称的机制已经失灵：你不知道债里面是什么东西，你不仅担心交易对手诈你，还担心他会成为下个雷曼，这时你会做什么？

当然是赶紧跑，先跑掉，再了解。不光是你，所有人都想赶紧跑。

晚了。

假如危机来临

2008年金融危机打破了一种幻觉，即发达经济已经从金融危机中毕业，中央银行们已经驯服了猛兽。不论发达经济还是新兴经济，大家在金融危机前（几乎）是平等的。

金融危机不是一种而是一束危机，包括（也许不限于）银行危机、汇率危机、恶性通胀、主权债违约、内债违约。没有两起金融危机是完全相同的，因为如何组合菜单可谓千差万别。

比如说，发达经济体大体上已从主权债违约这类危机中毕业，尽管它们中的绝大多数在历史上曾多次对外违约，毕业往往意味着它们摆脱“新兴”而成为发达经济的一员。

又比如说，假设2008年的次贷危机不是发生在美国而是任何其他新兴经济体，可想而知，主权债违约、货币贬值，甚至恶性通胀都将接踵而来，想想1994年墨西哥比索危机、1998年亚洲金融危机可知。事实却并非如此，美元不贬反升，避险资金反而从全球经济体系的边缘进入震中。这就是位于中心地位的特权，著名国际经济学家艾肯格林将其称为超额特权（exorbitant privilege），信不虚言。

不过，正如没有两片完全相同的叶子，也没有完全不相似的两片叶子。金融危机之间也是一样，各国各危机，也许从这个菜单中“选择”各有不同，但仍然共享同一个菜单。

假设一国不幸，危机发生，走完了全套，那它将怎样发生？这问题是卡门·莱因哈特和肯尼斯·罗格夫在《这次不一样：800年金融危机史》（*This Time is Different*）中用整整一章来回答的问题。但凡关心金融危机，这本书属必读之作，可以说是两位一流学者对金融危机史所做的大数据研究。其中，罗格夫曾担任过国际货币基金组织（IMF）的首席经济学家。国际货币基金组织是做什么的呢？国际经济救火队员。

要一句话说清楚这书主旨的话，“这次不一样”是历史上最昂贵的五个字。

——这次不一样，因为资本持续流入，资产价格向上，经济形势烈火烹油；

——这次不一样，因为央行们从大萧条史上学到了足够的教训，再也不会重蹈覆辙；

——这次不一样，因为金融创新使低流动性资产获得流动性，释放出价值，以前的估值方法不再适用。

事前看，说得都有其道理；事后看，每次其实都没有什么不同。如果配方齐备——巨量短期资本流入，贸易巨额赤字，经济放缓，资产价格过高，负债太多——那么危机爆发只是个时间问题。

两位作者反复强调，至今对2008年金融危机的主流看法仍然是无人事前预测到，好像这危机是多么独特的异常事件，事实并非如此，美国走向危机之前，信号已经齐备。发现已经出了大问题并不需要什么天才，只需要常识。

他们介绍了一个金融危机流程的七步标准模版：

1. 金融自由化；

2. 银行危机开始；

3. 汇率暴跌；

4. 通胀上升；

5. 银行危机高潮；

6. 主权债违约并且/或者内债违约；

7. 通胀恶化，银行危机达到顶峰。

2–4之间，股价和房价暴跌，经济放缓开始；

3–6之间，资本管制加剧。

七步又可分为三个阶段。

第一阶段是金融自由化。

他们引用经典论文《再见，金融抑制；你好，金融崩盘》。金融自由化开始与数年后出现金融危机，有很明显的相关性，甚至有一定的预测能力。从行为上看，金融自由化使得银行增加对外负债，并且对内放贷标准变得宽松，结果使宽松信贷和资产价格上升形成正反馈，等正反馈最终停下来的时候，资产负债表已经出了大问题。银行危机开始了。

要注意两点。

第一，监管不力通常总是伴随着金融自由化进程，原因很简单，金融自由化总是与大量金融创新相伴而至，监管当局的学习曲线要跟上业界实践总是很难，因为激励不同，一个是为了赚钱，一个是为了看住别人赚钱，差别太大。

第二，即使金融自由化往往是金融动荡的先行指标，也并不意味着金融不应自由化。恰恰相反。金融自由化的反面是金融抑制。什么是金融抑制呢？就是居民手里有钱没地方花也没地方投资，只能放到银行里，而存款利率由政府管制，往往显著低于市场真实利率，贷款投向还有政府干预甚至决定，这就等于居民被征了一道税。还不止于此，前面另有道通胀税等着你：如果只能把钱放到银行里，那就没有办法逃脱通胀的洗礼。

金融抑制只是表面的稳定，而所有人为此付出沉重代价。金融自由化则带大家进入新世界，这里永远动荡不安，时有惊荡骇浪，但至少有更多选择。这跟你愿意选择一个按票证分配的世界还是按钞票分配的世界是一个道理。

问题不在于要不要金融自由化，而是金融自由化下如何管理风险，这是监管当局、金融机构和个人在不同层面共同面对的问题。

第二阶段是银行危机与汇率危机两难，但历史已揭示了答案。

随着银行危机深化，央行被迫承担最后贷款人的角色，援助处于困境中的银行。如果该国央行仍然干预汇率市场，即使并非固定汇率制，最后也会出现央行在贷款人角色与汇率稳定者角色之间的严重冲突。所有央行当然都会表示有意愿也有能力身兼二任，但许多先例表明，如果到了不得不二选一的时候，央行会弃汇率稳定，保困境金融机构。比如说，如果保汇率要求加息，保金融系统要求不加息，央行最后会选什么？不加息，让汇率去吧。

汇率暴跌，反过来创造三重冲击：负有外债的金融机构会更深地陷入困境；通胀会加剧，因为进口品变贵；政府主权债务负担加重。

第三阶段，危机高潮到来。

如果一国主权债务违约，银行危机在违约后达到顶峰。当然，像美国这样没有主权债务违约风险，银行危机高潮也即危机高潮。对于那些有主权债违约风险的国家来说，国内债务违约潮与主权债违约两者谁先到来，尚未发现稳定规律。内债违约既可能早于，也可能同时，还可能晚于主权债违约到来。但有一点是肯定的，如果主权债违约，通胀会进一步恶化；如果内外债都出现违约，则通胀恶化可能失控。

最后，两位作者警告说，如果一国政府采用固定汇率，不管是显性还是隐性，那么汇率暴跌后果都更严重。即使是隐性的固定汇率，也会使银行、企业和居民过久地陷入汇率稳定的幻觉，从而过多地负下外债，而汇率一旦暴跌，损失就更大，政府信用也会严重受损。相反，在浮动汇率中，即使汇率暴跌，对政府信用的冲击也会较小。

“多少个世纪以来，金融危机每次戴着不同面具，但内在如一，反复出现。”

下次并无不同。

哑铃式生存与大动荡生存

哑铃式生存

塔勒布因在金融危机之前写出《黑天鹅》成名，近年又出书《反脆弱》。《黑天鹅》强调灾难无法预见，而人们总会高估预见能力，最终在灾难中损失惨重；《反脆弱》着力寻找能够对抗黑天鹅的生存之道。

塔勒布觉得世界是两重的：绝大多数时候波澜不惊，偶尔狂澜漫天，要么看起来稳如泰山，要么即将崩溃，没有中间状态。狮子一天睡20小时，玩三个半小时，打猎半小时，所谓静如处子，动如脱兔。塔勒布健身之道不是每天定时定量去健身房，而是去一次歇很久，但去的那次就拼尽全力：如果举重，要举到破自己上次的纪录为止。平静与爆炸，来回切换。他把这叫作哑铃之道，两头大，中间小，均值对他没意义。

他是职业投资者，自然会将哑铃之道应用于自己的投资，所谓哑铃投资法：资产分配于两极，一极是极安全，一极是极高风险。

比如说，大部分资产分配到美国国债上，小部分资产用来买深度价外期权（举个例子，现在标普500指数接近2400点，买在标普指数1500点行权的看空期权就是深度价外期权，因为概率极小，所以价格很低）。前者是这个世界上公认的安全资产，后者接近于撞大运。极安全与极不安全，一阴一阳，风险收益曲线的中间部分全部放弃。

有道理，是吗？

其实，同类产品市场上就有，所谓保本理财。怎样保本，一说就透。比如，投资者花100万元买五年期的保本理财产品。银行把钱拿过来，先按目前安全资产的收益率贴现，算出五年后100万元贴现到今天是多少钱，假设收益率是10%，那么贴现到今天的现值是62.09万元。拿这62.09万元买安全资产，五年后增值到100万元，这就是保本。剩下那37.91万元理论上用来做什么都不会影响保本，银行往往用它来做高风险投资，风险越高，预期收益越高，而与之挂钩的银行提成越高。

说到这里，我想你应该已经明白，哑铃式投资没有秘诀。这个方法本身理论上并不能保证获得高于基准的收益，至于事实上能否获得，要看你在高风险那一端的具体选择。以塔勒布做法为例，他的收益率取决于其根本假设——人们总是低估极小概率风险，对处于概率分布之外的风险更是束手无策——对还是不对。

说到底，钱没有记号（money is fungible），它不知道自己是被放到了哪个账号哪个项目。你是可以把钱放到极安全和极高风险两个筐里，但整个组合的风险收益会呈现出自己的面相。更何况，安全感是虚幻的，保本并不真保本，五年后的100万元与今天的100万元不是一回事，中间有通胀的魔力侵蚀。

哑铃式投资与其说是管理投资，不如说是管理自己，管理自己对于未知的恐惧：在两个表面相同的数字中找到安慰，制造保本的安全幻觉，于是生出甘冒奇险的勇气。

如果这样自我操纵对你有用，可以试试。

大动荡生存

许多人说不用关心灾难，因为灾难来临则一切告吹，都一样。太天真太简单，没有经历过灾难。灾难如地狱，地狱有十八层，第十八层还有地下室。灾难来临之前，理财有术无术，影响的是活得如何；灾难来临之时，理财有术无术，影响的是活得了还是活不了。

巴顿·毕格斯（Barton Biggs）的《财富、战争与智慧》（*Wealth, War & Wisdom: Surviving Today's Financial Armageddon*），讲的就是灾难理财术。当灾难来临，战争、瘟疫、饥荒、死亡末日四骑士策马肆虐，如何理财？如果你像毕格斯一样了解历史，就知道，这四骑士总会来临。

毕格斯曾经是摩根士丹利的首席策略师，博学深思，饶读历史，在华尔街广受尊重。

在1997年亚洲金融危机的时候，他一言可以震动整个东南亚市场，后来创办对冲基金，并不成功，不过又催生了一本关于对冲基金的名著《对冲基金风云录》（*Hedge Hogging*），充分说明知与行可以而且应该分开。

《财富、战争与智慧》这本书视野横跨全世界，但依据与教训主要来自欧洲近现代史，特别是第二次世界大战。他下面给出的这些建议不见得普适，有启发就够了。

——要将财富分散到各个种类和各个地方，要对人们对灾难的预期提前有预期，关注市场发出的信号。市场比专家聪明。在长期中，但记住一定只是在长期中，股票是最能保值增值的工具。

——不管你的祖国多么昌盛多么安全，也要把一部分资产放到别处。历史证明没有什么是永恒的。极端的政治变局，恐怖袭击，金融体系崩溃，在哪里都有可能发生。

——在整个20世纪中，那些保持稳定的国家里，股票的年复合收益率（扣除通胀以后）是6%。稳定的定义是经历了各种经济周期包括大萧条，但没有输掉战争，没有被外国征服，没有发生内战，也没有发生超级通胀。

——二战期间被德国占领的国家，所有因素全算进去，黄金是最好的资产，保值，还有一点流动性。

——二战中欧洲人的经验证明持有黄金和珠宝确能保护住一点财富，但只能把它们视作“救命钱”。记住，千万不能把它们放在银行保管箱，征服者会拿走保管箱钥匙。你得藏好。

——灾难之时，艺术品不是好资产，太容易被焚、被毁、被抢，太难藏。

——常识告诉你，拥有一些不动产（地产、农场、林地）是灾难来临时最好的避风港。正如《飘》里头，北方军逼来，四处火光冲天之时，郝斯嘉的父亲临死前告诉她：“保住土地，保住土地，这是惟一重要的东西。”不过要记住，房子不是地。战争期间，房屋和建筑不是什么好资产：被偷、被炸、被摧毁、被征用，而且越好就越容易被夺走。

——超级通胀时而发生，它大体上是末日四骑士（战争、瘟疫、饥荒、死亡）的变种。要从中存活下来，必须借钱，购买房产和生意，然后用贬值以后的钱还清贷款。当然，如果你赌错了，结果是通缩，你就毁灭了。

——历史一再证明，富人作为一个群体，总是过于乐观，钱多人傻。德国犹太人，聪明、有文化、见多识广，又怎么样呢，还是败在过于乐观。他们在德国时间太长太成功，不能想象再有一次摧毁整个族群的大清洗。他们难以舍弃自己的生意、银行、商店，无法忍受低价抛售。他们放到境外的财富占比也太少，对希特勒的兴起反应太迟钝。事态发展得比他们想象的快很多。眨眼间，他们的政府和邻居就变身野蛮人，而他们的财富和生命，化为云烟。

——如果战争来临，怎么办？过往经验认为，在自己的祖国拥有土地相对而言是最安全的选择。一个不显眼的农场可能是最好的，房屋会被战争摧毁，但土地永在那里，它又不能被抢走，运到敌国。在二战期间的绝大多数德占国家，如果你有一个自给自足的农场，再加一点运气，就能渡过这场灾难，至少有吃的。

——不是最强者生存，也不是最智慧者生存，而是适者生存。

黄金有何用

我在本书自序《惟一靠谱的人生策略是精进》里面提到：

“在风和日丽的时候，家庭资产组合中实物黄金的比例最多给到1%；但如果特朗普上台，应该考虑把比例提到5%。”

现在，特朗普上台了。我来细讲一下逻辑吧。

人们普遍以为黄金还是货币，但它已经不是了。

2011年，在美国国会众议院一场听证会上，议员质问时任美联储主席伯南克：“黄金还是不是钱？”

伯南克：“黄金不是钱。”

议员：“那为什么央行还持有黄金？”

伯南克：“用作储备的一部分。”

议员：“那人们为什么还持有黄金？”

伯南克：“为了对冲尾部风险，也就是非常非常糟糕的形势。”

议员：“黄金6000年来一直是货币，政府说它不是就不是了吗？你们能随便改写经济法则吗？”

伯南克：“……”

面对一连串质问，几十年来全球央行行长当中学养最为深厚的伯南克，有点失语。对抗6000年传统，有压力。

黄金从来是货币，直到几十年前尼克松宣布美元与黄金完全脱钩。从那以后，全世界就进入法定货币（fiat money）时代。所谓法定货币，就是货币的价值完全来自货币发行者也就是政府的规定：一张纸印上毛主席就是一百块，印上大团结就是十块。这是政府的规定，至于市场是否接受它，取决于市场对政府的信心。

虽然在许多央行的储备资产表中还有黄金一项，但黄金本身不再是货币。最简单的验证，你拿着黄金去买东西，对方可以拒绝，但对方不能拒绝法币。只有在央行发行比如金币时，金币才是货币，但其面值也是来自央行的规定，它是用黄金还是用黄铜来铸造，其实没有本质区别，跟纸币也差不多。

那黄金的价值在哪里？一层一层地讲。

第一，作为一种金属，黄金可用于牙医、电子、航空航天业。工业需求占到黄金总需求的10%左右，但这不是重点。黄金的光环不需要这些用途来证明，它的主要价值在别处。

第二，黄金对抗通胀是个神话，神话反过来有助于黄金对抗通胀这件事真的发生。但是，黄金本身不能对抗通胀。

这句话有点绕。你看明白了吗？

黄金本身不能对抗通胀，因为黄金饥不可食寒不可衣，下不了崽，没有孳息可言。它的价值取决于接受者的主观判断，而每一个人的判断取决于他对下一个交易对手对于黄金价值的判断的判断……如果社会所有成员都深信黄金能对抗通胀的神话，神话就变成现实。人们倒过来根据通胀水平重估黄金价值，预言自我实现。

所以，黄金对抗通胀这件事经常发生，许多时候，通胀预期一上来，黄金价格就有上涨的理由。

不过，对抗通胀有更好的办法。世界上唯一能靠谱地对抗通胀的，在个人是劳动力和技能，在企业是能长期保持正常运营带来利润的生意。无论是个人的劳动力、技能，还是企业的生意，总是以市价出售货物和劳务，内置了对通胀的对冲机制。

对个人来说，与其买黄金对抗通胀，不如把资金用于获得能满足市场需求的技能。终身学习才是对抗通胀的最好办法。对企业来说，对抗通胀的更好办法是基业常青，当然，这只是难题换了问法和答法。

第三，人们买黄金的最重要理由在黄金之外：它是对法定货币的用脚投票。

如果你对货币当局控制局势的能力有信心，那么它放水的时候，你的第一反应多半是去买金融资产。但如果货币当局水越放越多，而局势不见好转，你渐失信心，则会留意黄金。

法定货币取代黄金不过几十年，每当人们对法定货币的信心低落到一定程度，对政府力量的信心低落到一定程度，就会想起法定货币时代到来之前几千年来一直使用的黄金。

黄金承载了人类历史对于价值的信仰，其供给数量取决于地球母亲的馈赠而不是政府的随心所欲，所以，它成为法定货币时代的终极避险资产。所谓避险，避的首先是政府：政府胡作非为的风险、政府失败的风险。

市场上，每当避险意识高企，人们纷纷转入美元和黄金，但两者的内涵完全不同：买入美元，说明相对于其他货币及其政府，人们对美元及美国政府更有信心；买入黄金，则是对所有货币及其发行当局都缺少信心。

2008年金融危机以后，黄金价格一度快速冲高，反映了投资者不再相信各国政府能够控制局势；随后数年的持续下跌，反映恐慌情绪逐步缓解；在英国脱欧以后，黄金价格再攀近期新高，说明恐慌情绪又再上扬。今天有人认为，黄金大牛市只是刚刚开始。这反映的预期是，在情况转好之前，先要变得更坏。

不过，切切记住，如果你想要买入黄金，千万不要买纸黄金。在你想动用黄金的时候，纸黄金就是纸，实物黄金才是黄金。

第四，黄金能够用于哪怕是战时的避险，但它无法对付社会崩坏。

摩根士丹利前首席策略师巴顿·毕格斯是华尔街的智者，在去世之前著有奇书《财富、战争与智慧：如何在金融大难临头时幸免》。当灾难来临，战争、瘟疫、饥荒、死亡末日四骑士策马肆虐，如何理财？如果你像毕格斯一样了解历史，就知道，这四位末日骑士总有一天会来临。

这本书视野横跨全世界，但依据与教训主要来自欧洲近现代史，特别是第二次世界大战。在谈到黄金时，毕格斯说，欧洲人的经验证明持有黄金确能保护住一点财富，但只能把它们视作“救命钱”。而且记住，千万不能把它们放在银行保管箱，因为强盗会抢走保管箱钥匙。

不过，战争还不是最坏。如果社会崩坏，人人自危，饥荒来临，那么黄金比法币好得有限，因为那时斗米值千金。毕格斯说，那时，你真正需要的是几亩农田、几条奶牛、几只猛犬、几把好枪。

学习大空头

这期在耶鲁商学院选了门课——全球金融危机（Global Financial Crisis），之所以选这门课，主要是因为金融危机表现各有各的不同，但根底是相似的。比如说，亚洲金融危机表面上是场货币危机：东南亚国家货币汇率崩盘，引发外债危机。这跟美国次贷危机确有不同，美元不存在货币危机。但两者的根本原因又都是负债过多，杠杆用得太狠。

我上这门课，算是未雨绸缪。

教授安德鲁·麦催客（Andrew Metrick）之所以开这门课，是因为这事跟他有个人关系。他本来好好在沃顿商学院当金融经济学家，金融危机早期，在《华尔街日报》上看到报道说贝尔斯登可能要垮，打电话去问他爸理查·麦催客。老麦催客身居贝尔斯登核心层，时任CEO的左右手。老麦催客说，别听报纸胡扯蛋，贝尔斯登有200亿美元流动性呢，没事。

那是周一。到周末小麦催客又打电话给老麦催客，老麦说："儿子，贝尔斯登不行了，我们明天就会申请破产。"

小麦催客惊呆了。老麦催客周一并没有骗自己的儿子，他确实认为不会有事，贝尔斯登确实有200亿美元流动性，但200亿美元不到一周就抽干了。作为一个金融经济学家，小麦催客无法理解到底发生了什么，立志研究。

学界和监管界离业界太远了，这不成。几个月后，他研究出了结果，准备出书。

来不及了，雷曼垮台了，书不用写了，还是开门课吧。

我在这门课上的收获，以后会慢慢道来。今天这篇，讲麦催客组织全班看的电影《大空头》(*The Big Short*)。

尔虞我诈、天堂地狱、金钱不眠，自20多年前写下开山名著《说谎者扑克》以来，麦克尔·刘易斯（Michael Lewis）就是华尔街一切与这些有关故事的首席作家。次贷危机以后，他的《大空头》成为这场危机叙事的扛鼎之作。这本书搬上大银幕，在大洋两岸收获同时来自普通观众和金融界的好评。

每次金融危机之后，那些垮掉的金融机构CEO，又或者监管部门头头，为了卸责，总会跳出来说，危机是无法预测的，自称预见到危机的人不过是事后诸葛亮。他们装模作样地反问：预言家们事前干什么去了？

答案是：这些人在准备怎么从即将到来的危机中大赚一笔。

《大空头》证明，危机无法预测这件事是胡说八道。早在次贷危机爆发前好几年，就有许多人发出了警示；而最晚在次贷危机前一年，《大空头》里提到的这一批人，有的在加州，有的在华尔街，有的在对冲基金之都格林威治村，押下了重注。

他们知道盛宴即将结束，灾变即将到来，他们知道这是一生难遇一次的机会，他们设计出了从中获利的方案，他们下重注，他们赢了。

就连著名的对冲基金大人物像索罗斯，这次也不是引领而是追随，跟着他们找到的方向赌，也获了巨利。

大空头们的故事有什么启示？

第一，危机是可以被预测到的。

尽管同一个人预见到每一次危机的可能性微乎其微到不存在，但是，每次危机来临之前，都有人做出准确的预测。这两者之间的区别，要仔细琢磨。

确实不要相信那些预言一切的大仙，但当先兆齐聚时——太便宜的钱、太多的杠杆、太扭曲的激励、太一致的合力、朝同一个方向作用了太长时间——危机不再是不可预测的。市场绝大多数时候比你聪明，但偶尔你会比市场聪明，要有足够的谦卑接受前一半，要有足够的智力发现后一半，并用足够强悍的勇气坚持住。

第二，预测到危机的人不是“正常人”。

做空次贷的这批人都在系统边缘：当时管钱最多的贝里（Burry）原本是医生，半路出家做投资；保目（Baum）则性格乖张，电影中留下金句：“我只有不开心的时候才会开心。”最接近正常人的约翰·保尔森没有出现在《大空头》当中，他的主业是并购套利，管的也不是一线基金。

为什么只有身处边缘才能看到危机？不是因为主流人群傻，华尔街没人傻，激励不同而已。

与主流对赌极不容易。贝里买了13亿美元的CDS做空次贷债券，买CDS相当于买保险，现在付保费，坐等债券崩盘，但崩盘之前就得每天亏钱。

基金投资人气坏了，在电话中质问贝里：“你的意思是说，我们得每天都亏，直到美国全国都房价下跌这件从未发生过的事终于发生，对吗？”

贝里：“是的。”

投资人：“格林斯潘说不会。”

贝里：“格林斯潘错了。”

第三，验证判断首先搞清楚别人的动机。

任何人告诉你一个赚钱的好办法，你的第一个反应一定得是怀疑。

德银销售杰瑞德向保目兜售信用违约互换产品（CDS）：“这是一辈子一次的好交易，等于房子已经着火了，我在房子面前卖保险给你。”

保目问：“你不是给德银打工吗？”

杰瑞德：“这跟我给谁打工有什么关系，我自己要挣佣金。”

事后，同事问保目，这人这么坏，能信吗？

保目回答：“他自私自利，出卖东家，坏透了，但他自私自利得那么透明，简直令人敬佩。所以，我们得看看他对次贷 CDS 说得对不对。”

下单之前，保目的交易员最后问杰瑞德：“我准备下单，但你得先说清楚准备怎么搞我（fuck us）。”

杰瑞德：“我不 fuck 你，我们一起 fuck 德银。”

这是华尔街上才有的特殊诚实，自利和厚颜到极致之后的新伦理。

保目的基金最后赚了10亿美元，杰瑞德拿到了4700万美元佣金，至于德银，谁管呢？

第四，要对得起你的判断，敢于下重注。

下注的大小，与判断的确定性直接相关。没有百分百的事，所以全押是疯狂的，但同样严重的错误，是判断的确定性极高而你却下注不足。一生一遇的机会，不能对之以日常反应。索罗斯曾说："这种时候要直取咽喉。"

赚到几百亿美元的约翰·保尔森与其他赚得远不如他多的人相比，差别就在于他押得大——他筹到了足够多的钱，而且在判断没有兑现之前的黎明时分，扛住了。

许多人看准了，筹到了钱，投下了注，可是赚到的钱仍然远不能与约翰·保尔森相比，因为筹来的这些钱没有足够的耐心。预见危机是可能的，但下注的第二天就发生危机是不可能的。你对自己的判断是有信心，可还必须要找到对你的判断有同样信心的钱。同路人的规模决定正确的判断能兑现多少价值。

第五，要找到精确表达判断的工具。

《大空头》中的许多人，为找到最有效做空次贷的工具，花了很多时间和心思：做空股票风险不可控，买看跌期权成本太高。直到有一天，次贷产品成熟到其CDS市场发达起来，令人讽刺地反过来敲响了这场盛宴的丧钟。

当然，要做到像保尔森那样与高盛一起定制卖给后者客户的次贷产品组合，并专门做空这个组合，这样的精确制导不是一般人做得到的。

第六，不要光想着你投下的注本身，要想得更系统周密，不要让你已经预见到的危机把自己给冲垮了：

贝里准备重注做空次贷，来到华尔街扫货，第一站找高盛："我准备做空房市，但我担心到结算的时候你们自己出问题，付不出钱来。"高盛的人看着他像是看傻 ×。最后安排每月清算，pay as you go。高盛准备卖500万美元 CDS 给他，他开口要买1亿，愉快成交，显然双方都认为对方是傻 ×。

贝里是对的，2008年9月，危机最高潮时，华尔街上没有谁是安全的，高盛也一度危如累卵。

下重注当然冒巨大风险，那些无法消除的风险只能面对，但可以控制的风险一定要控制，因为市场不会为可以控制的风险付费，你冒了白冒。

——会不会发生流动性危机？自己的流动性安排好了没有？

——会不会发生交易对手风险？你从对手那里挣到再多的钱也没用，如果它在这场危机中破产了的话。你下单的经纪公司会不会垮？你的基金的托管银行会不会垮？

——市场正常运行时所用的那套规则，会不会在危机中突然改变？你下注时有没有容纳这些突变的空间？一旦危机临头，为防止系统崩溃，政府什么都做得出来。不许做空，提高保证金，警方调查，在美国、欧洲、中国，这些事做起来程度或有差别，临机取决则是一样的。

《大空头》的故事令人迷醉。这些人，把小到对经济、金融，大到对家国天下的判断，凝结成一系列赌注，成王败寇，知行合一，莫过于此。

世界上最可信的，就是赌徒下的注。

最后送两个金句。

片头语——马克吐温说："你不懂的东西不会毁了你，你自以为懂但实际不懂的东西就会。"

贝里："泡沫的第一个指针是骗局的数量和复杂性极速上升。"

这个公式说，美联储加息太慢太少

美联储这次宣布加息后，以美国市场为首，全球股市报以上涨。

加息不是资产价格应该下跌的吗？

不见得。

金融市场是个预期游戏，现价已隐含了加息预期。美国经济近来表现实在强劲，就业超出预期，已达到充分就业水平。通胀抬头，逼近2%目标。市场此前有所担心，美联储也许会做出更有力的加息决定。现在，靴子落地，市场放心，于是再涨一段。

为了猜美联储的利率决定，市场什么都干得出来。美联储加息还是减息，是金融世界里除危机时刻以外最重要的事情，这是事实上的全球资金利率基准，牵动上百万亿美元的资产价格。

许多年以前，有人发现，要注意格林斯潘的手提包。

格林斯潘于1987年到2006年间任美联储主席，是历史上任期最长和在任时最成功的联储主席。每次美联储公开市场委员会开议息会议时，他都从正门走进大楼，让记者拍照。有聪明人发现，格林斯潘手上拿着的手提包很关键。问题不在加息还是减息，实际上的悬念只有一个，要不要保持利率不变？因为如果改变，如同今天这样，方向并不会有悬念。保持不变的话，格林斯潘的手提包会薄一些，维持现状不需要用太多文件来支撑：要变的话，则会厚一些，改变现状需要充分证明。观察手提包厚薄，那些聪明人也许能早一两个小时猜到利率走向。

可惜，观察手提包这法子只好用于一时。等格林斯潘发现有人这么干以后，他就不再带手提包。

关于美联储利率政策，公认的权威模型是泰勒规则（Taylor Rule），由斯坦福大学经济学教授约翰·泰勒于1993年提出。

根据1977年的《美联储改革法案》，美联储有两大使命（mandate），一个是维持经济增长促进充分就业，一个是保持价格稳定。美国人是这样的，但凡写成法律的就想量化可执行。美联储到底是怎样执行这两大使命的呢？

在1993年的论文《实践中的自由裁量与政策规则》（*Discretion Versus Policy Rules in Practice*）中，泰勒提出了后来以他名字命名的规则：

利率 = 实际利率 + 通胀 +0.5 ×（通胀 – 通胀目标）+0.5 ×（产出缺口）

上面这个式子中，实际利率一般取值为2，通胀目标也是一般为2，剩下的就是通胀和产出缺口。通胀不必多说，所谓产出缺口，指经济增长与潜在经济增长之间的差距。两者分别代表美联储保持价格稳定和促进充分就业的使命。很直观，通胀上升，利率就升；产出缺口增加也就是经济不振，利率就降。表面上看，两者的系数都是0.5，也就是说，通胀上升或者产出缺口下降1%，分别对应着利率上涨0.5%。

但仔细看，通胀在公式中出现两次，合计以后的实际系数不再是0.5而是1.5。正如现美联储主席耶伦2012年时所说，这揭示了泰勒规则的本质，即面对通胀上升，央行须报以强有力的加息政策，加息幅度要大于通胀上升幅度，将通胀压下来。

泰勒规则与美联储多年来实际做出的利率决定拟合得相当好，从此成为观察分析预测美联储利率的基本框架，因为这个重大贡献，泰勒长期以来是诺贝尔经济学奖的热门人选。他在1999年曾修改规则，将产出缺口的系数从0.5提升到1，不过他最终还是回到原版。

许多人，包括泰勒本人，认为泰勒规则既准确描述了美联储的实际利率政策，又能预测其未来的利策决定。但是，本世纪以来的美联储政策偏离了原版泰勒规则，2003年到2005年间，以及2009年以后，低利率政策保持得太久了。上一次造成了金融危机，这次呢？

泰勒规则影响太大，以至于伯南克（2006至2014年间的美联储主席）专门写文章回应。伯南克说，给产出缺口0.5的系数是不够的，应该像泰勒后来修订的那样给到1，也就是说，如果经济不行，利率政策的力度要比原版规则大一倍。

按照修订版泰勒规则，伯南克给出下图：

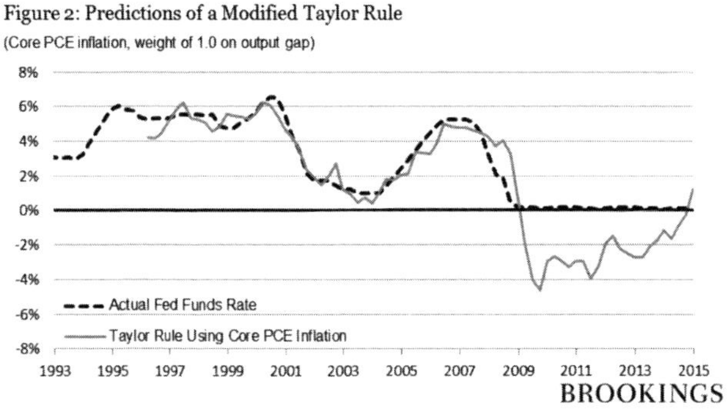

虚线是实际发生的利率走势，灰线是依据当时的经济数据按照修订版泰勒规则“预测”的利率走势。可见，2009年之前，两者几乎完全吻合，2003年至2005年的过低利率说不成立；2009年之后，泰勒规则预测深度负利率，美联储实际采取的是零利率。这也可以理解，美联储要是采取负利率，影响实在太大，前途难以预测。就算是欧洲和日本采取负利率，也没有走到泰勒规则预测的深度。

据此，伯南克认为，泰勒的批评是不成立的。无论是2003年到2005年间，还是2009年以后，利率要么与修订版泰勒规则一致，要么比其要高，不存在过久保持低利率的事情。

反驳归反驳，有意思的是，伯南克等于是从另一个方面印证了泰勒规则（修订版）的预测力。

图中可见，2015年以后，修订版泰勒规则预测利率显著上升。实际是2015年以来，包含最近这次，美联储三次加息，将联邦基金利率加到现在的0.75%到1%区间水平。那按照伯南克所用的修订版泰勒规则，今天的利率“应该”在什么水平呢？

我们来算一算。

按照修订版泰勒规则，利率＝实际利率＋通胀+0.5×（通胀－通胀目标）+1×（产出缺口）。

实际利率和通胀目标都不变，还是2。今天，美国通胀逼近2%水平；有人用就业来代表产出缺口，那目前失业率是4.7%，对应着充分就业，没有缺口可言；如果按GDP增长的话，美联储预计今年的GDP增长2.1%，而潜在增长率是3%左右，满打满算有1个点左右的缺口。把这些数据代进规则一算，2%+2%+0.5×（2%−2%）

+1×（-1%），得出利率“应该”是3%。现在的利率水平比它低两个百分点有余。

两个点价值多少，放大到全球市场，简直无法估计，这是美联储给市场的定心丸。

谁为这两个点付成本？如果按泰勒规则套算，如果其他条件不变，可以看作实际利率是0，也就是说，谁把钱借给别人，谁出成本。

真的差两个点吗？其实没有谁有确切答案。泰勒规则是用来衡量利率政策的一个标尺，一面镜子，照出孰为鹰孰为鸽，但伯南克也早就说了，中央银行的决定是系统性的而不是自动的，意思是不能按照一个既定的公式去套算利率，必须相机行事，因为有太多变量：中央银行并不能准确预知产出缺口；2%的实际利率并非常量，没有什么天然保证借款人能拿到这个收益；还有，按规则测算应该执行负利率而实际搞的是零利率，这笔账又该怎么算？

“中央银行家不是机器人，不应该是机器人，我希望未来也不会是机器人。”伯南克说。

伯南克说得不无道理，但市场哪里真的关心学理之争？既然算出眼前两个点的美联储大礼包还在，目测要到2019年缺口才会闭合，于是盛宴继续。

还能持续多久呢？

最后，开个脑洞，泰勒规则将美联储双重使命表达为公式，中国央行行不行？中美经济情况不同，自然是系数不同，目标不同，惟其逻辑却是相似：与美联储一样，根据中国的中央银行法，中国央行也是维护经济增长和价格稳定双重使命。存在人民币利率的“泰勒规则”吗？谁能找到？

恐怕更难，因为中国央行的实际使命更加多元，别的不说，至少还有两个：维护国际收支平衡，维护金融稳定。中国版的泰勒规则，至少会是个四元方程。

做耶伦不易，做周小川更难。

极简谈判课

一小时速成影响力

精英晚餐会从9月中开始，世界学人项目将陆续请来十几位卓有成就的各界人士，为我们讲各自最擅长的题目，共进晚餐，对话。

走进高瓴街55号霍桥楼晚餐会场，迎面一位大美女伸出手来，我握住："你好，你一定是周依了。"

Zoe Chance（周依）在耶鲁商学院教最受学生欢迎的课：影响力和说服力。来耶鲁商学院当教授前，她创过业，管过两亿美元的生意，拍过电影上过电视，跟谷歌合作过全球食物指南，TEDx 常客，当过论文霸。在这一切之前，她是哈佛本科、博士毕业。

今晚，只有一小时，她要把我们速成为影响力达人。

她做得到吗？我行吗？

我问她："周伊，你教的这门课跟巴里教的课有什么不同？"巴里是 Barry Nalebuff，资深教授、博弈论大家，也在商学院开谈判课。我正在上他的课。

"巴里的课很棒很吓人，我的课很棒但不吓人。"周依指着屏幕上今晚演讲的标题："像杰迪武士一样谈判"。

这还不够吓人的吗？

培训开始了。

第一，有什么要求，务必当面提。人们接受当面请求的可能性要比通过电话、邮件等间接途径高出两三倍。

这符合我自己的体会。具体原因周依没展开说，我想一是因为面面相对，说“不”很难，拉不下面子不就指这个？二是当面对话没有留下反应时间，如果你必须在一瞬间在是与否之间择一而从，说是的可能性远远大于慢慢思考仔细权衡之后。

那么，反过来说，遇到别人当面提要求你感到为难怎么办？如果不想后悔你就不要当面同意，就说一句话：“给我点时间想想。”拖字诀，一定千金。

第二，态度一定要好，立场坚决不变。周依举了 FBI 头号谈判专家克里斯·沃斯的例子。沃斯写的书名字就叫《不用分》，就是桌子上的蛋糕全拿走，啥也不留给对方。其实他也是没办法，因为他经常做人质谈判，什么也不能给劫匪，没得分，靠的就是一张嘴。

怎么做得到呢？

沃斯去买车，一步到底价，面带微笑，用理解的口吻，表示对方还价很合理，但自己就是出不了这个价。无论销售给出什么理由要他加点钱，都这样，直到销售投降。当然，前提是研究透彻，准备充分，有备份方案，就是不行可以出门换一家。

第三，贴标签有魔力。比如，“你是个整洁的孩子”，这句话提升孩子收拾屋子的机率，要比“你应该变成个整洁的孩子”，高出五倍。标签魔法是70年代的心理学研究成果，今天已成为广告营销的支柱。你想卖什么东西，就把广告投放的目标对象放到对应的那个框子里，就是这么魔性。

当然，那些改变世界的人，靠的是给世界重贴标签。还记得乔布斯对百事可乐 CEO 斯卡利说的那句话吗：“你是愿意一辈子卖糖水，还是跟我去改变世界？”剩下的都是历史。

最后，周依说，如果我只给你们一个建议，那就是敢要天价。天价是什么呢，就是你担心对方听到你的要价之后，当你面就把门摔上。

之所以你要硬着头皮也这样做，周依说，原因在于，第一，对方接受天价的可能性总是比你以为的要大，门摔到你脸上的时候比你担心的要少。第二，你开天价，说“不”的是对方，而你从天价往后撤退更从容。谁在谈判中总是说不，谁处于劣势。第三，天价为谈判区间定锚，深刻影响接下来的谈判，因为人的心理总是受到锚的影响。

开天价的反面就是开底价，而这是最糟糕也是最常见的错误。你上来就开底价，然后变成一口价，然后把对方的任何还价都当成羞辱，然后拒绝任何让步，这一切既对谈判不利，也对自己的形象不利，里外都输。

培训结束以后，我跟周依说：“我明白你跟巴里的区别了。巴里讲谈判，主要用博弈论，你主要用心理学。”

周依给大家开了张书单，有六本关于如何获得和运用影响力的书，第一本也是这类书中最早影响力最大的，罗伯特·西奥迪尼（Robert Cialdini）的《影响力：说服的心理学》，有中文译本，其余不详，列在这里，有兴趣的可自己去找。

Influence by Robert Cialdini

Getting More by Stuart Diamond

Never Split the Difference by Chris Voss

Pitch Anything by Oren Klaff

The New Leader's 100 Day Action Plan by Bradt, Check & Lawler

Ask for It by Linda Babcock & Sara Laschever

怎么看待周依培训的这些心理学技巧 / 操纵术？

其实，这类技巧大体都已在西奥迪尼的《影响力：说服的心理学》里阐明，剩下的都是展开。非常巧合，当天下午在另一个场合遇到西奥迪尼的朋友，他转述说：西奥迪尼写《影响力》原意在于提醒读者，不要中了这些操纵术的招。结果发现，读他书的人都想知道怎么操纵别人！

人心险恶啊。

普通人怎么办呢？

第一，就是要对这派有些了解，在下次遇到别人用这些招来对付你的时候，心中有数。不用多读，读《影响力》就可以了，这也是当代智者芒格力荐的书。

第二，掌握谈判术的另一个流派，这一派重视理性，讲求原则，既不试图用心理学技巧去操纵对方，也绝不吃对方这一套。我在前面提到的巴里就在讲授这一派：谈判不应该是心理战，应该是解数学题。我比较喜欢这一派，接下来会推出极简谈判课系列。

这篇就算是引子。

首先，你得谈判

“首先，你得谈判。”

一大早，坐在耶鲁商学院后现代范的伊文斯楼2200教室里，我听见巴里·纳里博夫（Barry Nalebuff）说。

巴里是博弈论专家，我读过他好几本书，讲博弈论的《策略思维》（*Thinking Strategically*）、讲应用博弈论于商战的《竞合》（*Co-opetition*），一言以蔽之，就是通透、有用。

博弈论是门规范科学，假设人们完全理性而信息完全透明，我知道，你知道，我知道你知道，你知道我知道你知道……可我们都知道，现实不是这样的：人经常不理性，信息从来不透明。博弈论精妙是精妙，可怎么用啊？

所以，到了耶鲁之后，在我发出去约见的第一批邮件中，就有巴里。很快就收到了回信：周末一起遛狗？于是，我和他及他家十一岁的大狗缇丽一起，爬上了纽黑文的东岩。

后来我才知道缇丽的来历，是多年前巴里与女儿谈判失手。他想让女儿上数学夏令营，女儿不同意，除非同意养狗，于是缇丽来到家里。之所以说巴里失败，是因为他没有事先约定好参加几次夏令营，结果女儿第二年就不去了，但这时缇丽已成家人，巴里毫无筹码，只能接受现实。

他忽然问我："你在家里是怎么用博弈论的？"

《中庸》说，夫妇之愚，可以与知焉，及其至也，虽圣人亦有所不知焉。一言道尽夫妻博弈之难。说起来这是博弈论中的经典场景，即性别战争（battle of sexes）：与各行其是相比，夫妻都想协调行动，但都想按自己的意图来协调对方，所以会有两个均衡，一个是听老婆的，一个是听老公的。当然，对任一方来说，都是听自己的好过听对方的并都好过各干各的。问题是如果一方定要让对方听自己的，那就变成胆小鬼游戏（chicken），谁不让步谁赢，谁不够狠谁输。这我玩不动。"Barry，你有什么建议？"

站在东岩上俯瞰纽黑文，阳光打在Barry的脸上，他摇了摇头："今天不宜谈正事，下周来上我的课吧，谈判课。"

这门课，巴里讲了16年。

说起谈判，你可能会想起电视上，国家之间，将军决战岂止在疆场，也在会场。长条桌一字排开，黑西装两边正襟而坐，翻译在侧后方紧张同步口译。国家命运、鼎之轻重，一言而决。

这确实是谈判，但谈判远远不止此。夫妻间商量周末休息还是带孩子郊游，是谈判；跟同事休假调班，是谈判；跟老板要求加薪，是谈判……但凡一切需要与人商量——不一定是通过交谈来商量——的事，都是谈判。

你正常过一天下来，至少有几十场谈判。你也许不觉得，因为绝大多数人，在谈判面前躲开了。

谈判无处不在，却又太难，所以绝大多数人像躲避瘟疫一样躲避谈判，而到了不得不谈判的时候，鼓足勇气去谈，却又变成给对方下最后通牒：要么接受我已经很讲理很敦厚很克制的条件，要么我就走 / 掰 / 撕。

一直忍忍忍，然后直接崩断。这真不是好办法。

谈判之难，关乎心理。君子耻言利深入我们的文化血脉。作为一个“好人”，要勇于谈判争利，得先克服极大心理障碍。这种心理障碍人人都有，但在女性身上更为显著。

商学院学生肯定是比较进取的一群人，但巴里在课堂上列举数据说，只有51.5% 的男性商学院毕业生在初次入职时会谈判薪水，而女性更陡降到12.5%。谈判与不谈判的最主要相关指标，不是民族、宗教、教育，不是这不是那，而是性别。但这不是你想象的那种性别原因：女性并不害怕谈判本身，谈判技能也不比男性差，而是更加担心因为谈判给人留下坏印象。

怎么发现的?

巴里列了另一组数字：

男性学生为自己谈判和为别人谈判，效果差不多，为别人谈判的结果略微比为自己谈判差一点。这不难理解，动力有差别。

有趣的是女性。

女性为别人谈判的效果远远超出为自己谈判，高出近20%。为什么？因为是替别人谈判，利他动机充分抵消了对自己形象受损的担忧，女性手脚放开了。

谈判之难，除了克服文化和心理之障，还关乎认知与技能。当我们谈判时，我们在谈什么？谈成了，彼此合作达成什么？谈不成，各行其是，损失什么？两者有多大差别？彼此对这差别的贡献/损害怎么界定？谈判会不会影响感情？会不会影响形象？

课堂上，巴里列举了商学院学生毕业后第一份工作的薪水情况。毕业生与雇主就薪资水平是否谈判，差别至少10%。假如入职的时候不谈年薪是70000美元，谈判则是77000美元，那么假设年薪每年涨3%，且放到年投资回报5%的基金里，几十年后，总差别逼近100万美元。

差别如此之大！

如果有一种谈判法，不需要抖机灵，不需要使险招，不论谈得成谈不成确实能做得到生意不成仁义在，不影响长期合作，于形象无损有益，也就是说，如果有一种合理、有原则、同时积极索求自己利益的谈判法，那么，你会不会去谈判？

欢迎进入极简谈判课。

会谈则生，不会则死

巴里讲博弈论可不是纸上谈兵，在耶鲁商学院大牌教授身份之外，他还是连续创业者，其中创建茶饮企业“诚茶”（Honestea）并卖给可口可乐，已经成为他自己商学院授课时经常用到的案例。

可口可乐想收购巴里的诚茶。巴里不想现在卖，诚茶还在高速成长，何必现在就把生金蛋的母鸡卖掉？

但是，对方告诉巴里，可口可乐跟雀巢的茶饮合资公司刚刚失败，这么大的饮料巨人不可能放着茶饮料细分市场不管，产品矩阵中这个空白一定得填。最好的结果是收购诚茶，但如果诚茶不卖那会去收别的公司；这种情况对诚茶也很不利：多出个口袋很深的竞争对手这种事，能免则免。

而且，巴里也知道，收购带来合力，可口可乐又深又广的营销网络肯定能助力诚茶销售。

情形与多年后 Uber（优步）进中国之初与滴滴的谈判很相似。Uber 创始人卡兰尼克对滴滴创始人程维说，Uber 要入股滴滴40%，不然就进中国，碾压你。

卡兰尼克还是太年轻，结果遇到更年轻的程维，威胁适得其反，无非是激发了斗志。双方血拼，谁能预知结果呢？几年后，滴滴反过来收购了优步中国。

其实，何必。传递实质上的同样信号，可口可乐做得更到位更精准，而且还厚道，对谈判岂不是更有利？

信号，巴里收到了。他还是不想现在卖，但也不想眼睁睁看着可口可乐去收购竞争对手。

怎么办？

博弈论登场。

巴里对可口可乐说，这样做吧："且让我们先假装已经完成收购，现在就开始合作，你们现在就开始像诚茶是可口可乐产品一样销售它，但交易你们等三年，我们三年以后把诚茶卖给你。"

对方说，这怎么行？三年后的事，现在没法作价啊。

巴里准备好了答案："假设1，没有可口可乐收购这件事，诚茶自然成长三年，销售额会达到某个水平A；假设2，可口可乐现在就完成收购，诚茶与可口可乐结合，销售额会达到某个更高的水平B。这个框架你们同意的对吧？"

那接着往下说。

"三年后，交易这么定价：销售额A以内的部分，按市场正常溢价水平定价。销售额在A以上的部分，则按市场水平的一半定价。"

为什么要区间定价呢？

因为要公平。

销售额A以内的部分，没有可口可乐，诚茶自己也做得到，所以可以全拿。超出A的部分要依赖与可口可乐的合力，所以可口可乐该拿走一半。

谁做的蛋糕谁吃，如果蛋糕缺了谁都做不了，那就平分。

是不是很简单很合理？

巴里与可口可乐只谈了一个小时，就把交易结构确定下来，接下来无非是核算A和B之类的细节，虽然会花更长时间，但无碍交易大局。

最初，巴里面临三个选择，从最好到最坏依次是：

——独立运作，且可口可乐不收购竞争对手；

——现在就卖给可口可乐；

——独立运作，但可口可乐收购竞争对手；

可口可乐也面临三个选择，从最好到最坏依次是：

——现在就买诚茶；

——不买诚茶，但收购其竞争对手；

——不买诚茶，且不收其购竞争对手；

如果双方都在这三个选择里头打转，其实谈不拢双输的风险很大。

通过合理切分未来的蛋糕，巴里把收购延期到将来，接下来的三年中，诚茶与可口可乐像收购已完成一样合作，迅速做大规模，充分释放价值。三年后，双方成功按当初约定的结构完成交易。

对双方，这都是最优的结果。

聪明人学以致用，效果就是这么显著。我去过巴里家，房子大得不像话。

我对巴里说，金融学教授做投资的很多，但商学教授创业的就少多了，是因为创业还是更难吧？

巴里说，“天气真好，哈哈哈。”

下期讲做蛋糕。

有无选择决定拿到多少

先复习一下极简谈判课迄今讲过的内容。

——谈判是做蛋糕和分蛋糕。

——蛋糕 = 双方谈拢的收益 - 双方谈不拢的收益。

——谈不拢时双方各行其事的收益即各自的 BATNA（Best Alternative To Negotiated Agreement，谈不成时的最优选择），就是各自底线，因为收益低于 BATNA 则谈判无意义，该干什么就干什么去更好。

问题来了，BATNA 确定了你的底价，但你不能只要底价。《首先，你得谈判》讲清了只要底价的后果，就是谈成了收获有限谈不成就没有转圜空间。

在 BATNA 之上还有整个蛋糕在等着你，你要多少？

至少有三种分法：

第一，误导、忽悠、欺骗、恐吓对方，能弄到多少是多少，最好是全拿。许多人就是这么做，还有许多人认为人生赢家就非得如此不可。

第二，按比例分。这是最常见的做法，双方各自投入多少资源，按比例分蛋糕。很合理吧？

第三，平分。

先来看第一种，事实上，以运用心理学技巧为核心的谈判术，很容易走到这条路上来：洞察人性弱点并无情利用。没有证据显示这样不行，因为人生短暂，因为搞一票大的从此可以财务自由，因为许多人你这辈子只会打一次交道，因为他人的记忆力只有7秒钟，因为环境是笑贫不笑娼。总之，成功有很多种，这也是一种，如果你有自信走这条路的话。

它的缺点是不好掌握，首先是没有普适方法——每发现一个心理误区就把它改造成心战武器，但你得一个一个地去找，做不到一法通万法通；其次是心理战军备竞赛没有均衡点，你使诈我使诈这个循环走不出来。谈判总要求止。知止而后有定，定而后能静，静而后能安，安而后能虑，虑而后能得。但心理战是无止的。

巴里说："谈判不必是心理战，可以变成好似做数学题。我更喜欢这条路线。"

那么，第二种按比例分如何？

按比例分蛋糕，最典型的就是股份公司，出多少分多少。不过先等等，下面再回来讲它。先再讲个巴里的诚茶故事。

可口可乐跟诚茶合作，因为可口可乐采购量大，诚茶装瓶成本从0.19美元降到0.11美元，假设采购1亿个瓶子，成本总共下降800万美元。怎么分？

可口可乐说，成本下降主要来自于我的采购能力，所以我应该多分。第一个办法是按两家公司销售额比例来分，可口可乐销售额大过诚茶太多，你们分个几万美元不错了；第二个办法是简单切一下，我要是分太少了在报表上不过是零头的零头的零头，没意思，不如我们分700万美元，你们分100万美元，100万美元对诚茶已经很够意思了吧？

巴里不这样看。他说："你的采购能力是很强，但没有诚茶也不行，你我互不可缺；你说钱太少了对你没用，那800万美元对你也是太少，不如你都给我吧。"

这些对话包含了两个关键原则：

——任何一方想多分的理由在谈判中都是对称的。以后面对对方多分蛋糕的理由，哪怕貌似很合理，但你只要多想想，都能找出恰当的回应，以子之矛攻子之盾。

这是因为，

——在双方 BATNA 之上做蛋糕，缺哪方都不行。巴里举了个极端的例子：A、B 两公司合并带来合力，一大部分是 A 公司技术改造 B 公司落后生产流程带来的，这些收益怎么分配？都给 A？大半给 A？巴里说，B 公司可以这样主张：如果不是我的生产如此落后，你 A 公司的先进技术哪里有这般大的改进收益？我的落后与你的先进，一起做大了蛋糕。我落后我有功。

最后，可口可乐与诚茶平分了装瓶成本下降带来的收益，每家拿到400万美元。

巴里认为，任一方放弃的话蛋糕都会消失，所以最好就是平分。合理、有原则的谈判术好比做数学题，先确定每个人自己的 BATNA，再确定蛋糕有多大，最后平分。

回到前面提到的股份公司，真的是谁出资多少谁拿走多少吗？

其实不是。

你看看马云在阿里巴巴搞的合伙人制度。且把法律、契约放在一边不提，只看博弈过程。当年软银、雅虎入股阿里巴巴成为大股东，随后几年间各方的 BATNA 发生剧烈变化。马云将支付宝拆走，释放强烈信号：越来越小的蛋糕中多分，或者越来越大的蛋糕中少分，你们要哪一个？

类似的故事在中国商界每天都在发生。近来移动医疗公司丁香园 CTO 冯大辉离职，爆出期权争议，并使整个互联网公司员工期权问题成为焦点，其本质也是管理层与核心员工各自的 BATNA 发生剧烈变动，然后管理层重分蛋糕。

这个话题也有另一面，经济学家们通常所说“人力资本是长着双腿的”，揭示人力资本可携带，而它本质上就是你的 BATNA。无论如何不要让自己的 BATNA 变小，在所有谈判中，你能拿走的首先是你自己的 BATNA，然后再加你分得的蛋糕。你的 BATNA 越大，对方的 BATNA 越小，你就能拿走越多。

这些故事告诉我们，在中国这块土地上，法律不是挡箭牌。BATNA 变了，谈判就会跟着变。每个人为自己负责的最好办法就是增加 BATNA。有选择才能多拿。精进不已，是惟一靠谱的人生策略。

前两天去见耶鲁法学院教授蔡美儿，就是著名的虎妈、《虎妈战歌》作者——这个话题以后会单开一篇——聊天当中，她忽然说到：

你说什么使人幸福？我觉得是有选择使人幸福。

英雄所见略同。

蛋糕没你想象的那么简单

为什么会有谈判这件事呢?

因为对双方来说，都是谈得拢比谈不拢要好，反之没得谈。谈得拢比谈不拢要好，多出来的那部分，就是双方合作创造的额外收益，也就是蛋糕，记住“额外”这两个字，关键全在这里。

每天你都与别人谈拢许多件事。早上在办公楼下17块人民币买杯咖啡，你就完成一次谈判：咖啡店要17块，你付款。

店家只要17块，因为他认为值；你愿付17块，因为你觉得值。用经济学术语，卖得值说明有生产者剩余，买得值说明有消费者剩余，两边加起来就是这次谈判创造的蛋糕总量，作为价格，17块划分谁分到了多少。谈判就是交易，交易就是谈判。

假设，咖啡定价16块时，店家无所谓卖不卖（indifferent）；又假设，咖啡定价18块时，你无所谓买不买，那么，生产者剩余是17–16=1，消费者剩余是18–17=1，这单买卖创造的蛋糕总量是2，你们各分了一半。

每宗谈判都是两种博弈的复合体，做蛋糕是正和博弈，没有谈判就没有交易，没有交易就没有蛋糕；分蛋糕是零和博弈，总量是2，店家多分你就少分。

任何谈判者都必须同时具备两样东西：既要有正和博弈的胸怀，即谈判总比不谈好；又要有零和博弈的警惕，因为零和博弈的世界里没有仁义礼智信。

两重博弈叠加于每次谈判，谈判之难与谈判之必要都在于此。

接着买咖啡。

如果世界上只有办公楼下这家咖啡店，而它是一口价，17块9毛9分一杯，你买就成交，不买就拉倒。

你买还是不买？

如果足够理性，你会买。因为你还有一分钱的消费者剩余，好过什么也没有。一分钱也是钱。于是蛋糕这样分：咖啡店拿走1.99元，你拿走1分。

公平吗？

这是著名的心理学实验，最后通牒游戏，几十年来在全世界重复过无数次。最简单的形态是这样的：双方分100美元，一方出价，一方决定是否接受，接受则成交，不接受则双方什么也拿不到。出价方应该出多少？

理论值是1美分，因为对方拿到1美分好过什么也拿不到。当然，人性没有这么简单，从实际情况看，出价如果过低，往往会招致对方报复：宁可我什么也拿不到，也要给你一个教训。从实际结果来看，一般出价低于标的30% 则成交机会大减，但无论如何出价者确实能拿走大半蛋糕。

说到这里你可能已经明白了，垄断生意就是最后通牒游戏。最大限度定价，考虑到消费者报复的风险，也许不是定到17.99元这么狠而是17.33元一杯咖啡，把蛋糕拿走2/3，留给你1/3。你也拿他没什么办法，因为就算这样，你买还是比不买要强。

忍气吞声，老板，来杯咖啡。

其实，你走进任何商场，货架上就有无数个最后通牒等着你。你买则双方分蛋糕，你不买则双方各走各路什么也没发生，但为什么我们并不是生活在垄断者无缝蹂躏的世界里呢？

因为竞争。

每个商家都在给你下最后通牒，还好给你下最后通牒的商家远远不止一个。现实中的咖啡店不止办公楼下那一家。

如果隔壁楼下的咖啡馆卖17块一杯，那么你与办公楼下那家咖啡馆的谈判就完全变了。重新计算一下蛋糕大小，与楼下买卖达成的话，生产者剩余 + 消费者剩余还是2，这个没变，但卖卖失败的话情况变了。你还是能获得1，因为你可以去隔壁楼下买17块一杯的咖啡。所以，新的蛋糕总量变成了2–1=1，变小了，但你的地位却改善了，一杯咖啡成交的价格区间变成16块到17块之间。

谁都想全拿蛋糕，还好竞争限制了我们的贪欲。这个故事告诉我们几点关键信息：

第一，蛋糕 = 达成交易时双方所得 – 不达成合作时双方所得，后者有个术语 BATNA，在上面的案例中是去隔壁买17块的咖啡，你的收益也即 BATNA 是1；而楼下咖啡馆的 BATNA 是0，BATNA 决定了各自谈判的底线。

所以，第二，蛋糕不是恒量是变量，在上面的案例中是变小，但也有变大的时候，有时变小对你有利，有时则是做大对你有利。

而且，第三，没有人告诉你蛋糕总量是多少，你得自己认真思考计算，在谈判之前，一定要计算自己的BATNA和对方的BATNA。孙子兵法说，多算胜少算，少算胜不算。BATNA以后我们还会遇到，非常重要。

谈判无处不在，每宗买卖都是无声的谈判。

下期讲怎么分蛋糕，这是巴里谈判法最反直觉也最有原则的那部分。你们可以想想，如果理解清楚蛋糕是什么，而双方对做成蛋糕都不可或缺，那么蛋糕“应该”怎么分。

保住你那一半蛋糕

这节课系统答疑。

问：你在第一课里讲必须敢要价，后来又说蛋糕应该平分，不是相互冲突了吗？

答：不冲突。因为现实中事前没有人知道蛋糕有多大，而蛋糕的大小取决于双方的 BATNA（如果谈不成双方各行其是的所得）。但你一般不会知道对方的 BATNA，对方也不会知道你的 BTANA，许多时候甚至你连自己的 BATNA 都不清楚，所以，你得通过要价厘清双方的 BATNA 大致位置，才能对蛋糕大小有个相对靠谱的估价。

延伸开去说，当对方看法跟你不一致的时候，千万不要说服对方，要转而利用双方看法的不一致，尽量做大蛋糕。

比如，互联网公司招人往往是现金和期权组合，但员工与公司对现金和期权的偏好必然不同，因为人与人的风险偏好必定有差别。无论你是哪一方，公司还是员工，千万不要说服对方把看法调整到跟你一样。你应该把自己认为便宜而对方认为贵重的尽量都给他。如果他比你更喜欢现金，那么薪酬组合中就要尽量多含现金；如果他比你更看重期权，那么组合中就要尽量多含期权。

偏好差是关键，有偏好差才有双赢，大家偏好一样反而成了零和游戏。

问：我是想平分蛋糕，但对方坚决要多拿，给我下了最后通牒，不同意就拉倒，谁也拿不到。我怎么办？

答：首先，要算清楚，搞明白你有没有高估了自己的BATNA。比如说，如果你比他更着急要把蛋糕分掉，因为马上要还房贷，那么，急着用钱本身就会降低你的BATNA——你大概把蛋糕大小算错了。

然后，如果你确实把所有因素都算到位，蛋糕没高估也低估，那么，对最后通牒的最好回应就是拒绝相信它。因为谈判失败则对方也受损，所以如果他足够理性，那么他开出的最后通牒是空洞的。经常有人在谈判中开出条件后玩失踪，让对方找不到自己，就是要以此制造最后通牒效果。遇到这种情况，你也玩失踪就好了。

记住一点，面对蛋糕的时候，双方是完全对称的。对方能做什么你也能做什么，对方不应占到上风。

讲个故事。某报业大亨问电影明星："100万美元共度良宵怎么样？"明星点头。大亨又问："100美元一夜怎么样？"明星大怒："你把我当成什么人了？"大亨说："你是什么人刚才已经搞清楚了，现在我只是要确定价格。"

这对最后通牒也适用。你是什么人，我早已知道了。

问：平分蛋糕是必然的吗？

答：人与人之间在现实世界中分利，信息不太透明，情绪不太稳定，理性不太够使，哪里有什么必然的事情？只不过，给定双方BATNA已知，则蛋糕大小已明，那么平分是最自然选择，也是双方聚焦点所在。你不应当拿不到一半蛋糕，正如你也不该拿到一半以上，在蛋糕面前双方完全平等。

了解这些，便知道，谈判之难不在心理攻防，而在于信息获取：我的/对方的BATNA是多少？受哪些因素影响？双方偏好差别是什么？蛋糕最大能做到多大？蛋糕大一点还是小一点对我有利？

了解这些，便能把谈判从心理战变成做题。

你读完极简谈判课以后，要做的第一件事，就是把它传播出去，越广越好。想想看，如果将来的谈判对手也看了极简谈判课系列，你们之间的谈判，将是多么轻松愉快！

祝好运！

领袖演讲术

耶鲁世界学人项目着重领导力养成，其中有一项，专门训练我们在镜头前演讲。

我很为难。

不要说英文了，就是中文演讲我也是能躲就躲。跟人交流的所有渠道中，我首选文字，其次是当面一对一，公众演讲最差。性格、技巧、机变，公众演讲要这些。

演讲培训专家万斯（William Vance）把我弄到演播室，让我直视镜头说了20分钟。再过两个星期，他把我研究透了，把我叫过去看视频。

“你觉得如何？”

“内容还可以，形式就不行。”

“为什么？”

“就算是今天我们俩一对一地说，我回答的内容也是这些，所以还可以，但形式就差得太远了。首先，我坐姿不端，始终斜着；其次，眼神很难集中在镜头上，东看西看。”

万斯想了想，这样的啊，这些技术问题不算太重要，决定不被我的问题牵着走，回到他既定的培训路线上。他问我："假设你在耶鲁刚做完公开演讲，学生们边往外走边相互交谈评点，你希望他们谈到你哪三点？"

我想了想。

第一，懂行。这个人确实懂自己讲的主题；第二，诚实，这个人不说谎话。第三，没有了。

万斯的角度跟我完全不同。我重视内容，他重视形式。他说，在美国这个地方，要"显得"懂行，得在演讲中穿插数据。这建议对我很及时，因为我接下来会有好几场演讲，里面几乎没有任何数据，赶紧改正。

"王烁，你这两点都是内涵，很好，但我更关心外表。我们就说外表，你希望第三点是什么？"

我又想了想："唬……人……算……吗……"

Bingo！

万斯大喜，郑重地告诉我，世界学人项目是个很好的机会，让我从头考虑怎样在公开场合更有权威感。不考虑不行，想当领袖就得有权威感。

我又很为难，告诉万斯：

"你听说过中国人的一句话吧：天将降大任于斯人也，必先苦其心志，劳其筋骨，饿其体肤，空乏其身，行拂乱其所为。我的做法与之大体符合，努力磨练提升，然后等着大任降下来。在我的职业生涯中，偶尔它真的会降下来，我迎接它，不逃跑。但是，我几乎从来不主动去找它。"

万斯定定神：第一，这叫静默型领导（quiet leadership），也很好；第二，但是我们要讲的是表达、表达、表达，重要的事情说三遍。虽然怎么获得领导力没有一定之规，但至少，就你而言，从外表做起还是得有技巧的。

下面就是万斯传授的速成技巧：

第一，音调（intonation）要有起伏。一句话中想强调的部分，声音一定要高，反之则低。

我表示为难，别说英语了，我说中文的音调都是平平的。没想到万斯很有准备，打开电脑上的音频分析软件，让我分别用中文和英文说了同一段话。我自己说来觉得音调一样平，但软件上的音频图告诉我，英文比中文平坦一半。

万斯很得意："如果你说英文的音调起伏跟你说中文一样，就好很多。记住一点，要有起伏，重点的音要高。"

第二，不要重复。不要车轱辘话来回说，只说一遍，相信听众的理解力。

这个我没意见。

第三，讲话要说一二三。

万斯打开我的分析报告，挑出整体分析的三维图。"叙述不错，分析不错，但分类（categorical）差得有点远。"分类的意思就是用一二三建立结构，让听众知道大体会讲啥，当然，不能不分层，也不能猛分层。一层就够了，大一二三小一二三，听众也吃不消。

三维图旁边是垃圾词数量图，显示为红色警报。我问万斯，我说话时的垃圾词，嗯嗯啊啊，主要是为了争取时间想词，有什么好办法？

万斯说："第一是可以什么也不说，无论什么时候你都可以沉默两秒种，听众不会在意；第二是把长句变成短句来说，然后短句说完后停顿，顺势想接下来的词。这样效果更好，听众还以为你深刻呢。"

在分析报告里走马观花，我又看到个气泡图，其中最大的气泡居中，写着"抽象"（abstract），其余气泡比它至少小两个量级，龟缩在角落里。万斯说这是风格分析，基于我的语汇——我这20分钟里头使用抽象词汇远超其他种类。

我大笑。我学过七年哲学呢。

万斯说抽象能力强很好，但演讲却需要具象一些。"The US-China relations has a problem. The US-China relations faces a hurdle. 美中关系有问题，美中关系面临障碍，哪个好理解些？"

当然是障碍。障碍拦着你，你得翻过去；问题是什么？"画不出来的东西少讲！"

最后，万斯郑重告诫我，我说话中的"但是"（but）太多。我数了数，17次。如果要表达转折，得更自然地过渡，不要过多使用"但是"。

为什么？

跟"yes, but…"相比，领袖们总会选择说"yes, and…"，万斯说，"但"太负面。

"切记，少说'但'"。

财智逻辑

有纪律地运用大拇指法则

世界学人胡抡（Hrund）来自冰岛，花了六年时间、许多资源，拍纪录片 Innsæi，副题为“直觉的力量”，她在耶鲁的讲座也是同一主题，邀我发言。我跟她说：“你想清楚，你是艺术家，歌颂直觉；我跟你不同，是另一种人：承认自己是凡人，但仰望理性。我会话两头说，不会与你的看法契合。”

不料胡抡大喜：“好极了，你想想怎么把这两块整合在一起。”

这句话好似拨动了我的开关。

越是重要的决定，我们越是依赖直觉。原因很简单：越重要的决定越可能针对一次性事件。一次性事件没有数据库，无法建模型。

而且，越是重大决定，面对的就越是不确定性而不是风险。两者的区别在于一个是未知的未知（unknown unkown），一个是已知的未知（known unknow）；换句话说，一个不知道概率分布，一个知道；前者的例子是探索地外生命，后者的例子是赌场老虎机。

那面临重大决定怎么办？

不知道你们是怎样，反正我是这样：也会思前想后，做决定时则是拍脑袋（gut feeling），思前想后的过程必须有，不这样就不舒服，但思前想后并不能给出答案，最后还得一狠心一闭眼。

问题是，直觉从哪里来的？

我惟一能理解的直觉来源，就是长期经验、大量练习。比如说，我是个很不错的围棋手，看一眼围棋棋盘就大概知道下一步该走在什么地方，不需要把棋盘上361个选择全都跑一遍。

但难道我天生就会吗？不是，我得与很多对手下棋，打很多谱，从优秀的棋手那里学习。

诺贝尔经济学奖得主司马贺说：“从行为系统角度看，人很简单，从记忆中抽取信息，信息带来答案。直觉就是（基于回忆的）辨识，一点不多，一点不少。”（“Human beings, viewed as behaving systems, are quite simple. ... access to information stored in memory, and the information provides the answer. Intuition is nothing more and nothing less than recognition.”）

坏消息是，虽然围棋是最为复杂的人类棋盘游戏，但人类已经下不过机器了。半年前，Google 人工智能团队开发的 AlphaGo，以4:1击败了最强的人类棋手之一李世石。令人惊讶的是，AlphaGo 在棋局中时常表现出“天才”般的构思，不亚于人类棋手的直觉。可我们都知道，它不过就是将三种比较成熟的算法复合在其决策系统当中。

AlphaGo 与我们同样面临未知，其学习方法就是跟自己下棋，千万盘。这是什么样的练习！最高水平，极大数量，不知疲倦。它每天创造的高质量对局都远远超过人类职业围棋手所有历史对局数量的总和。

跟机器比练习、记忆以及基于这两者的直觉，人类没戏。

怎么办呢？

我无法给你们建议怎么对抗机器，不知道答案。毛估的话，估计答案在那些真正的一次性事件里，这类事件无法练习，没有先例，难以预测。人在真正一次性事件里的决策表现肯定好不到哪里去，但好消息是机器也好不到哪里去。比烂吧，人说不定有戏。

好在，至少在相当一段时间内，我们不用跟机器比，而是跟其他人比。机器迟早会成为我们的主要竞争对手，但在那一天到来之前我们最大的竞争对手是彼此。

要战胜别人，有没有一个办法，既利用我们的直觉，又有接近机器的可靠性？

有的，诺贝尔经济学奖得主、心理学家卡尼曼说。他最近在《哈佛商业评论》上发表文章，讲如何减少决策噪音。

什么是决策噪音？

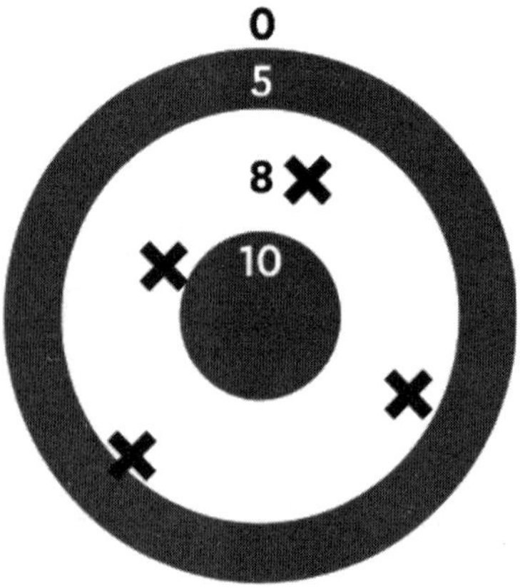

上图摘自他在《哈佛商业评论》的文章，示例典型的决策噪音，就是表现随机性地偏离目标。与认知偏差（bias）不同，决策噪音（noise）是随机偏差，不是系统性偏差。

卡尼曼发现银行审贷员的决策噪音过大，对相似条件的贷款申请所做出的放贷决定偏差明显，东一下西一下。这种情形我们在别的决策情境中也常有。比如说，我当财新主编很多年，每年都要面试许多新人。回忆起来，我的决策是很不稳定，可想而知错失了许多遗珠。

我们都是人，是人就有随机性。

卡尼曼给出了办法。

第一，重视你的直觉，决策从直觉开始。

以我面试为例，对我最终做出用人决定来说，哪些要素是重要的？列出六到八个，他们来自于我的直觉、经验、价值观：

诚实

好奇

认真

写作

人际互动

英语

学历

此前工作经历

……

卡尼曼建议，给这些要素配等权重，根据结果动态调整权重对大脑要求太多——我们是人不是机器——也无必要。

第二，回溯数据。

比如我把过去三年的所有面试回溯一遍，每个面试对象得出每个要素的单项打分，产生均值、标准差，得出单项标准分；然后每个面试者各单项标准分加总求均值，得出其总标准分；根据总标准分划“录取”分数线。

第三，有这基准，未来面试就简单了，用同样方法得出面试者的总标准分，基于分数线录取。分数线可以根据用人需求、面试者的整体水平动态调整，如果想进来的人越来越优秀，分数线自然会越来越高。

就是这么简单。卡尼曼称之为合理规则（reasoned rule），它其实就是有纪律的大拇指法则：植根于决策者的直觉，理解并尊重决策者的认知限制，用简单的人肉算法减少不必要的决策偏差。

它多有用呢？

卡尼曼说，用这套合理规则的话，日常决策中每个人心算即可，而效果不亚于机器根据海量数据库和统计推断做出的决策。

拥抱直觉，同时向机器学习，有纪律的大拇指法则我准备用起来。

诺贝尔经济学奖：合约的力量

研究合同这件事有多重要？

可能拿诺贝尔经济学奖。

刚刚产生的2016年诺贝尔经济学奖就颁给了两位合约理论大师，奥利弗·哈特（Oliver Hart）和本特·霍姆斯特姆（Bengt Holmstrom）。

“现代经济离不开无数合约”，瑞典皇家科学院在颁奖辞中写道，“由哈特和霍姆斯特姆创造的新理论工具对于理解现实生活中的契约、制度及合约设计中的潜在缺陷极有价值。”

两位获奖人现在都居住在波士顿，哈特现年68岁，生于伦敦，先后就学于剑桥大学、华威大学，然后于1974年在普林斯顿大学获博士学位，自1993年来一直任教于哈佛大学。霍姆斯特姆1949年生于赫尔辛基，1978年从斯坦福大学获博士学位，现在麻省理工学院任教。

颁奖辞这样介绍他们的成就：

“社会的合约关系包括股东与管理层的关系，保险公司与车主的关系，或者公共管理者与供应商的关系，等等。这些关系包含了利益冲突，所以合约须得正确设计，以保证各方做出对彼此有利的决定。今年的两位得主发展了合约理论，一个可用于分析多种多样合约设计议题的完整框架，比如给管理层基于业绩表现的激励机制，保险合同中的可减免项和预付安排，以及公共服务提供的私有化，等等。”

在1970年代后期，霍姆斯特姆证明，委托人（比如公司股东）应该给代理人（比如公司CEO）设计出最优合约，因为后者的行为至少有一部分是无法观察到的。霍姆斯特姆的获知原则（informativeness principle）准确地表达了这一合同应该将代理人的报酬与其业绩相关的信息联系起来。以这个委托－代理模型为基础，霍姆斯特姆展示了最优合约怎样平衡激励与风险。在后来的工作中，霍姆斯特姆将这些发现一般化，以应用于更现实的场景，如下图：

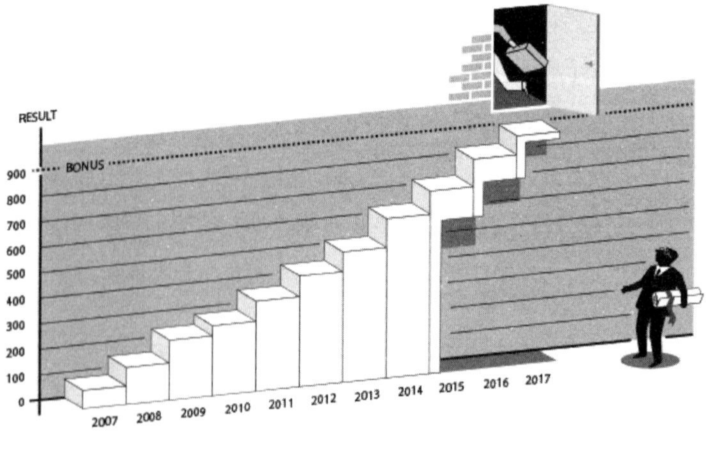

——雇员不仅获得报酬，还有升迁机会。

——代理人同时完成多件工作，但委托人只观察得到其业绩的某些方面。

上图中，霍姆斯特姆的多任务模型表明，如果只给经理人付短期现金，其行为可能会对公司的长期目标不利。（来自瑞典皇家科学院颁奖网页）。

——团队成员搭便车。

在20世纪80年代中，哈特为合约理论的新分支——不完备合约——做了开创性贡献。因为不可能事先界定一个合约的所有可能结果，不完备合约理论强调控制权的最优分配：合约的哪一方在何种情境下有权做出决定？哈特的理论发现为企业的所有权和控制权研究带来重要启发，对经济学的多个分支、政治学和法学研究都有帮助，还为研究许多问题提供了新的理论工具，如什么样的企业应该合并，公司融资中的股债比例，学校或监狱等机构何时应该私有化。

通过他们的开创性贡献，哈特和霍姆斯特姆使合约理论成为经济学基础的肥沃土壤。过去几十年来，他们还探索将其应用于许多地方。他们对于最优合约安排的分析为许多领域的政策和制度设计——从破产法到宪法——打造了智识基础。

当你第一次看到霍姆斯特姆的理论创建，可能不会感到多大的冲击，因为它们今天已化身为无数企业特别是新兴企业的激励机制设计，早已成为商界的基础设施。你越是感受不到它，它就越重要。

哈特的贡献主要是三个。

第一是剩余索取权。既然合约不可能完备，未来总有说不清的地方，要避免到时双方打架，可以事先约定一旦发生合约未界定的事项时将决定权交给其中一方，这就是剩余索取权。一般来说，剩余索取权属于谈判中更有权力的一方，谁有更多的资产更多的话语权就最终掌握剩余索取权——说明白的按说明白的办，没说明白的按我说的办。

思考题：马云是怎样重新设计阿里巴巴集团的公司治理契约的？

第二是关于企业并购。我们都知道大量企业并购事实上是摧毁价值的。那什么时候并购是有效率的，什么时候是无效率的？取决于合并一体化的收益与成本。在哈特的分析中，这与收购与被收购者的事前投资有关。为了控制剩余索取权，收购方有动力增加对于专用性资产的投资，这是一体化的收益。而被收购方预期要被收购，因此减少投资，这是一体化的成本。如果成本大于收益，则收购无意义。

思考题：滴滴对优步的收购是有效的还是无效的？

第三是公司融资。公司金融的奠基理论认为，在一系列假设成立时，公司用股权或者债权融资，对于公司的价值没有影响。实际上这些假设很难成立，因为信息不透明，交易有成本。那公司到底如何选择融资方法？哈特认为，所有者无法完全了解管理层的行为，比如说，你怎么知道国企管理层没有监守自盗呢？那么在股权和债权融资中，应该尽可能选择对管理层有硬约束的那种，也就是债权融资——做砸了就破产，与子携亡。

思考题：这个分析适用于中国的国企吗？

合约理论对中国经济学界影响深远。委托代理关系如何设计最优合约可谓中国经济转型中最为重要的课题之一。哈特本人也与中国经济学界和政策制定者有很深渊源。

比如，1994年8月23—26日，哈特参加了在中国经济改革史上极有影响的“京伦会议”。据钱颖一教授的回忆，1993年11月的十四届三中全会“决定”之后，建设市场经济基本框架成为重点。“中国经济体制改革的总体设计”课题组和“中国税制体系和公共财政的综合分析与改革设计”课题组在北京京伦饭店联合召开了“中国经济体制的下一步改革”国际研讨会。“京伦会议”以微观经济学为主线，特别是围绕着转轨时期的产权、公司治理结构、债务重组和破产程序等。哈特与斯坦福大学的保罗·米尔格罗姆（Paul Milgrom）、青木昌彦（Masahiko Aoki）、罗纳德·麦金农（Ronald MaKinnon）、刘遵义以及加州大学圣克鲁斯分校的黄佩华等一起参加了会议。

在此次获奖之前，哈特刚刚获选为美国金融学会院士。金融学会的颁奖辞介绍了哈特的近期成果：超越理性人假设，以理解不合备合约，从行为经济学借鉴思路：各方签约使自己得到该得的权利，以避免负面情绪，因为负面情绪会导致不合作行为，带来无谓损失。换言之，契约是一种状态“参照点”（reference point）。

不完备合约理论应用极为广泛，不光对公司设计激励方案，对金融危机也有启发，比如霍姆斯特姆影响深远的论文《流动性的私人和公共供给》，就为应对金融危机前的道德风险提供了框架。

此前的研究者认为，关于银行挤兑，如果政府不再提供存款保险或者停止对银行的资金援助，后果是非常严重的。银行挤兑不仅会吓坏储户，还会干扰生产。想要阻止一个经济体的产出下滑，存款保险和短期资金援助都是必需的。问题是，道德风险怎么办？就是说，如果已经知道政府要出手援助，银行有可能不负责任地放贷，从而增加风险。在霍姆斯特姆的模型中，如果银行所有者投资风险项目时，自己也承担部分风险，可以克服或减少道德风险问题。

等待惊险一跃时做啥

一

玩个游戏：从1到1267650600228229401496703205376之间，我在手心里写任意一个数，然后你猜我写的是哪个数，猜对就赢。

你猜多少次能猜中？

如果完全瞎猜，那么你既可能第一次就猜中，也可能最后一次才猜中，也就是说，你要猜中，平均要猜1267650600228229401496703205376/2次，也就是633825300114114700748351602688次。这个数有30位，地球上活过的所有人一生下来就猜，猜到现在，也猜不着。

如果有反馈，就完全不同。你选好起点，也就是这个数列的正中，然后问："选中的数字是在上半区还是下半区？"

只要有这个反馈，你猜中答案最多只需要猜100次，因为1267650600228229401496703205376=2的100次方。

有反馈是100次，没反馈是633825300114114700748351602688次。反馈就是这么重要。

二

绝大多数创新都会失败。

且不说创新能不能获得支持，即使获得支持得以实施，绝大多数还是会失败。原因很简单，用进化论打个比方，只有极少数基因变异会提升生物的适应性，绝大多数基因变异要么有害，要么无用。如果有用的基因变异太多，这个世界会太不稳定。地球已经存在了45亿年，生命诞生已有40亿年左右，该发生的有用基因变异大多已经发生过，没发生的也不大可能在我们有生之年时常经历。

社会也类似，太阳底下无新事。历史很少简单重复，但经常押韵。社会进化本身有大量内隐知识，“存在的就是合理的”，或者说，你的默认状态得是尊重传统。社会工程师首先要有的态度，应该是什么东西只要没坏就不要修理。治大国如烹小鲜。

但是，光保守是不行的。虽然为数极少，但那些有用的基因变异、那些成功的社会创新，是生物体和社会进化的关键。

问题是，怎么把它们挑选出来？

第一节已经给出了答案：靠反馈。

对生物体，自然选择就是终极反馈。有用的基因变异使其载体也就是生物体更容易获得选择，衍生出更多后代，将基因变异扩展到更多载体。没用的基因则被淘汰。天地不仁，以万物为刍狗。有这个反馈机制在，进化既是极度漫长的，又是相当快速的——仅仅几百代之后，我们的先祖就培养出了小麦，而野生小麦则几乎完全消亡。

社会比这复杂，因为人复杂。为什么股评家不靠谱却越来越多？因为他可以不停地修改一个始终模糊的预测。社会中许多事情是越大越没有反馈机制。原因你懂的。

社会每天都有无数行为自发造就无数试错实验。要让这场永不停息的伟大实验带来好结果的话，第一，你得认识到绝大多数创新实验都会失败，所以失败不是耻辱，而是常态；第二，失败者须为失败承受后果，从承认失败开始，反之，如果永远能自圆其说，也就永远没有纠错可能；第三，成功者须获得与成功相伴而来的收益，哪怕成功纯属运气。

有这反馈机制的社会，试100次就行；没这个反馈机制的社会，得试633825300114114700748351602688次。

三

创新是必须的，因为社会不能长期处于没坏就不修理的状态之中，那样它会逐渐归于死寂。当不得不做社会工程的时候，有几点提示：

——用整个社会做实验场，代价太沉重，归因不明确，所以要试点，在个别地方个别场合做试点；并且尽量从随机受控实验方法中汲取营养，以便将来无论是成功还是失败，都能搞明白成功和失败的原因何在，成功能否进一步推广，失败能否总结出教训。现在的绝大多数社会实验是成功不知所以然，失败不知错在哪。

——如果试点不现实，那就将改革分解为多个小步骤，一步一步来——波普尔说的碎片式社会工程。

——无论如何，要避免自上而下做短促、大规模的全社会改革。不过，社会也总会有那么一天突然面临重大危机，这时要不要改革，只有是与否的回答，无法试点，无法分解，这是考验大政治家成色的时候。社会不能指望总有拯救者出现。

——所以，要保有生态多样性，将做决定的单位最小化。一切都要小试，尽量不要大改。

过去几十年，中国改革主要靠试点，与上面的逻辑暗合。不能说邓小平及后来的政治家们懂得这些，只是作为实用主义者，他们懂得两点：一是做增量，增量改革容易做；二是做试点，不行可以退回来，对既有社会的冲击可控，等于是创设一个接近于免费的期权。

四

让科学家来治国，我说的不是弗兰肯斯坦式的科学家治国，而是用科学精神治国，他会怎么做?

第一，他会利用一切可能的机会做实验，尽量从随机受控实验方法中汲取营养，而不是听专家和手下拍脑袋出主意。

第二，他会利用微信、支付宝等一切移动互联网创造的新工具新条件做实验。这不是大数据，大数据是自然产生的杂多的信息，它是大数据规模的随机受控实验，对人们行为的了解更为精准。这也是为什么现在一流的经济学家都抢着要去 Google 和 Facebook 工作的原因。社会中人们行为的大数据相当于自然实验，能搜集和研究这些数据很好，但更好的是低成本大规模的随机受控实验。社会科学汇集于研究人类行为，而人类行为越来越集中在手机上，手机是什么？传感器的集合。

第三，他会放手社会创新，社会的自发试错不能停。但有两点，首先创新者自负其责自获其利，激励要搞对；其次是尽量创造条件，使人们的自发“实验”产生的数据更标准化，相互有可比性，能做跨期跨领域的比较和积累，有互联网技术带来的各种可能性，这样的前景想想就令人激动。

第四，他会知道，绝大多数社会改革会失败，而那些试图通过改变人本身——改变其能力和世界观——的社会改革，更是失败中的失败。与其直接去改变人，不如改变激励与环境，让人们自己去改变自己，成功的机率会大一些。

五

最后，对个人的启发是什么？

与人挪活的逻辑相反，惊险的一跃必须要少，日常生活和工作的微试验要多。都是过日子，你的新鲜度要高。《心流》（*Flow*）作者米哈里·希斯赞特米哈伊（Mihaly Csikszentmihalyi）建议你记日记，不是那种流水账日记，就记一件事，今天你有什么新经验，无论大小，无论是见了一个陌生人，谈到一个新主题，吃到新菜式，还是走了一条与往日不同的上下班路线。了解你自己的生活与工作，从重复中抽离出来，主动地创造变化，从记下来这件事开始。

这一面占到你生活的95%，另外5%则是做好准备，在那个绝对独特、绝对重要的变化来临时，在不可能重复，无法做研究，也没有时间做实验的时分，做出那个最重要的决定。有人一生都在等待这个决定。比如文天祥，一生平庸，只有两次闪光：年轻考上状元；中年起兵抗元，“诗不琢而日工”，从此丹心照汗青。

哪些是小变化？哪些是大变化？只能靠大拇指定律来判断，大变化一是来得剧烈，会改变此前的范式；二是来得急，像小行星撞地球一样突然来到，你无法用日常的节奏行事，等待自然的演化算法找出稳妥的应对之法。对每个人、每个群体、每个社会来说，哪些大转折属于你，是你个人的问题，没有普适答案。

不用担心黑天鹅，白天鹅会先杀了你

你把钱借给别人，他不仅不给你付钱，反而你要付钱给他。

还有天理吗？

但是，现在，负利率已经在世界经济的很大一部分中成为事实。

在欧元区和日本相继实行负利率之后，占全球GDP总量三分之一的经济体采用负利率，收益率为负的国债总额已达10万亿美元。除美国之外，其他主要经济体的方向是朝着负利率前进，就连美国加息也是很谨慎了，人们从讨论美联储会加几次息转向讨论减息的概率是多少。

理论上，这不应该发生。

在名著《大学经济学》(*University Economics*) 里，艾智仁 (Armen Alchian) 说："任何社会，不管是资本主义还是共产主义，原始社会还是工业社会，民主社会还是极权社会，只要有这三点，利率就不可能是零。"

第一，相同数量的话，今天就消费比明天才消费要好。如果口渴，请问是现在的一杯冰茶还是明天的一杯冰茶对你更有价值？

第二，相同数量的话，确定能获得比不确定要好。就算认为明天的冰茶跟今天有同样价值，但是到明天之前，很多事情可能发生：你可能会把钱丢了，你喜欢的那家冷饮店可能关门。谚言说一鸟在手胜过双鸟在林，就是这个意思。

第三，资金能用来增加产出。产出需要人力、资源、资金。资金的本质就是以前积累下来的产出，任何社会中的产出都不可能缺少资金投入，当今社会更难以设想。

艾智仁在这里说的还是零利率，至于负利率他根本就没有想过有这可能。

世界得变成什么样，上面这三条才会不再成立？

三条中，前两条是人性也是公理：其他条件不变，则即期消费比远期消费更有价值，确定比不确定更有价值。只有第三条在极端情形下可能会短暂失灵。人们对未来预期极为悲观，于是减少生产，从而减少对于资金的需求，强烈到对冲掉前两条还有余。

想想就觉得可怕。这个世界一定是哪里错了。

在多年量化宽松无效之后，日本断然进入了负利率时代。日本央行行长黑田东彦2016年3月间说，但凡需要，即只要将通货膨胀推到2% 的目标还未实现，就会继续负利率；如有必要，还可能进一步“减息”——之所以打上引号，是因为负利率下的减息已经不具有正常意义，它就是把对持币者的恫吓进一步加码：你要是再把钱存起来不花，我就要拿走更多。

那么，钱你是花还是不花？

负利率实施之前，量化宽松已搞了很久。从20多年前泡沫破裂以后日本经济就一直在量宽当中。如果说量宽是把更多的钱堆到人们手上，负利率就是逼迫人们把这些钱花掉。自有中央银行以来，还从来没有这样急着把通胀给推起来的。

但是，正如美联储理事、圣路易斯联储主席步乐德（James Bullard）对我所说的那样，自2008年金融危机以来的全球央行政策，在促进资产通胀上卓有成效，在激活通胀上乏善可陈。通俗地说，就是股市和房市还可以，经济不行。

人们对经济的未来感到悲观，所以不愿投资也不愿消费，信贷需求减少。这一悲观投射到央行，央行必须用量宽释放出更多的资金，好比把胡萝卜挂在驴子脑袋前面，引诱它往前走。如果驴子还是不为所动，那么下一手就是大棒，负利率。不听我的，那就连你手上的也要拿走。

只是，不管黑田怎么嘴硬，负利率这件事总是难以持久的。强扭驴头的手段只能用于一时，好比心脏停止跳动用电击重启，如果必须做，那就去做，但做几次无效的话，不可能老是做下去。那把人当成什么了，那把经济当成什么了？

更何况，负利率这剂猛药对金融体系和社会保障网都有极大的负面冲击。金融体系的所有产品设计都以正利率为前提，现在要重新洗牌。此外，银行资产端利率负化，并不能简单传导到负债端，也就是说，银行的央行存款现在利息为负，但银行真能向普通储户的存款收费而不是给利息吗？难道就不担心挤提？又此外，大多数国家的社保是现收现支，也就是工作者交社保费用，用于退休者的养老支出。经济不振加负利率，使得社保体系在社保交费收入和社保投资收益双重承压，而支出是刚性的、持续增加的。更不用说，在负利率之前，大多数经济体的社保体系就早已进入困难模式。

日本现在更是有苦说不出，量宽、负利率重招频出，但一没有把国内的通胀推起来，二没有把日元的汇率压下去。在英国脱欧引发的全球金融动荡中，日元竟然再次耀眼地成为避险货币，在所有货币中表现最为坚挺。美元对其他币种升值，日元对美元升值。如果说日本经济现在最接受不了什么的话，日元升值排在前两名——金融世界与现实经济脱钩到已有荒诞色彩。

下一步怎么办？

没有则罢，如果有下一步，恐怕是直升机撒钱（helicopter money）。

"直升机撒钱"这个词出自美联储前任主席本·伯南克（Ben Bernanke），是他多年以前对日本的建言。直升机撒钱并不是说政府用直升机把钱撒给人民这么直观。如果政府有财政盈余，好比公司有利润分配给股东一样，那么将盈余分给民众这种事近来已发生过数次，如港澳居民收到政府派发的现金红包。但这不是直升机撒钱。在标准版的直升机撒钱中，政府通过减税把钱还给纳税人，企盼以此刺激经济，但这么做时并没有财政盈余，往往是有严重赤字。之所以赤字严重还散钱，原因很简单，政府财赤本身必须得一笔勾销。具体用什么方法，发明哪些英文缩写的名目，并不重要，因为实质就是政府重新做账，注销政府债务，由央行买单。

这是什么意思呢？

经济还是那个经济，财政收支还是那个财政收支，只是政府大账重新做过：获得一个干净的资产负债表，从而获得重新搞赤字财政的能力。一切重来，只需要得到央行的全力支持。

到目前为止，还没有主要经济体采用这个大招。黑田甚至表示过“永远不会采用”。只是，与财经高官的表态相比，市场更相信的是逻辑，所以很现实地评估日本搞直升机撒钱的前景。确实，量化宽松无效，负利率无效，直升机撒钱还能有多远呢？

财政货币化，货币财政化，把这些大词看透了就知道：第一，平时是两回事，逼急了就可以是一回事，因为最终的依托都是政府信用；第二，正因如此，即使去掉央行独立的遮羞布，你也没法从魔术师的帽子里变出兔子来，首先，你得真有兔子；第三，如果这些遮羞布都扯掉了，会发生什么？

难怪伯南克的新书叫作《行动的勇气》（*The Courage to Act: A Memoir of a Crisis and its Aftermath*），做这些确实得敢冒天下之大不韪。

塔勒布（Nassim Nicholas Taleb）写《黑天鹅》（*Black Swan: The Impact of the Highly Improbable*）时说，黑天鹅是那些无法预期但会干掉你的风险。金融市场上也有个常识：能预期到的风险不会带来很大冲击，甚至有可能就不会发生，因为市场提前消化了。现在看，相反的情形越来越多发生：人们已经预期到火车会出轨，然后像看慢动作镜头一样，眼睁睁看着火车出轨。不用等那些无法预期的事情，已经预期到的一样把你干掉。这种白天鹅带来的无力感更可怕。

金融世界已经扭曲成这样，但它不是源头只是表象，折射了经济的惨淡现实，如果你还没有发现的话。它向我们每个人都提出问题：在这个表面上勉力保持平静而底层板块已全然错位的新常态里，如何自处？

请用价格来歧视我

歧视怎么了？

你要学会与歧视共存。因为只要有稀缺，就有歧视，基于肤色、身份、财富、身高、能力、速度或者别的任何尺度。

就连先到先得也是歧视。那些提前好几天就到苹果店门外安营扎寨等新品的，时间比较多，先卖给他们，就是歧视那些没时间的人。

今天的社会比过去文明一些，不在于消灭了歧视，甚至也不能说减少了歧视，而是不再允许某些特定歧视，比如基于肤色的歧视，现在叫作种族主义；同时，社会拥抱另一些特定歧视，比如基于能力的歧视。能力强的人出头机会多，唯才是举，这是进步。

歧视本身则不可能消灭，因为稀缺是永恒的。有稀缺就有分配，而分配就是歧视。只要是歧视，就有人收益有人受损。

哪种歧视“公平”一点？

这个问题说不透，汗牛充栋也说不透；但有一些观察，足够一点就透。

有些社会，分配基于身份，全体社会成员分块分层，各有其位，套级分配，口粮、居住面积、用车，等等。这种分配没有货币化，歧视比较隐形，所以歧视的程度通常是被低估了。基于身份分配有个大问题，身份这东西不会用过就变少，这里优先分配完还可以在那里继续优先分配。总的来说，它会累积加剧不公平。

在商业社会，分配通常是基于价格，价高者得。这对于出不起价的人当然是歧视，但这个歧视的不公平程度，常常被人高估了。价高者得，代价是要付钱，钱付出去就变少，于是占有其他稀缺资源的机会减少。基于价格的分配有内置的平衡器。

总统坐专机，富豪买私人飞机，表面上差不多，差别蛮大：身份歧视总是固化差别，价格歧视则倾向于熨平差别。

总之，如果想更多地依据相貌、种族、性别、级别这类标签来分配任何物品，你要做的第一件事，就是把价格机制干掉。

朵拉和二宝

朵拉有20本书、20块饼干，二宝也有20本书、20块饼干。朵拉对书的兴趣比对饼干的大，二宝则正好相反。朵拉愿意用两块饼干来交换一本书，二宝则愿意用两本书来交换一块饼干。

爸爸找到一个窍门，让朵拉和二宝都更开心，自己又能赚一笔。

爸爸先从二宝那里买书，拿10块饼干从二宝那里换了20本书；再拿10本书从朵拉那里换来20块饼干。朵拉很满意，二宝也很满意。

但是，朵拉二宝现在合起来只有30本书、30块饼干，比交易前合计40本书、40块饼干要少，为什么他们却都比以前更满意了呢？

因为朵拉也好，二宝也好，所有人也好，书也好，饼干也好，所有东西也好，最重要的是每样东西对每个人的效用不同。因为书和饼干对朵拉和二宝的效用不同，爸爸居间贸易，10本书、10块饼干就到手，爸爸最满意。

出个思考题。

两只小熊分饼，不知道怎么分合理。狐狸说我来帮你们，一掰两半，咦，怎么一边大一边小，不公平；为了公平，狐狸咬一口大的；咦，怎么现在另一半变大了，再咬一口；咬咬咬，最后还剩点渣，公平地分给了两只小熊。

请问，狐狸给小熊分饼与爸爸帮朵拉二宝交易，这两个故事有什么不同？

到日本去买原产货一定好？

到日本去，买在日本生产的日本货，已成中国人自由行的必备。有人没注意，买到的日本货是中国生产的，于是觉得吃亏。

真的吃亏吗？

不一定。买到日本原产的日本货，多半会更吃亏。

如果日本厂商是理性经济人，那么，其他条件不变，他们会更愿意把质量好的东西卖到海外市场，而不是在日本市场上销售。

举个例子。纽约卖的桔子来自加州，那纽约市场上的桔子质量好还是加州市场上的好？

纽约的好。

假设在加州市场上，好桔子一斤10元钱，普通桔子是5元钱，从加州到纽约的运费是5元钱，那么好桔子在纽约市场上是一斤15元，普通桔子是一斤10元。

好桔子和普通桔子的比价在加州是2：1，在纽约变成了1.5：1。相对而言，好桔子在纽约变便宜了，于是纽约客会倾向于买好桔子，水果商就会倾向于把好桔子运到纽约，而把普通桔子留在加州。

同理，如果一定要从海外订一辆车，你会更倾向于订一辆法拉利，而不是丰田花冠。

同理，同样一个日本品牌，你在日本当地买到的原产货，多半不会比在深圳生产并销到日本的差。运费在总价中所占比例越高，就越是如此。

想通了，我从日本带回来一把深圳生产的象印牌热水壶。

只买基本款

人跟人不一样。同一件衣服，愿意花1000元买的人有一个，愿意花500元买的人有两个。如果按500元定价，可以同时卖出三件，但这是利润最大化的卖法吗？

不是。

最好是按1000元的价格卖给第一个人，500元的价格卖给另外两人，吃光抹净。可是，一物二价做得这么赤裸裸，会激怒买家。

买的没有卖的精，至少有两个办法。

第一，分出豪华款基本款简装精装低配顶配，本来一样的东西伪装得不一样，给愿意出1000元钱的买家和只能出500元的买家各自一个理由。

第二，错期销售。先卖给愿出1000元的买家，New arrival；过一阵再卖给愿出500元的买家，换季打折。等换季时间太长？没关系，有个节日就打折；节日不够用了？没关系，发明“11·11”光棍节，还有电商发明的这节那节。表面上是降价复降价，其实是分时展开的阶梯定价策略，早已设计好的吃干抹净大法。

买家怎么办？

如果你明了一切之后，仍然愿意出1000元钱，那是真爱，祝福你们。对剩下的其他人，了解这点定价经济学就明白，永远不要买顶配、精装和豪华版。

New arrival，再见；奥特莱斯，我来了。

啥都不信是输家

一

一家书店有许多英文书要找出路，店长慕名找到我们，商定：其中100本捐给BetterRead“英文书漂流瓶计划”，开启一系列捐书专场，从此进入无尽漂流，造福参与计划的所有读者。其余上千本书以超低价在店内销售，BetterRead读者凭邀请码参加。

就这样。BetterRead与这件事的关系就这些，除此无任何利益。

很快，有人在活动消息下留言。

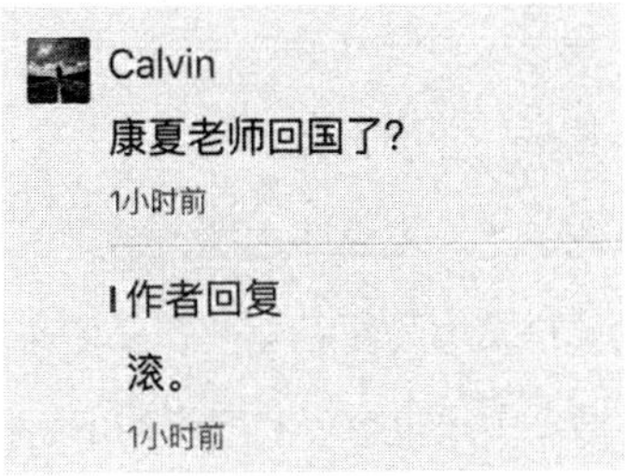

见多识广如我，一眼看出这是个梗，恶意梗。康夏散书事件，想知道的话自己搜。

二

泄愤完毕，恢复平静，我多想了一层。

举个例子。

我不接陌生电话很长时间了，心里不安：会不会因为防骗子、躲电话营销，把朋友也防掉了？看到电信运营商推出的防骚扰识别服务，立即启用，两个发现：

第一，不安是多余的。电信运营商的防火墙一个也没杀错，挑出来的，不是骗子，就是营销员。有些电话号码被上万人标注为诈骗电话，都这么臭名昭著了，为什么还要出来混呢？

第二，防火墙漏过的陌生电话，我接起来一样不是骗子就是营销员。

只有放过，没有杀错。中国骗子多，防不胜防。

三

问题来了。

骗子这么多，我怎么办？

别人怀疑我是骗子，我怎么办？

自保必须要善用技术，电话防火墙就节省了不少时间，屏弊了许多风险。但与骗子拼技术是军备竞赛，在道高一尺魔高一丈、魔高一尺道高一丈的循环中求生存。我要讲的不是技术，而是策略。

接下来的人生指南，吃透了，你终身受益。

四

曾与高西庆聊天。

高西庆是什么人呢？他为人是这样的：热情、率直、敢言，性格帝。他做事是这样的：杜克大学法学院出身，海问律师事务所创始人之一；中国证监会是政府机构不便用创始人这个概念，但如果能用的话他也是之一；履历上还有中国最早的海外投行中银国际CEO、中国证监会副主席、中投公司总经理。

这样一个人，你想不想知道他做人的策略是什么？

“我总是选择先信你一次。如果你回报以信任，OK，我们以后做朋友；但如果你骗我，也OK，你就只骗得到我这一次，没有以后了。”

就这么一个简单策略，使性格帝高西庆不仅顺利渡过了法治社会，也安然渡过了丛林社会，通吃。

五

高西庆策略用得好，但他不是发明者，这是用来对付囚徒困境的经典博弈策略，叫作tit-for-tat，中文我译作“一报还一报”。夫子说：以德报德，以直报怨。与此相近，但还不够精确。

精确地说是这样：

——第一次总是选择合作；

——对方如果合作，则我继续合作；

——对方如果欺骗，则我不再合作；

——只要对方从欺骗回到合作上来，则我再度合作。

简单地说，第一次总是合作，然后对方这一次对我做什么我下一次就对他做什么。一报还一报。

很明显，这个策略总会吃点亏。第一次你总是合作，如果对方合作，那么你们俩打平，但如果对方欺骗，那么你吃亏对方占便宜；以后的轮次中，双方选择一样回到打平。总体上，因为第一轮吃的这点亏，这个策略的收益会略低于均值。如果是100分的卷子，分数不及格。

但是，就这个得分不及格的策略，却是博弈论研究给出的最优策略。

无他，现实太险恶。

六

来，复习一下囚徒困境。

你被捕了，同志也被捕了。你在这间审讯室里审讯，同志在那间审讯。你们看不见对方也不能对表，但都知道，敌人开出了同样的条件：

——你出卖同志，同志没有出卖你，放了你，同志枪毙；

——你不出卖同志，同志也不出卖你，都判坐牢三年；

——你出卖同志，同志也出卖了你，都判无期；

——你不出卖同志，但同志出卖了你，放了同志，你枪毙。

叛变还是不叛变?

囚徒困境有纳什均衡，你也好同志也好有且只有一个最优选择：无论对方是否选择叛变，你的最优选择都是叛变。

如果同志不出卖你，那么你“应该”出卖他：自由当然胜过坐牢三年；如果同志出卖了你，那么你还是“应该”出卖他：无期徒刑胜过被枪毙。

这些推算，对他也成立。你知道，他知道，你知道他知道，他知道你知道。

彼此出卖，你们就都判无期徒刑。明明存在着你们都不叛变只判三年的更好可能，却可望不可及，正是困境的由来：明知有更好的选择，却困于更坏的选择无法自拔。

话绕理不绕，很简单：

都合作对你是有利，但对方合作你欺骗对你更有利，这些算计对他同样成立，所以大家都选择欺骗，锁死在彼此欺骗的困境里。

现实处处是囚徒困境，所以险恶。吊诡的是，正是因为其险恶，所以一报还一报策略得分不及格，却仍是最高分。

七

30多年前，美国政治学家罗伯特·阿克塞罗德（Robert M. Axelrod）搞了两次策略锦标赛，就此成为经典。

阿克塞罗德专门研究合作的进化。他的问题是：囚徒困境将人们锁死在相互欺骗里，那合作是怎么发生的呢？他组织了两次计算机策略比赛，几十个策略算法参加，两次都是一报还一报策略胜出，它最简单，却能赢。

为什么？

因为它以最小代价给合作留下机会。它不做老好人，不会锁定在永远被人利用的坑里：你骗我一次，以后别想再骗我；但它也不怀恨：如果你回归合作，那么我既往不咎重启合作；最重要的是，它第一次总是选择合作，哪怕因此时常吃亏，但只要能与其他合作者相遇，那么就能持续合作创造最大价值。

至于那些骗子，每次都是要么占便宜要么不吃亏，但长期中几乎注定是输家：没有合作，蛋糕就越来越小，光会分会抢会骗是不够的，蛋糕做不大而骗子越来越多，彼此相害，骗子也活不下去。

八

故事没有结束。

过了30多年，研究者发现，一报还一报策略还不是在现实中走出囚徒困境的最佳答案。因为现实与计算机模拟不一样，一报还一报给合作留下的空间还是不够。

现实中，信息不完整，能见度有问题，误解丛生。如果双方都是一报还一报，一旦其中一方误会对方欺骗，就会导致灾难性后果：他不合作，引发对方下一轮不合作，于是都锁死在不合作的死结中，造成永久损害。扪心自问，你跟伙伴之间有没有发生过这个死循环？

所以，一报还一报策略在现实生活中的应用，要变得更宽厚，更能容错，给误会留出空间。所以，更好的策略是不惜再吃点亏，一报还两报：只有对方欺骗我们两次，我们才不再与其合作。

现实险恶，我们却还要坚持保有希望，宽以待人，随时准备迎接浪子回头。不是因为我们太傻太天真，而是因为合作太重要，而不合作最终没有出路——骗子确实到处都是，但怀疑一切的人注定是输家。

给合作机会，才能给自己机会。

宏观经济学出了什么大问题

跟此前不同，本文由我和经济学家汪丁丁合作。我前面写见闻，丁丁后面专业解读。无他，要写的这件事涉及经济学的核心，我和丁丁这样搭档最合适。将来如有合适机会，再来。

目睹世行首席经济学家叛出师门

“我不在乎以后是不是不能再发论文，也不在乎能否获得任何经济学奖项，但这话我一定要说出来。”

这句话一般出自不得志者之口，人们把它当作一种修辞。但当它出自保罗·罗默（Paul Romer）之口时，力量就非同凡响。

罗默不是一般人，他是当下第一流经济学家，提出了内生增长理论，诺贝尔经济学奖呼声很高，而且刚刚被任命为世界银行首席经济学家。

罗默来耶鲁演讲是早就计划中事，原定的主题是“设计城市的土地市场”，临时换了主题。现场有多火爆呢？在开始之前，就换了三次教室，一次比一次大，以便容下尽可能多的听众。我在听众席上看见了许多熟面孔，其中有一位诺奖得主，被认为有机会获得诺奖的则有好几位。

主题实在太强烈了：宏观经济学出了什么大问题？

宏观经济学30年来没有进步，只有退步。这是罗默的论断。

为什么这样说？

罗默引用了学界大人物的一句话，以说明当下的宏观经济学主流离真实世界的距离有多远：

“除了剧烈通胀时以外，我不确定货币有什么用。”罗默没有指名，因为他说不想攻击个人，只想攻击这类现象。

说实话，没有经过经济学科班训练的人如我，对这个问题觉得极为突然。

这个问题还用问吗？

货币没有用的话，耶伦说句话怎么市场那么重视呢？

周小川年初在《财新周刊》上就人民币汇率政策释放信号，为什么就稳住市场了呢？

不过，当前宏观经济学主流、真实商业周期经济周期学派确实认为，货币政策不影响真实产出。这派的逻辑详见后面汪丁丁的专业解读。

罗默说，看到“不确定货币政策有什么用”这句话，“好像大拇指戳到自己眼睛里一样，就像是有人问你地球有没有一万年历史，你回答说证据不足一样”。这说明宏观经济学作为一个学科，已经完全陷在自己的模型里难以自拔了。

在一小时的演讲中，罗默多次用了耻辱、难堪这样的词汇来形容自己同为宏观经济学家的感受。他认为宏观经济学陷入今天的境地，在于整个学科不再建立在真实世界证据的基础上，而全凭学科带头人的威望在支撑幻觉。

听众中的耶鲁法学院大牌教授布鲁斯·阿克曼问道："你说的这种情况不新鲜啊。托马斯·库恩在《科学革命的结构》里早就说了，科学研究没到范式切换时，对于与既有范式相左的经验发现，一般都归为异常值然后忽略掉的呀。"

罗默答道："确实是这样，但有重要差别，科学家共同体确实时常将与当前范式不兼容的经验发现扫到墙角，但对科学理论要基于经验证据这个基本原则本身总是承认的，今天的宏观经济学家已经不承认这一点。"

说到科学，罗默说，科学是惟一无须强制却能协调千万人形成共识的力量，政治意识形态做不到，伪科学做不到，但今天的宏观经济学离科学越来越远，令他感到愤怒，所以有了开头那几句决绝之词。

这对罗默来说，并不容易，他直接批评的是卢卡斯、萨金特、普雷斯科特等人，都是诺奖得主，其中卢卡斯还是他的博士导师，这三位发展起来的理论已成为经济学显学中的显学。

我还是继续问罗默："你的批评指向整个宏观经济学，但你举的例子主要是真实经济周期学派。你到底是对某个特定学派失望，还是对整个宏观经济学界失望？"

"我对经济学家失望，我对自己失望。这是我第一次发表这个看法，第一次传播这篇论文，我此前就在想这些问题，在接受世行首席经济学家之后决定说出来。"

如果你看懂后面汪丁丁的解说，就能明白，罗默此举正是与过往决裂，与自己决裂，与师门决裂。

最后我说："以你的身份公开发表这样的看法，在学界也许会有爆炸性反响。"

"希望如此。"罗默说。

汪丁丁：罗默批判的到底是什么

在经济学思想史视角下的宏观经济学流派，从2016年回溯十几年，不难承认，诸子百家主要为两宗：

（1）凯恩斯学派（老的和新的）；

（2）芝加哥学派（老的和新的）；

区分凯恩斯学派和芝加哥学派的，归根结底是关于市场机制能否实现信息的充分交换这一基本功能的信念。

凯恩斯的宏观理论发端很早，大约可追溯至1905年。凯恩斯的微观体验浓缩地表达于"凯恩斯选美"问题，并可追溯至他1921年发表的《论概率》。凯恩斯理解的概率，是弗里德曼和萨维奇概率学说的先驱，在经济学文献里称为"主观概率"。微观行为的激励是行为主体对未来收益的预期，而未来是不确定的。除非已有充分的信息交换，每一个人只能主观地判断未来事件的概率。信息的充分交换，在机制设计理论的视角下，正是自由市场的前提或归宿。凯恩斯最不信任的，也正是市场机制被假设履行的"信息充分交换"这一社会经济功能。

市场机制与计划机制，在制度经济学视角下，都旨在降低人类未来的不确定性。芝加哥学派，尤其是弗里德曼和斯蒂格勒代表的老芝加哥学派，对市场机制的信息交换能力深信不疑，堪称自由市场的原教旨主义。

经济学演化至今，万法归一，对市场究竟信任还是不信任，得此二宗。

老芝加哥学派领袖们对市场机制的信息交换功能深信不疑，新芝加哥学派的卢卡斯，史称“理性预期学派”的领袖，对政府借助货币手段调控经济提出了著名的“卢卡斯批判”。

老芝加哥学派只承认两门课程是经济学理论：

（1）价格理论，分析万事万物的相对比价；

（2）货币理论，分析万事万物的价格水平；

其余课程诸如产业组织、国际贸易、发展经济学，统统是理论的应用。

在芝加哥学派那里，没有微观与宏观之分。假设市场运行合理，就是要论证市场在任何方面都“合理”，自然而然，天理人情，无为而治。有鉴于此，芝加哥学派的货币政策建议表述为“黄金法则”，尽可能保持货币增长率为越可预期越好的一个常量。

不信任市场运行的合理性，凯恩斯学派提出各种各样的政策建议，深信基于人类理性能力的政府干预迟早可弥补自由市场之先天缺陷。仅就货币政策而言，凯恩斯主义者的两位代表人物晚近撰文宣称货币当局最危险的错误就是接受“货币政策与真实经济无关”这一观念。

现在，保罗·罗默如此激烈地发布对真实经济周期理论的批判，值得我们认真对待。

他是正宗芝加哥学派的毕业生，数学本科和经济学博士（导师卢卡斯）都是芝加哥大学的。

回过头来说经济增长，任何人将自己主观判断下价值较低的事物或事务重新组合为价值较高的事物或事务，就是对经济增长有所贡献，也就是增加了一些国民财富。基本原理是斯密在《国富论》中阐述的关于分工和专业化以及关于市场广度限制分工和专业化的命题。在斯密的阐述里，已有货币与国民财富的真实增长无关的看法。

许多代经济学家的努力后，由罗默自己参与确立的真实经济周期理论成为主流理论，罗默自己解释，它只有两项核心命题：

（1）经济增长的核算公式，可表达为人均收入增长率与自然要素的投入增长率之间的差额，也称为“被忽略的”（残差）。这一残差，根据不同的表达而有了其他名称，例如“全要素生产率”或“技术进步”，因为占据着现代增长理论的核心位置，被罗默称为“燃素”。又因为“燃素说”已被物理科学否弃，罗默这一名称带有强烈的反讽意味——你无法解释什么，就发明个新概念。罗默批评说，货币政策的作用摆在眼前，你不肯接受，却发明看不见摸不着的概念来解释它。何必？何苦？

（2）被称为“货币数量论”的核算公式，单位时段内产出的商品 Q 与它的市场价值 P 的乘积即价值总量 PQ，等于货币总量 M 与单位时段内货币流通的速率 V 的乘积。因此（假设 V 不变或缓慢变动），货币的增长直接与物价水平 P 的增长正相关，与人均收入的增长无关。

水涨船高，大家一起高，所以货币无用。

在“真实”学派看来，货币与真实经济无关，而且自然要素的总量有限，故人均收入的增长率最终取决于技术进步速率。物质资本是技术的固化，人力资本是技术进步的主因。由加里·贝克尔推动并由罗默直接参与建构且于1990年代开始流行的新增长理论，旨在将人力资本驱动的技术进步过程引入经济增长理论。

不论如何，各派宏观理论在初期都包含了真实世界体验。罗默的批判，直接针对的是数理方法在经济学领域的滥用。例如，他批判了基于真实经济周期（RBC）模型的DSGE（动态随机一般均衡）方法，两者均已成为高级宏观经济学的核心内容。

RBC和DSGE的基本思想源于两位诺贝尔经济学家卢卡斯和萨金特（借助于递归数学方法）1970年代确立的“理性预期”学派。假设每一个人对未来事件有犹如上帝一般的完备理性预期，这是芝加哥学派对凯恩斯学派关于高阶预期对市场机制信息有效性的颠覆性批评的回应。完备理性固然有利于高深数学定理在经济理论中的运用，但是，行为经济学与脑科学的现代发展清晰地否证了卢卡斯的理性预期假设。就此而言，我完全支持罗默对自己老师的批判，并且非常理解罗默这样的“叛教者”的批判在经济学群体之内引发的广泛不满。

经济学是一种社会科学，它必须尊重经验。罗默批判的要点在于，滥用数学的后果是遮蔽经验。我以数学系本科和硕士的资格，大约在30年前，关于经济学，有过类似的批判。因为文化传统的差异，中国历来不缺乏尊重经验的经济学家，晚近的，以张五常和周其仁为代表。

布尔丁的名言：数学是好仆人，却是坏主人。经济学家当然不应滥用数学方法。可是，这也是通例，当我们对真实过程缺乏体验时，我们倾向于以更抽象的模型弥补体验之不足。极而言之，世界的本质是“数”。在另一极端，世界就是表象，它没有本质可言。

在美国看美国

全球化退场，乱世登场

这篇文章写于英国脱欧之际，原题作“全球化退场，乱世登场只欠特朗普”现在不欠了，略做修改，适用于今天。

全球化不玄虚，它是货物、人、资本、信息、观念在全球的自由流动，从来与每个人切身相关，息息相关。它像水往低处流一样自然而然，流到哪里，就给哪里施以洗礼；但它又不可能到达终点，自由流动从不曾充分自由，因为多赢只是理论上的可能，现实中与自由相伴而来的往往是赢家通吃，于是高效地造就一个输家比赢家多的世界。全球化总是全球树敌，这是它的宿命。

起有时，落有时，英国脱欧，特朗普上台，我们目送全球化此番归去。

一

人们希望全球化是平等交往的结果，但它从来都并非如此。近代以来两次全球化的主浪潮，都伴随着强势政治－经济－文化体向全球的暴力输出，第一次是19世纪的大英帝国，第二次是冷战结束以后的美利坚帝国。市场经济秩序的扩展、自由民主观念的传播，要以实力政治为后盾，现实就是如此吊诡。

全球化必须得有引擎，而今天引擎正在熄火。美利坚帝国跟所有帝国一样，犯下过度扩张的错误。“9·11”之后，在阿富汗战争之外，多打了一场不该打的伊拉克战争，虚耗国力，更消磨意志，于是始乱终弃，战略性撤出伊斯兰世界。干掉了一个拉登，却把更大的魔头放出魔瓶。

纷乱渐生，已明明白白写在墙上。在全球化的经济一翼，多边贸易谈判多哈谈判一拖再拖，没有下文；亨廷顿《文明的冲突》被嘲笑了十余年，但这五个字却终被现实证明生命力惊人；今天被嘲笑的换成了福山的《历史的终结》。诉诸无底线暴力的固然是极少数，但真的能说这场冲突跟政治有关，跟利益有关，惟独与信仰无关吗？

阿拉伯人碧血染黄沙，发达世界还可以背过脸去；巴黎变成战区，却又往何处逃避？难民涌入欧洲，将欧洲人民及其领导人置于左右为难的窘境：选择一己安全还是人道主义？善意占到了一时上风，但耐心正在猜疑中磨损，更何况，经济哪里都不好，欧洲也没有余粮。

英国人不愧是边沁的后代、力量平衡政治学的信徒。以退出欧盟为标志，在一线大国之中，他们首先明确地发出筑墙信号。

兄弟们，我先走一步。

英国不会是最后一个。

脱欧对英国冲击有限，反正它从未放弃英镑，也一直保有边界。欧盟受到的影响较大，但只能做小做实的欧盟，不比虚大要差。欧洲统一的问题首先是德法问题，德法同心，欧洲统一就还健在，少了英国在内部羁绊，可能还会有点效率。

问题是会不会出现连锁反应？如果欧洲统一进程走向反卷，那勉强摁住的欧债危机卷土重来，会只是更大危机的前奏。

二

11月8日，全球看美国，美国看特朗普，特朗普浑不似人君。

2008年金融危机，美国模式的自由资本主义祛魅；2016年特朗普上台，则美国模式的政治一侧也已衰朽。

美国失范，世界失序。

那些做成“大事”的政治家，从来都不惮于政治不正确。希特勒的想法从不遮掩，《我的奋斗》早讲到了前头。普京想干什么，很多人说猜不透，那是因为他们不肯相信眼睛看到的东西：普京上台第一天就发表《千禧年贺词》，把愿景讲得清清楚楚，要让俄罗斯重新强大起来——熟悉的旋律。

特朗普也在这个传统里头：为了让美国重新伟大起来，他要竖墙：要给墨西哥竖道墙，以便拦住南面过来的人们；要在来自中国的“威胁”面前竖墙，在任何妨碍美国重新伟大起来的力量面前，他的办法都是竖墙。说起光荣孤立，大洋为屏障，谁能比得过美国呢？

如果美国也竖墙，那么，墙在各处竞相升起没有悬念。走好，托马斯·弗里德曼笔下那个平坦的世界。

三

这跟中国人有什么关系？

1978年以前的中国，社会与政府是两个完全重合的同心圆。社会就是政府，政府就是社会，政府之外无社会。政府把一切管起来，个人的工作、生活、思想，整个社会的经济、政治、文化。

1978年以来的30多年，总体上是政府自我改革而社会从政府中挣脱出来的过程，从政府之外无社会到政府之外有社会的过程，是社会在政府之外获得生命力的成长过程，是个人意识从集体意识脱离的过程，是政府相对收缩，社会急剧扩展的过程。

近年来，社会仍在持续拓展新的边界，但政府重新扩张，所以社会有双重感受，一方面是真实感受经济、生活方式、观念的全球化，另一方面也同样真实感受到来自政府的力量在变强。

在《爱丽丝漫游仙境》里，红皇后对爱丽丝说，她必须一直奔跑才能留在原地，因为世界也在跑。为了变得更强有力，政府一直在跑；为了获得更多的自由度，社会也一直在跑。

现在，全球化跑不动了，渐渐消逝：再见，全球化；下次见到你不知是何年。在那之前，各自珍重。

一人一票还是一美元一票

中位选民定理，留下一个未解之谜：

穷人为什么没有投票分掉富人的财富？

我们都知道，所有社会里的财富分布都很不平均，实际呈幂律分布，形象地说就是金字塔，越往上人数越少而每个人所占财富越多。把所有选民按财富由少到多排成连续序列，平均值落在的那个位置一定在中位选民的右边，术语叫作右偏，效果就是人们经常说的“被平均”。

假设盖茨有8个邻居，净财富分别是0、1万、10万、100万、1000万、1亿、10亿、100亿美元，盖茨自己是400亿美元。9家的中位数财富是第五名的1000万美元，但均值则是50多亿美元，被盖茨给平均了。

中位选民定理预测，既然中位选民决定选举胜败，那么民主制下，一人一票，会通过税收和转移支付，损有余以补不足，因为从均贫富政策中获益的总是占据多数，谁叫均值总是落在中位数的右边呢？

这就是自柏拉图《理想国》以来政治精英对民主制的最大担忧：一人一票岂不会导向“多数人的暴政”把富人的钱给分了？

担忧事实上是落空了。在今天的主要民主国家里面，结果是这种事总的来说并没发生。这就是民主制下的再分配之谜。别跟我说财产权神圣。财产权神圣是个神话，向谁征税征多少从来是群体选择。

为什么穷人没投票平分富人财富？

这正是约翰·荣默（John Roemer）一篇论文标题。荣默是耶鲁大学政治经济学教授、美国艺术和科学院院士，研究分配、合作、政治竞争，还有马克思主义经济学。

作为耶鲁世界学人，我可以在各院系任意选课，前提是授课老师同意。看到荣默开一门关于政治竞争的课程，我去信申请。荣默说：“建议你别修，全是数学。不如我们一起吃个午饭吧。”

“我曾经是马克思主义者。”一见面，荣默就说。

“现在呢？”

“现在是社会主义者。”

“那就好，在中国这是一回事。”

扯远了。

荣默对民主制下选民没有借机均贫富的解释是这样的：假设两党相争，一个穷人党，一个富人党，如果只有对谁征税征多少税一个议题，那么中位选民定理预测的结果就会出现，穷人党会提出更平均主义的征税和分配方案，并且会赢得投票——因为穷人人多。

但只要议题不止一个，那么即便是穷人党胜出，所主张的税率也会低于只有单一议题的情形。荣默论文举的例子就是富人党掺和进来宗教议题。

反观美国近年政治，我恍然大悟。历次大选都是多主题杂糅，共和党与民主党既在税上，也在堕胎、同性婚姻等宗教和社会议题上相争。我过去不太理解，在经济上主张自由选择的共和党，为什么在诸多社会问题上主张限制自由选择。跟荣默一席谈后，我有了新理解：复合立场客观上对缓释单一议题如征税的压力是有用的。俗话说，把水搅混，转移焦点，等等。

又过一星期，再见荣默，是在亚当·普沃斯基（Adam Przeworski）来耶鲁宣讲论文的教室里。

普沃斯基就更厉害了。我们都知道民主制往往经不起经济危机的挑战，历史上出现过许多次新生民主政体被经济危机压垮的事。但是，只要民主国家的人均年收入超过7000美元，就会很稳固，还从来没有出现过一例这种国家在经济危机后民主蜕变的情形——这就是普沃斯基的学术发现。他在芝加哥大学执教多年，现为纽约大学政治学教授，也是美国艺术与科学院院士。

关于民主国家再分配远远偏离中位选民定理的预测，他有更系统的发现，看这张图：

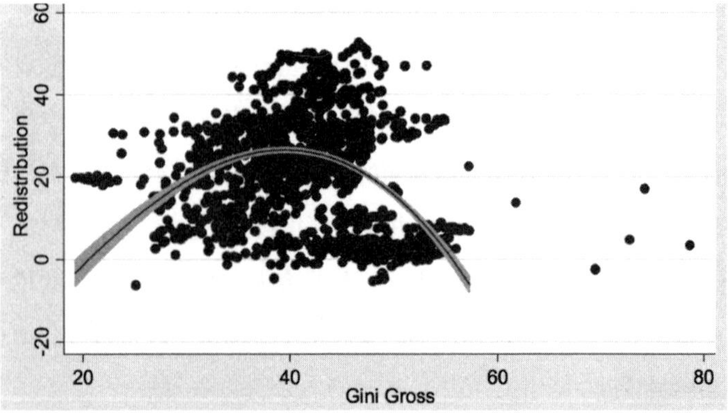

上图取自其论文《经济不平等、政治不平等与再分配》，横轴是再分配之前的基尼系数，代表初次分配差距，纵轴是再分配水平，每个圆点代表1960年到2008年间的66个民主国家，倒U型的曲线则是拟合结果。

这个图是非常惊悚的。

倒U型曲线说明，66个民主国家中，在基尼系数超过0.4之后，初次分配差距越大也即贫富差距越大的国家，再分配水平越低，在最右方的极端情况下甚至为负，也就是劫贫济富！

这与中位选民定理预测完全不同。如果按照中位选民定理，图中这条红线应当是一条自左下到右上的直线：初次分配差距越大，则再分配力度越强。

现实完全不是这样。

为什么？

普沃斯基指着台下的荣默说："约翰，我知道你认为穷人没有投票平分富人的钱是因为富人搅混水，但你说的只是表相。你的理论最多能说明为什么再分配力度不足，但不能解释我这条红线，贫富差距越大则再分配力度越小。"

荣默笑笑，继续听讲。

真相是什么？

普沃斯基说，一般认为民主体制下，一人一票，经济不平等，但政治平等，所以才会有再分配之谜。但是，如果改变假设，承认政治不平等，现有数据就解释得通了。

简单说是这样：

假如有五位选民，财富分别是1、2、3、4、5美元，投票表决征税。

第一种情形，一人一票，经济不平等，但政治平等，那么无论穷人富人，争取到收入在中位数3美元的选民，就获胜，（1，2，3）或者（3，4，5）都是胜利组合。中位选民理论的预测成立。

第二种情形，经济不平等，且政治也不平等，不是一人一票，而是一美元一票，那么胜利组合的位置就上移，无论穷人富人，争取到财富为4美元的选民的一方获胜，（1，2，3，4）或者（4, 5）都是胜利组合。

不幸的是，第二种情形更符合现实。

普沃斯基进一步计算了财富对于权力的影响力系数，假设一人一票时这个系数为零，一美元一票时这个系数为1，那么，他发现，上图66个民主国家的贫富差距与再分配数据对应的系数是0.8。

这就是现实中的民主国家财富与权力的转换公式。

至于财富具体用什么方式转换为政治权力，这是实证问题，不属于普沃斯基论文的范围。他对我们说：“这是最不用担心的事情，富人在守住自己财富这件事上有无穷的创造力。”

我强烈感觉，政治得重新洗牌了。

真人秀下的真问题

对我来说，美国总统大选在希拉里与特朗普第一场辩论的头十分钟就结束了。特朗普质问希拉里："美国有史以来签过的最差条约就是你老公签的NAFTA！你也有份！你也有份！你也有份！"希拉里一时失语，勉强回答："条约批准前我反对过！"

如果你不知道NAFTA是什么，它是北美自由贸易协定，将北美洲三大经济体美国、加拿大、墨西哥联在一起；它是克林顿政府任上签署并通过的在中国加入WTO之前的最重要自由贸易协定。巧的是，与我今年同届的耶鲁世界学人加比莉娜来自墨西哥，曾参与了最后半年的谈判冲刺，每次忆当年都眼睛放光。

20多年过去，这个世界完全不同了。传统上主张自由贸易的共和党，其总统候选人攻击自由贸易，民主党总统候选人则表示她也反对过自己老公签署的协定。这两人，一个是无法预期的流氓，一个是符合预期的圆滑，共通之处是机会主义，在全球化四面树敌的时代，却是他们中的一个会成为全球化发动机国家美国的领袖。

记忆之中的美国大选从来没有一次与全球化如此相关，这不偶然。我在耶鲁期间上的各种课，听的各种讲座，见的各种人，谈的各种话题，无不在这个议题的笼罩之下，复杂起来无边无际，涵盖一切，投射在美国当下的现实政治之中，却可一刀剖开。

经济全球化今天在美国简直人人喊打，因为它加大了贫富差距。这说来也对也不对。全球化确实加大了一国内部的贫富差距，但拉平了国家之间的贫富差距。

展开来说是这样的：

过去几十年全球减贫的最大成就几乎全部来自中国和印度，近十亿人脱离赤贫状态，自立自主，获得尊严。主要原因不是中印两国的扶贫政策，而是经济增长创造就业。以中国为例，农民从土地上解放出来，恰逢中国加入 WTO，成为经济全球化最大受益者。尽管在此期间中国的贫富差剧也在猛烈拉开，今天已是几十年来最高，但水涨船高，所有人都从中受益——要在中国找出哪怕一个经济全球化的受害者，何其之难。

美国是另一个故事，要在这里找经济全球化的受害者，多半不用走出我正在写这篇文章的耶鲁医学院咖啡馆，因为“受害者”绝不限于低端工种。经济全球化使国家间贫富差距下降，使高收入国家处于永恒的被追赶状态，无论你是什么工种，多么高端，追赶者的呼吸始终都在你脖子后面。与发展中国家水涨船高不同，发达国家的相对水位在降，使这里的受损者们无法容忍国内贫富差距上升：我们的工作被中国人、印度人、墨西哥人偷走，而把工作给他们的那些家伙却越来越富！

过去十年来，美国政治极化，然后两党政治博弈屡现僵局，然后出现福山所说的美国政治衰败，然后到今天特朗普登场。这就是原因，其他都是说词。

It's the economy, stupid! 经济最重要，笨蛋！

耶鲁世界学人精英晚餐会请来贝弗莉·凯茇（Beverly Gage）演讲。凯茇是耶鲁大学历史学教授，专治美国当代政治史。

我问她，纵观美国政治史，特朗普有那么独特吗？

她说，特朗普有两点是真独特，第一是导致党的建制派与基层选票撕裂，共和党的选民要特朗普，而共和党的精英不要，上下如此脱节的情形从未有过。第二是特朗普为总统候选人的体面创下新低。她丈夫是政治漫画家，很苦恼没有题材画特朗普，因为你讽刺他的漫画，他第二天就真做出来了，人家不在乎！

但如果说激烈民粹主义，这在美国政治史上倒是有悠久传统，并不出奇，比如1952年共和党的竞选口号就是“民主党专注卖国20年”。这方面特朗普如果有什么遗产的话，就在于国内议题的超强动员能力，一个人就能搅动成这样。

“有色人群会投希拉里，所以她会赢；但如果只是美国白人投票，特朗普会赢。”

隔天在华盛顿见到英国《金融时报》华盛顿记者站前站长、现彭博社论委员克里夫·克鲁克（Clive Crook）。跟我见过的所有新闻工作者一样，反对特朗普，但认为必须正视美国白人的疲劳感、受挫感、上当感。

“2008年金融危机以后，许多人失去房子，无数人丢掉工作，几乎所有人没涨工资，结果谁负责任呢？一个人也没有。”这次大选开场时，两党政治精英给人的印象，就是要美国人民再次在一个克林顿家的人（希拉里）和一个布什家的人（杰布·布什）之间做选择，仿佛什么都没发生过。

绝对不行。

许多美国人对政治现状（politics as usual）感到愤怒，特朗普利用、挑动、放大了这愤怒。就算他此次登顶不成，但把他推上来的愤怒却不会消失。如果希拉里当选，恰是政治现状复归的象征，愤怒会不会因此失控？

我想了想，告诉他多半不会。既然经济全球化是美国国内贫富差距的主要推手，那么就有两个应对办法：

第一个就是增加再分配，适度均贫富。这办法显而易见，分配失衡加剧则对之以损有余以补不足。近年来，从皮凯蒂的《21世纪资本论》到关于人工智能对人类工作冲击的《机器人崛起》，对现实剖析入木三分，影响极大，而开出的药方都是再分配。

美国社会向来不存在均贫富传统，但从20世纪初以来也陆续创设损有余以补不足的机制。适度均贫富正是当代民主党一贯政纲。比如普遍医保，20年前在克林顿政府任上强推失败，终于在奥巴马手上成功。今天得进一步着力均贫富，是这次民主党内初选中各竞争者都有的政纲，希拉里在其中不属最激进，但也主张向富人征税、大学免学费等。这在以前是没有过的——以前的两党候选人比着说谁更能减税。

第二个就是限制经济全球化，这是特朗普的政纲。共和党历来主张自由贸易，今天之所以有此转变，不是因为别的，就是因为不限制经济全球化，焦点就得转向增加再分配。两害相权取其轻，对共和党来说，悠悠万事，不增税为大，最好减税。特朗普再轻薄无德，成为共和党总统候选人也并非侥幸，也不是因为人们混淆真人秀与现实政治。他确实代表了应对全球化下贫富差距的一种思路：回到过去。

当然，不论是希拉里还是特朗普的政纲，最终都不会是单一策略，而是两者的混合策略，只是比例必然不同。

11月8日，美国人将在两个方案之间选择：一个是增加很多再分配，限制一点全球化；一个是只增加一点点再分配，着力限制全球化。

这确实是当下最重要的选择，值得美国人民认真思考，慎重作答。可惜，一场真人秀把它遮盖住了。

最高法院大法官的智慧

在美国，谁说了算？

总统吗？

总统经常说了不算，很简单，美国不是一个靠总统令治国的国家，而是宪法国家，在宪法授权的范围内，总统说了算；这范围以外的一切就都得商量着来。总统的想法如果不能变成法案，如果变成法案而国会不给通过，就等于零。

那国会说了算吗？也不一定。国会通过的法案，如果总统拒绝签署，这时国会就得2/3票数再通过一次才行。就算是这样，如果有人认为国会通过的法律违宪，打官司，层层往上打，打到最高法院，而被裁定违宪，那法律就作废了。

美国体制中最后说了算的，就是最高法院。9位大法官投票决定，多数票终局。

斯蒂芬·布雷耶（Stephen Breyer），这9人之一，坐在耶鲁法学院斯特林楼129教室讲台上，离我5米远，掏出了随身带着的美国宪法小册子，提了个问题：

某国最高法院首席大法官来到布雷耶的办公室，问他："为什么美国人听最高法院的？你们不就9个人吗？"

这位法官的意思很清楚，你们不是选出来的——美国最高法院法官是由总统提名、国会通过、终身任职，你们没钱，连工资都不太高，你们也没枪，那为什么要听你们的？

现代国家三权分立的模板出来后，许多国家都建有宪法法院，专司宪法审查之责，理论上也是终局决定，但实际远非如此。批判的力量一旦遇到力量的批判，往往溃不成军。宪法只是一张纸，法官只是几个人，有何作为？

布雷耶，1938年生，就读于斯坦福大学、牛津大学、哈佛大学法学院，曾长期执教哈佛法学院，治宪法、行政法和政府规制，曾出任过"水门事件"的特别检察官助理，1980年成为美国联邦第一巡回上诉法院法官，1994年成为联邦最高法院大法官。许多人认为，在目前的9人之中，布雷耶智慧最为超群。

布雷耶这么回答：

如果只是文本，那么宪法没有任何用处。如果没有人遵从宪法，其下场就是放到博物馆里而已。那怎么样才能使人们遵从宪法呢？总要有人来做这件事啊。

政府三权分立，一个个说过来。

总统做行吗？总统无非是说他做的一切都是对的。

国会行吗？国会是选出来的。那好，听国会的，但国会有个大问题，就是只做受欢迎的事，因为国会议员都是选出来的，全是怎样才能受欢迎这件事的专家。

不受欢迎的事情谁来做？

那就法官吧。可是，法官既无名，又无钱，还没枪。哪里都一样。

美国最高法院的权威也不是从天上掉下来的。

1830年，佐治亚州发现金矿，州长要把金矿所在土地上的印第安人赶走。印第安人走诉讼程序，打到最高法院。著名首席大法官约翰·马歇尔执掌的最高法院裁决州政府无权强行迁移印第安人。

但是，时任总统安德鲁·杰克逊总统说，马歇尔的裁决，让他自己去执行吧。

于是，最高法院裁决事实上成为一纸空文。印第安人被迫离开家园，走上血泪之路，一直通到俄克拉荷马。

法治真不是颁布一部宪法的事。

再过100多年，1954年，美国最高法院判决种族隔离违宪。阿肯色州小石城学校招收9名黑人小孩入学，但遭到州长派国民卫队制止。你有判决，我有军队。

但是，时任美国总统艾森豪威尔签署法案，接管了阿肯色州国民卫队，并派去101空降师1000名伞兵，一群久经战场的老兵，全副武装，护送黑人小孩入学。这是美国历史上最令人难忘的时刻。

然后呢？

过了几个月，黑人小孩又没学上了，因为州长一计不成再生一计，干脆把学校给关了。

种族隔离的真正废除，要等到多年之后，要经过马丁·路德·金和民权运动，也不再仅仅是军人、律师、法官、州长的游戏，而是全社会力量的凝聚。

“美国有三亿多人不是律师呢！”布雷耶说。法治能凝聚社会，不过，当法治对你有利时，你守法很容易；法治对你不利的时候呢？你会遵守不认同的判决吗？不是那么容易吧？更何况，法官也会犯错误。

怎么办？没有简单的答案。

布雷耶对这位外国首席大法官说，到最后，就是慢慢来，法官与法律共同体以及整个社会对话，解释、解释、解释。

他说，2000年美国总统大选，共和党候选人布什与民主党候选人戈尔对决，差距极小，计票纠纷打到最高法院，最终以5:4做出对布什有利的判决。布雷耶说，这个判决是个试金石：它可能是美国历史上最不受欢迎的判决；它极其重要，因为关系到总统的归属；它还很可能错了，布雷耶当时投的就是反对票。

但是，大家接受了判决，没有上街，没有扔石头，没有开枪。因为，说到底，不尊重法治的后果是什么呢？想知道后果很容易。“打开电视看新闻，看那些来自没有法治的国家的新闻，看那里的人如何决定事情。”

很惨。

所以呢，美国好就好在，三亿多人，想法不同，信仰不同，族群不同，利益不同，但被宪法统在一起往前走，大体都听法官的，大体都尊重法治。

只是必须得清醒，“法治需要很长时间才能稳固，而且永远在悬崖边缘，所以我们需要法学院、律师、法官，整个法律共同体与社会的对话”。

布雷耶对年轻人的期待，就是不要陷入犬儒主义（cynicism）。

“我不能告诉你怎么过日子。我希望你能找到爱的人，找到喜欢的工作，还希望你能参与所在社区的生活，到图书馆当义工，当社区公园管委会委员，或者竞选公职，至少要投票吧！愤世嫉俗无用。如果别人不同意你，那就去说服他呀。如果你不想做这些，那宪法就真的只是一张纸，帮不了你。宪法只是告诉你什么不能做，并不能告诉你做什么。怎么做，在你自己。”

最后，附一段关于学习的话，来自诗人、政治学家奥克肖特（Michael Oakeshott），布雷耶在自己的新书《法庭与世界》中转引，并在今天的对话中朗诵：

“学习是对话，不是辩论，既不武断也不凄切，没有既定路线，也不以其结论断其优劣，因为它没结论。人们因对话质量而生兴趣，其价值则取决于留在所有参与者心中的遗痕。”

这说的不是书斋中的学习，而是智慧的修炼。法官需要这样的智慧，我们也一样。

美国衰落了吗

破脸

每次你觉得特朗普已经体面丧尽，总有一些新东西出来刷新下限，比如最近流传的特朗普莫斯科奇幻之旅。真假确实不知，只知道美国情报部门把故事在流传这件事，给特朗普本人做了简报。如果你想知道是什么，搜特朗普，莫斯科，golden shower。

特朗普就任前主要在推特上治国。一次发得性起，本想表达“没有先例（unprecedented），误作 unpresidented，于是发明了一个新词。笔误谁没有过呢？这个词错得太巧，“没有总统相”，简直一语成谶，立成美国网络热词。

人都有两面，美国总统也不例外。没人指望美国总统洁白无瑕，要真是洁白无瑕，选民还不一定放心。但像特朗普这样公认人品堪忧、体面无存，还能被选为总统，在美国历史上没有先例。专治美国当代政治史的耶鲁大学历史系教授贝弗莉·凯芨说，特朗普的政纲在美国政治上不算独特，更敢干的还有，不体面倒真是刷新了纪录。

美国总统最后被发现不是个体面人的不止一个，但特朗普当选总统，不是因为这些选民不相信他不体面，人们自欺没有到这种地步，而是尽管不体面仍然选他。选他的选民们确实与现体制撕破脸了。这事能发生，重塑许多美国人对国家和人民的自我认知，玫瑰色褪去了。

我赴美游学之前，特朗普还只是共和党候选人，一位深谙美国的学者跟我说，在那边如果遇到关于中国的问题不好回答，有人对中国有啥不理解，你就跟他说，特朗普还能当总统候选人呢，中国发生点啥还有什么值得奇怪的吗？

我如法炮制，果然好用，特朗普当选之后就更好用了。

两个预言

预测是件不靠谱的事，但预测者总是前赴后继。没有办法——如果没有预测，人无法往前走哪怕一步。统计学家说，模型都是错的，还好有些还有用。预测同样。

在耶鲁的亨利·卢斯中心大讲堂上完课，保罗·肯尼迪给我拿来的书签了名，《大国的兴衰》（*The Rise and Fall of the Great Powers*），他出版于上世纪80年代的名著。书的框架简单有力：现代大国兴起总是经济与军事同步，两者都依托于技术进步与组织创新，财富有利于扩充军力，而军力总会用来获得和保有财富。大国兴起之时，这一切都在向上的正反馈之中；大国衰败时，这一切陷入向下的正反馈。向下的节点何时到来？扩张过度。可惜，肯尼迪依托这个框架做出的预言却是错的，因为它认为美国将衰落，结果成为反向指标，80年代末出书，美国却在90年代后再攀顶峰。

美国赢得冷战，催生另一个著名预言，福山说，历史终结了。

福山长于宏大叙事又紧扣现实政治走向，当时在兰德公司担任政治研究员，发表文章《历史的终结》，随后扩展为专著《历史的终结与最后的人》，以浓烈的黑格尔史观，宣布历史终结于自由民主制，击中了“冷战”结束后的时代精神。书成为现象级畅销书，人成为那个时代的首席政治寓言家。

当然，这个预测又错了。历史何曾终结过？预测总错。克尔凯戈尔说，我们总是向前生活，向后理解。

风水轮流转，今天似乎正在印证肯尼迪的预测，尽管晚了20多年。福山也已弃绝昨日之我，以上下两本巨著《政治秩序的起源》、《政治秩序与政治衰败》，再度撬动政学两界。在其中，福山特别地强调了政府能力（state capacity）建设，而对美国政治的判断，充分体现于他发表在《外交》季刊上的一篇文章的标题：《美国在衰败》。

我问福山，你的看法是怎样变的？福山回答：“我对基本问题的观点不变，即随着社会进步和现代化，历史会朝着某一个特定的方向前进。什么样的社会能够屹立在现代化进程的终点？与25年前一样，我仍认为是那些具备一定形式的自由民主和市场经济的社会。”也就是说，不是历史终结了，而是历史应当终结。

“应当”不是预测。

我对福山的采访发生在这次美国总统大选的初期，当时的舆论和预期中，特朗普不过是颗流星，转瞬即逝。福山认为美国衰败，不是针对特朗普，而是针对两党政争失控，政治失效。“美国的问题主要在政府。我对衰败的定义是，强有力的精英集团能够获取政治权力，以保护自身利益。在过去几十年，大利益集团和游说机构的权力正在上升。美国的另一个问题是两党政治的极端化，这锁死了美国政府，使其在一些基本问题上都很难做出决定。”

当时，人们关心的还是比如政治门阀问题：在过去八届总统选举中，至少有六次选票上出现了克林顿或者布什家族的名字。这是不是美国政治衰败的表现？福山不认为这是个问题：“某个家族长期保有政治影响力的例子，各国都有，美国也不例外，至少在美国是选民的自愿选择，偏好一引起已经形成品牌的政治家族，克林顿和布什这两个家族的品牌就很有力量。”

不过，他并不认为布什家的杰布·布什能成为共和党候选人。“这个我们等等看。”至少这个，福山预测对了。

今天，福山说的政治极化、利益集团主导政策等等都还在，惟独政府锁死无法决策不再是问题，问题变成一党同时执掌国会两院，总统特朗普会如何拔腿狂奔。历史一再重演过，僵局之中想打破僵局，打破僵局则想回到僵局，因为政治僵局终结之后，天平总是暴烈地倾斜。这是政治僵局的围城。

福山最新文章《美国：政府失败》叹息特朗普式民粹民族主义兴起，预言不亚于冷战结束那样大的全球动荡。这次预测会怎样？

大家都靠硬实力的世界

预言美国衰落，从来没有像现在这样显得靠谱。冷战结束以后，美国硬软实力达到巅峰，然而不过十余年，反卷即已到来。

回头看，这一切始于小布什政府2003年入侵伊拉克。基于一个错误的逻辑，发动一场不必要的战争，扩张过度，虚耗国力，最终始乱终弃，道义受损。

再过数年，2008年金融危机到来，美国经济遭受重创，金融业推出雷曼斩首示众，其余依旧；大水漫灌固然出自维持金融系统稳定之不得已，但加剧贫富分化也是事实。左右两翼的极化主张和行动此后相继登场，茶党、占领华尔街、桑德斯社会主义，然后特朗普异军突起，摘走果实。经济催动政治，在美国就是这样发酵到喷涌。

对全世界特别是对中国人来说，2008年金融危机更重要的后果是全球经济包括中国经济以美为师的时代结束了。这是真正的范式变迁。

在中国巨人站起来之时，美国模式自己丧失了智识领导力（intellectual leadership）。这些已明明白白地写在纸上，前财长享利·保尔森在《与中国打交道》（*Dealing with China*）里讲到，2009年，一位中国财经决策者对他说，美国不再是老师。

接下来中国会以谁为师？估计没有谁了。

按照约瑟夫·奈所说，软实力就是无须大棒威胁也无须胡萝卜利诱其他国家自然景从的能力。美国今天硬实力仍然天下无双，但一层层地，从伊拉克战争到特朗普上台，道义领导力、智识领导力、道德领导力渐次耗散。

特朗普会怎样执政固然说不清楚，但即使是对他最理想的情形也不过就是成为这样个总统：重商、整军、凌弱，把美国利益更多建立在排他和攫取上。所谓不在乎政治正确，就是这般赤裸裸地不正确行事。我们对这种领导人并不陌生，倒是很熟悉，全世界绝大多数领导人都是如此这般，只是对美国也选出以这些为公开政纲的总统感到陌生。

刚到耶鲁时，我问阅尽冷战的国宝级历史教授加迪斯，如果中美对峙加剧，会不会重回类似冷战状态？加迪斯说不会，因为冷战两大阵营对峙有意识形态因素；今天如果回到过去，会回到力量平衡（balance of power）时代。那个时代，按西方历史学教科书是从1646年《威斯特伐利亚和约》建立民族国家体系到1945年联合国成立，事实上则要长得多，贯穿人类已知的全部政治史、外交史、军事史。什么是力量平衡逻辑呢？就是秩序只存在一个国家内部，国家之间没有终极裁决机制，永处丛林状态，没有永恒的朋友也没有永恒的敌人，只有当下的利益。在所有对国家间关系的理解和实践中，它离政治正确最远。大家都靠硬实力。

查尔斯·希尔（Charles Hill）跟加迪斯一样悲观：于二战后形成的自由化的、普世的国际体系正在过期，美、俄、中、欧都在离开大厦（leaving the building）。希尔是非常资深的美国外交官，曾任基辛格的高级助手，现在耶鲁任教。“这个体系现在无人维持。”他说。

奥巴马短暂的变革

本书前面讲过中位选民定理，即两党政治中，为争取最大数量的选民，双方政策取向会趋同。美国政治选举历史曾经相当符合中位选民定理的预测，但十几年来的政治现实离中位选民定理预测越来越远，极化越来越严重。

在一系列问题上两党相争，共识越来越稀少：怎样对待伊拉克战争／怎样对待堕胎／怎样对待同性婚姻／怎样对富人征税？

种族问题更是房间里的大象，不讨论，假装看不见，但政治动员力极强。

有分歧是政治常态，没有分歧就没有政治可言，但有分歧无妥协就是问题。两党合作空间越来越小，而政治撕裂越来越严重。美国政治是典型的钟摆政治，总是来回摆动，不会长期朝着一个方向狂奔。今天的美国政治还没有脱离钟摆状态，但摆动幅度显著加大，而摆动频率变密。

奥巴马的成功之处也是其失败之源。他找到时机，在民主党长期努力的几条战线强行突破，比如普遍医保，又比如同性婚姻。只是，强行突破的后果是成功难以长久。对方一旦得势，反卷来得会更加迅猛。奥巴马医保今天已难保全。

民主党全国委员会前主席霍华德·迪恩对耶鲁世界学人们说，这一代台前的美国政治家们都应该退下来，美国人民真正需要的是互联网一代领袖。我知道他的意思，换新人，带来新思维，放下历史包袱。要超越两党政争已难从中自拔的一个个泥潭，必须要重新表达问题，因为老问题已成死结。

我问他：“可是，奥巴马不正该是这样一个总统吗？”

迪恩苦笑：“一定要我说的话，我觉得奥巴马太一意孤行。”

迪恩说得对不对，我对美国政治没有了解得那么细，照录而已。想起多年前，奥巴马以“变革（change）”口号崛起时，一位美国外交官对我说，谁想当美国总统都会向公众把自己定位为局外人，声称要打破现状，但没一个能做到。

奥巴马确实没做到，在他任上：

——他兑现了承诺，结束战争，让美国士兵从中东回家，但中东近年成为向世界输出恐怖之源；

——他与伊朗恢复正常关系，伊斯兰世界随即兴起新的大国争霸：伊朗对沙特；

——海豹突击队干掉了拉登，但IS兴起；

——他通过了奥巴马医保，但即将被巅覆；

——他促成同性婚姻合法化，但美国最高院即将右倾。

奥巴马其实是近年少见的有为美国总统，卓越的战术家，在政治极化、僵局难破之时，仍抓住机会做成许多他想做且承诺过要做的事情，但这些成果现在看就算一时取得也难持久。高度极化、摇摆激烈的政治博弈中，强行过人，一时得手，无法持久。

说不清是政治极化造就了奥巴马打法，还是奥巴马打法加剧了政治极化。

今秋在纽约街头，几个街头黑人小伙子行骗，向我收钱的时候朗声叫道：Obama wants change, we want 20![奥巴马才要零钱（变革），我们要20美元！]

现在，特朗普总统要就位了，搞不好他是那个真正打破现状的人。

漫长的衰落

在名著《罗马帝国衰亡史》中，吉本开篇提问：衰亡不奇怪，奇怪的是为什么罗马帝国衰亡要花长达三百年时间？

吉本用皇皇六卷本来回答这个问题。一言以蔽之，则是罗马败于缓慢的内溃，政治、观念、经济、军力缓慢溃散，终至衰竭。外敌只是表征，蛮族最终涌入罗马，不是因为他们很强，而是因为罗马自己太疲累。反过来说，罗马衰败三百年才灭亡，也是因为罗马体制没有真正的外部竞争对手，没有什么别的值得与它相提并论。全世界只好等着它慢慢溃烂，衰朽，然后一阵风将它吹倒。填补罗马留下来空间的不是新帝国，而是漫长的黑暗期。

危机还是陷阱？

在耶鲁期间选了门全球政治课，其实是门阅读课，老师选了12本书，学生每周读一本，每周一个学生做读书报告，另一个学生则要勾勒出这本书与其他书的关联。然后是课堂讨论。除了我之外选课的都是耶鲁本科生，读书报告和课堂讨论的水平很高。许多人问我如何读书最有效，上这门课就明白了，读完就要讲，最有效。如果你为读书苦恼，把这门课的做法复制到微信，先找个好老师列个书单，用微信组个学习小组，每周轮讲。学习的办法多得很，关键得学会与自己博弈。

回到正题。

《信心陷阱》（*The Confidence Trap: A History of Democracy in Crisis from World War I to the Present*）是我在这门课上读到的一本好书，主旨是民主体制韧性超强，以及因其韧性而使人们掉入过度自信的陷阱，以为民主体制必然能应对内外挑战，因而埋下民主失败的种子。从副题中就能看得出，作者朗兹曼透析现代民主体制自一战以来的历次挑战，每次大敌当前，形势危如累卵，但民主制最终都能贞下起元，履险如夷。一战、二战、冷战，哪次不比现在更险恶？民主不是没有危机，而是时常遭遇危机，正是因为时常遭遇危机而又都安然渡过，才会掉入过度自信陷阱。

读这本书，你一定会想：此时此刻，是历史上发生过的那种危机又一次当前呢，还是掉入了自信陷阱？这本书本身给不出答案，因为答案是靠人做出来的。

1月20日，特朗普执政。

只有美国曾经不同

知道世界要变，没想到变得这么直截了当不由分说。

离开纽黑文之前，我搜出来一些用不着的衣物，放在耶鲁大学杰克逊研究所世界学人休息室的长沙发上。我知道穆斯塔法会取走，交给康狄涅格州难民援助机构IRIS（Integrated Refuge & Immigration Service，难民及移民一体化服务局，康州三大难民安置机构之一），再转交给难民。穆斯塔法是同期世界学人，已经出现在《战争没有离开过》里，他来自叙利亚。

农历新年刚过，新任美国总统特朗普签署命令，禁止伊拉克、伊朗、利比亚、索马里、苏丹、也门、叙利亚的人入境美国，无论持有什么签证，为期90天；暂停所有难民入境，为期120天。总统令措辞很清楚，这只是开始。

此前，刚上任第一天，特朗普还签署总统令，要求立即在美墨边境竖墙。

同期世界学人中，一位出身伊朗，一位来自索马里，一位来自叙利亚，一位来自墨西哥，特朗普执政一周，被波及者已占到近

1 / 3。未来特朗普锁国会如何扩大化，预计得严重一些不会错。

来自索马里的德蔻，就是那位传承家族责任、照顾3000同胞生存、同在《王烁·大学·问》文章里出现过的德蔻，更是难民出身。不期然地，在短短十余年间，经历美国从热情拥抱到拒人门外的转变。

难以想象的事情正在发生，美国真的开始锁国。特朗普真要干，不是说说就算。行政、立法、司法，现在只有法院在挡特朗普的道。这件事需要人们很长时间来消化，但形势进展速度之快让人根本来不及消化。

美国曾经是难民的天堂。

刚到耶鲁时，IRIS负责人克里斯·乔治向我们介绍，在欧洲向中东难民打开大门之前，美国多年来是全世界接收难民最多的国家，超过所有其他国家接收难民的总和。

每年，美国允许85000名难民入境，审核挑选由国土安全部负责，不分种族、健康状况、宗教信仰、性别、年龄，一句话，没有歧视。乔治说，美国如何对待难民，体现了这个国家精神中最美好的那一面。

美国的政策是只接收难民家庭。把难民一家从机场接出来，送到当地难民安置组织租好的公寓里，所有家具都必须是二手的。同时，要在社区里找来自同一国的家庭，为难民一家做顿家乡饭。让他们在最彷徨无助的时候，闻到令人安心的熟悉味道。

第二天一早，难民会被请到办公室，当面跟他们说清所有事项：医疗、子女上学等等，然后会尽快给他们找到工作。当然不会是什么好工作，基本是低级工作，无论薪酬还是地位，往往远低于难民们在母国原来的工作。

对难民们来说，这一刻回到现实，很难接受，但最终都会接受。

“当看着孩子背着新书包去学校上学的时候，一切都是值得的。”孩子们融入美国社会的速度，会远远超过其父母。一般来说，难民一年内能获得绿卡，五年后可申请入籍。

乔治说，美国难民政策既宽又严，宽在接收数量多，标准无歧视，严在难民别指望入境后靠山吃山，只能靠自己。给难民的补助水平不仅远低于欧洲国家，还远低于北边邻居加拿大——那里新来的难民可以公费学一年语言。美国呢，乔治说，联邦政府给每位难民拨的经费只有不到三百美元。

“当初设计这政策的人效仿美国立国之初的精神，你一无所有来到这里，从头做起，但只要努力，有才能，你能实现梦想。”机会给你，但移民先辈们吃过的苦走过的路，你得再走一遍。你也许在母国是大学教师，但在这里得从清洁工做起，一点一点往上攀爬，但至少你有了这机会。

近年中东战乱，难民骤增。欧洲打开大门，美国前任总统奥巴马表示美国会增加难民接收数量，但有30多个州的州长表示不欢迎难民，都是共和党州长。好在这些在当时不过是政治表态，没有什么用，因为各地法院均判决其违宪，难民该去还是能去。

康狄涅格州不大，但欢迎难民，2016年安置了500个难民家庭。2015年底，现任副总统彭斯其时担任印第安纳州州长，表示拒接难民。当时正有一家叙利亚难民，已经在飞越大洋的航班上，即将到达纽约肯尼迪机场，原准备转机去印第安纳州，现在遇阻，难民组织打电话问乔治：“你们愿意接收这家人吗？”

“欢迎！”

乔治的善举上了《纽约时报》：被印弟安纳州拒绝的难民，康狄涅格州欢迎。

时隔一年，今天此时，全美国有多少个难民家庭滞留机场，面对被遣返的命运？又有谁能帮助他们？

耶鲁大学偏在纽黑文，世界学人们来往各地通常要经过纽约肯尼迪机场，而交通不便。世界学人项目主管艾玛推荐我们用一位Uber司机。为什么用他？我们问。首先，他比市价便宜一点，艾玛说，其次，他原来是位伊拉克战斗机飞行员，以难民身份来到美国，辛苦遭逢，现已立足，还买了两套房子。你们不想与这个美国梦故事发生点关系吗？

我们当然都愿意。

美国本是移民国家，特朗普却在锁国。他跨过了开放包容的美国立国之本，而向更古老更动物本能的历史看齐：地盘我先入为主，后来者都是入侵者。这历史贯穿整个动物世界和人类历史，只有美国曾经与此不同。每个国家都以为自己有多么独特，但实际上他们都是一回事，只有美国曾经真正有所不同：人们相继乘船踏波而来，以理念立国，共遵一个契约，各自实现梦想。

这样独特的美国，不应毁在特朗普手上。

设想不可设想的事

《对华之战》（*War with China*）于近期出自兰德公司之手。

兰德是家了不起的智库，在中国人心中更有神话流传。比如朝鲜战争爆发后，美国参战前，据说兰德公司出了份只有一行字的报告：中国必定出兵。

这个故事当然是假的。因为兰德公司不是算命先生，不会给你个结论后，问他“为什么”，说天机不可泄露。兰德出报告，得有调查分析对策，就以这篇《对华之战》为例，前后一百多页，光资料目录就几十页。

类似的兰德神话蛮多，但兰德不需要这些，因为真实故事更神奇。

兰德的英文名称是RAND，缩写展开来是Research ANd Development，即研究和发展。作为现代智库之祖，兰德这名称塑造了当今全世界各类研发机构的取名规范，甚至影响到中国国务院下属的国务院发展研究中心。发展研究，development & research，其实就是德兰啊。

兰德几十年来声名显赫，在美国军事、外交决策中享有独特地位。比如，是个研究机构就有专页列出其成员获得的学术荣誉，但兰德这个页面令人震撼，光诺奖得主就有31个，横跨经济学奖、物理学奖、化学奖还有和平奖。而且，与许多机构的诺奖得主是功成名就后在此安享晚年不同，诺奖得主往往是在这里做出后来获奖的成就。诺贝尔经济学奖得主威廉·夏普（William Sharpe）说："想做既有美感又有用处的研究，兰德是个好地方。"

比如刚刚去世的托马斯·谢林，在这里做博弈论研究，直接服务于美国冷战策略：怎样威慑才可信？充分沟通能不能使美苏两大阵营至少免于相互误解？怎样才能最有效地释放可信的信号？冷战结束后拿到了诺贝尔经济学奖。我曾经说过，许愿之我与执行之我不是同一个我，两个我之间的博弈决定许愿结果，直接出自他的文章。

兰德原属美国空军和一些大防务公司创设的智库，发端于研究核战争的可能及策略，使命即是 think about the unthinkable，设想不可设想的事，自然是博弈论研究应用的重镇。除谢林外，博弈论的创始人冯·诺伊曼在这里做过研究；听说过博弈论的人也肯定都听说过纳什均衡，纳什在这里待了4年。除这几位之外，拿过诺奖的博弈论大家还有奥曼、夏普利、维克里、威廉姆森。

可想而知，博弈论思维贯穿了《对华之战》报告。第一作者大卫·康伯特（David Compert）曾任美国国家情报常务副总监，曾代理过总监一职，绝对的内部人。《对华之战》标题抓人，但并非主张对华动武。中美关系极为复杂，哪里是一份报告能说得完的？所以它只取一瓢饮：如果中美开战，战事可能会怎样展开？怎样避免开战？

比如，它没去估计开战的可能性有多大，这种预测费力不讨好。别预测，做准备。它并不认为中美开战不可避免，也不认为可能性很高，但认为哪怕可能性极低也须直面，因为开战后果太过严重。报告副题为 *Think Through the Unthinkable*，与兰德的使命陈述仅一字之差，显示了作者上承兰德研究传统的自我期许。设想不可设想的事，这是分析师的使命。

报告基于一系列假设：如果中美开战，战区主要在东亚海空，包括海上、海底、空中、太空；除网络战以外，总体是场地区性和常规性战争，中国不会攻击美国本土。

这些假设是否成立其实很难讲，但分析总要从什么地方开始，这组假设就是报告的起点。如果把假设改成全面战争和核战争，那是真正不可想象之事，让我们还是先不去想它吧。

基于以上假设，如果战事于近期爆发，是什么结果？如果战事于远期爆发，又是什么结果？这是时间维度；另两个维度是激烈程度和战事长度。三组维度组合出八种可能情形：

近期，激烈，短促

近期，激烈，漫长

近期，温和，短促

近期，温和，漫长

远期，激烈，短促

远期，激烈，漫长

远期，温和，短促

远期，温和，漫长

不一一细讲了，基本判断如下：

第一，中美战事不会有决定性后果，没有清楚的胜者，不会有哪方获得绝对胜利而另一方遭遇完败。

第二，如果战事于近期爆发，美国军力会实质性受损，如于远期爆发，损失更会大上很多，因为中国军力在迅速成长；但无论近期远期，中国军力损失会更大。

第三，战争激烈与否取决于领导人在战事开启时所下决心，战事长度取决于双方何时丧失继续作战的意志。

第四，东亚海空成为战区，不论在哪种情形中，中国经济都将遭受重创，战事变得漫长更是有灾难性后果；美国经济当然也受冲击，但相对小，主要限于双边贸易损失；此外，如果战事变得漫长，国际形势对中国会进一步恶化。

第五，战事爆发最可能的原因是一方误判，以为可以通过一场短促战争达到目的。“一战”前德法俄决策者就出现过这种误判，以为战争只会持续几个星期，结果是持续四年，一代精英丧生，当时的世界中心地带焦土化。为防止这种误判，报告认为必须向对方清楚地表明自己已做好长期激战的准备。

以激烈的长期战争的后果作威慑，杜绝另一方通过短促战争获胜的幻想，使战争爆发的可能性最小化，要打就打到底，所以最好不打。这就是这篇兰德报告的博弈论内核。如何使长期激战的威慑变得可信？政策建议由此鱼贯而出。兰德建议美国应适度整军，加强其盟友的军事能力和准备程度，在经济层面做好产业链被战事扰乱的后果等等。

不过，如果这些动作来临，必然会传递出另一种信号：美国封锁中国。而它会增加还是降低冲突的可能？兰德报告对此没有多讲。知己知彼能减少误判，然而相知何其难！这世上没有完全透明的信号、单一后果的行动，推动历史之轮转动的，往往是意外（unintended consequences）。

从狗哨策略到广播

“我在耶鲁讲课时，特别提醒自己不要太讲究语法。”霍华德·迪恩说，因为学生一半以上来自非英语国家，都说英语但各有各的说法。今天世界上说英语的人当中，一半以上都在非英语国家，既使得英语成为事实上的世界语言，又使英语的“纯洁性”变成个笑话。英语属于全世界。

我跟迪恩说，我讲英语就是用自己的语法，很高兴他认为我用自己的方式丰富了英语。迪恩大笑。

霍华德·迪恩，美国民主党资深政治家。1991年到2003年连任佛蒙特州州长，2004年参选总统时，开创基于互联网的草根动员模式和小额筹款策略，在党内初选中一度领先，惜败，但这套策略四年后被奥巴马用来打败希拉里，使希拉里的总统梦至少推迟了八年。迪恩后任民主党全国委员会主席，设计了50州全覆盖战略，与传统有弃有保集中资源不同，哪个州也不放弃，不管这个州有多么“深红”。这个策略奏效，两年后民主党在共和党传统上占优的多个州颇有斩获，拿下众议院多数。2009年退任时，迪恩还获得了荣休主席（Chairman emeritus）的头衔，以彰其作为民主党战略家之贡献。

除了这些，他还是个理想主义者，在民主党内有“Dreamer（梦想家）”之称。在耶鲁大学杰克逊研究所会议室里，他说，于公于私当然支持希拉里，但“希拉里也好，我也好，我们这一代人应该尽量早退，美国急需能代表互联网一代的领袖”。

互联网一代，就是生长于互联网环境中这一代，它早已溢出了特定阶层，进入社会草根，它与英语一样受益并反馈于全球化，重塑经济与政治。

迪恩认为，把现在的各种问题归咎于贸易毫无意义。“降低贸易壁垒就能创造工作，句号。”迪恩认为，不光对发展中国家，这对美国也同样成立。贸易本身不是问题，它只是被卷进了政治之争。

真正的问题是互联网兴起改变了经济的组织和生产方式，以及与之相伴的工作。对受教育的年轻人来说，互联网全是机会；但对那些50多岁的人则完全不同，工作离开这些人就永远不会回来。更何况，自动化已经在取代工人，人工智能的潜在冲击令人惊恐，压力在可见未来只会更大。

这也不是美国一家的事。特朗普现象在全世界都出现。英国脱欧，勒庞极右派在法国日益强大，等等。美国白人的愤怒，已不再是过几年重排一下座位这种常态政治能处理的了，许多人只想把桌子一脚踢翻。底层白人不光是穷，还觉得不公平，被精英欺骗，窃取。

迪恩看来，特朗普的策略很简单，就是把人分群，然后把另外一群人视作祸首，在人群之间煽动仇恨。分而治之是自古以来的政治手法，因为人性如此。以前这套手法玩得精致一些，迪恩比之以狗哨策略。

我不养狗，迪恩看我面露不解，解释说，吹狗哨发出的频率超出人耳接收的范围，狗能听见人听不见，公众场合吹狗哨不用打扰他人。用在政治语境里，意指在公开表态中向特定人群释放信息，而广大公众听不见。现在，特朗普放下狗哨，直接广播了。

而且，他绝不会是最后一个。

反对特朗普们的最好办法，就是听取底层的愤怒，政治不能再假装常态下去了。“如果说资本主义指每个人发挥潜能，在市场中竞争，优胜劣汰，那我们都是资本主义者。但接下来还有个问题，资本主义里面要包含多少社会责任的因素？”

这个问题有关美国体制的存亡。“不然怎么办呢？回到用暴力解决的时代吗？”

迪恩不悲观，他觉得时间在他们一边。今年全美入托的孩子中，非白人的小孩数量第一次超过白人小孩。而且，2008年也第一次发生了35岁以下年轻人的投票率第一次超过45岁以上的人群。共和党人迟早会意识到，他们不能总是靠打击（bashing）其他族群来获取政治资本，这些族群很快就会成为美国的主体族群。共和党迟早必须抛弃控制党内三四成选票的极右翼力量，因为他们挡住了共和党向多元族群靠拢的所有道路。

最后，迪恩讲了他的人生经验。

迪恩进入政坛有些偶然因素，他本来是佛蒙特州副州长——虽然听起来不小，但这甚至不是份全职工作，美国人就是这么任性，他的本职是医生——但州长死在任上，于是迪恩忽然获得了州长这份全职工作，有些发懵。不久参加全美州长大会，来自北卡、前后当过16年州长的一位前辈告诉他："我们所有的事里头，90% 的事是紧迫的，10% 的事是重要的。不论你做啥，记住这句话。"

迪恩大悟，写了一张纸条，列了五件他作为州长想做的大事，放到办公桌左边第一个抽屉里，每天下班前拉开来看一看，今天有没有朝这五个目标多走哪怕一小步？

这五个目标是什么并不重要，重要的是，你自己要想一想，重要的事有没有被淹没在看起来紧迫的事情里头？

中学·问

想不到我从中学毕业马上就要满30年，却坐回到中学课堂。

这也没有什么可难为情的。我听的这堂课，吴敬琏先生也来听过，大为钦服：原来中学也能上经济学，原来中学老师讲经济学讲得这么好。

这里是Bishop's School，圣地亚哥地区排名第一的私立中学。在朋友的安排下，我在这里听了一天，4堂课，颇受震动。

这里不是没有应试教育，事实上我当天所听课中有一堂就是老师讲如何应试。这是堂AP（Advanced Placement）课，简而言之，就是把大学课程拿到中学来教，学生所获学分进入大学有效，不用再修一次。学生们上AP课，一是为了提前拿学分，也证明学习能力，对进入一流大学有利。久而久之，有能力开出多少门AP课，成为一所中学实力与水平的标志之一。

这堂经济学AP课已经讲完，两周后统考。老师给学生们做简单总结和应试指引。过程跟国内差不多，学生们领到模拟试卷，老师逐一讲来：如何理解题意；如何准备工具；过程远比结论重要；

解题一般有三种方法，列式子、画图、文字陈述，其中画图最受阅卷者欢迎。讲到这里，老师强调："图一定要画得大大的，千万不要在螺蛳壳里做道场，你麻烦是一回事，阅卷者看不清怎么办？"

朝向考试当天的调整同样重要：保持正常生活学习节奏，不要刻意调节；考前一天晚上不要再学习了，去看场电影，看完回家睡觉；充足睡眠但不要过多睡眠。等等。这些告诫与中国老师差不多，无所不包，不厌其细。我印象深刻的是这节对话：

老师："考前不要吃辛辣食物，不然考试时放屁，影响整个考场。"

学生抬杠："搞不好这是正确策略。你想想，影响别人，岂不是于己有利？"

老师没有批判学生无良："你的竞争对手不是同场考生，而是分散在全美国无数考场里的无数考生，你放屁只能影响到好比大海里一滴水，损人不利己。何必？"

既然是经济学 AP 课，教师就从自利动机角度分析，如果是伦理学课，可能就会换种说理方法。

无论应试搞得多么精心，其实不会太过冲击我这种来自中国的参观者。Bishop's 给我的震动在于教学方式与精英大学并无不同：学生有年级但不分班，必修课选修课该上哪门课就去对应的教室；考试不多，写 paper 比较多；原典阅读，小课堂讨论，很少有老师长篇授课。

诗歌课上，学生告诉我："我们主要从彼此那里学习。"

我心想，你们从彼此那里能学到多少？

一位学生家长说，他们家孩子也在公立学校上过学，有比较。公立学校更重应试，而 Bishop's 这类私立学校更重视自由发展。

应试当然很重要，但充分自由发展之余，再加一定的针对训练，足矣。Bishop’s 毕业生 SAT 成绩都很好。

我想了想，觉得这是一个系统：精英中学与精英大学一以贯之。精英大学录取标准中，考试成绩很重要，但只是重要标准之一；而且，公平地说，考试不是太难。较好素质，正常努力，稳定发挥，即可确保达标。学生们将其他精力与时间用于自由发展，在人生刚起步时就寻找属于自己的路，而不是全身心投入应试训练不顾其余。

中国的中学教育是与此相反的另一套系统，练习练习练习，考试考试考试。哪个更好？说实话我不敢作答。

从学生的角度来说，中国应试教育系统带来许多痛苦，但学生只是教育这件事的利害相关者之一，利害相关者还有家长、社会、政府，个个都重要。从社会角度来说，年轻人自由探索给社会带来更多活力，创新多源自美国跟精英教育方式不无关系。但是，对于大多数美国学生来说，与自己人比还好，如果与亚洲学生比，则训练量明显见绌。美国大学的理工科越来越被亚洲学生占领。是刻意训练剂量持续加大还是适可而止追寻全面发展？这个难题没有简单解，属于每个家庭自己。

有一点是明明白白的。Bishop’s 这类学校的毕业生们进入精英大学会感到如鱼得水，因为他们在中学里已经用同样的方式学习和生活了六年。可以说，如果仅从教与学的形式上看，他们现在就在上大学，只是内容浅显一些而已。也可以说，从为社会养成公民的角度看，他们已经在成为公民的路上。相形之下，中国学生的成长阶段泾渭分明，大学以前是应试机器人，大学才开始学习如何成人，开始工作才成人；Bishop’s 学生将其提前了四到六年。

回到经济学课堂。

下图中是什么？先不要看答案。

揭晓答案。这是用铁艺做的供给需求曲线。Bishop’s 经济学入门课重视画图，于是学生们就用各种各样方式画图。

有“简单”画一画的。

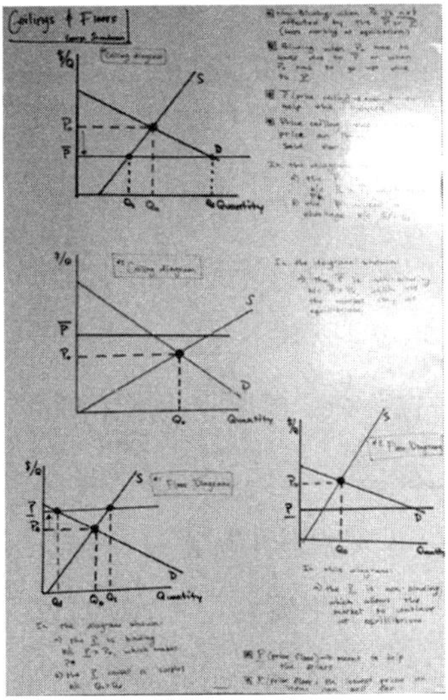

还有用乐高积木做的。

我上的那节课，老师讲面临不确定性的决策（decision under uncertainty），其中讲到博弈论，我现在回想，从头到尾没有用一个专业术语，非常通透。

老师播放电视节目 Deal or No Deal，成交不成交。节目到最后剩两个箱子，一个箱子里有100万美元，一个箱子里有1美元，哪个有多少不知道。你有两个选择，一是接受节目组给你的41.3万美元现金走人，这就是 Deal，成交；二是不接受，No Deal，继续在两个箱子里选，你既可能拿走100万美元，也可能只拿走1美元。

你选成交还是不成交？哪个选择对？

在两个箱子中选一个，预期收益是500000.5美元，大于41.3万美元。那么选不成交？如果最后选中1美元的箱子呢？

选择没有对错，只是反映了玩家对风险的态度：选择成交的厌恶风险，选择不成交的拥抱风险。老师现身说法："我得养家，我肯定成交，拿走现钱，这41.3万美元对我特别重要。相反，如果41.3万美元对其不是特别重要的人，会倾向于选择不成交，继续玩。

学生们可要记住了，这对你们未来的财务决策很有帮助。正确的决定与好结果是两回事。你们要根据自己的情况正确地决定，不要因为结果的好坏去评价决定的正确与错误。”

节目中，玩家是位穷人，他选择不成交，继续玩，开箱，1美元。

他错了吗？如果错，错在哪里？这道题留给《大学·问》读者。

课结束时，老师放了另一个录像，Split or Steal，分还是偷？总金额10万美元，两个人玩，如果两人都选偷，则都什么也得不到；如果两人都选平分，则平分10万美元；如果一人选平分一人选偷，则选偷的人独得10万美元。

你选平分还是偷？

这是典型的囚徒困境。你应该选偷。不论对方选平分还是偷，你选偷的结果都比选平分好，至少不差。对方也是同样逻辑，所以你和对方都会选偷，谁也得不到钱。游戏有且只有这一个纳什均衡。

可是玩家是人，是人就有想法。于是，节目中玩家彼此恳求，表达诚意，然后相互出卖，直到令人耳目一新的策略出现。

玩家A：你听好了，我绝对会偷，无论怎么样都要偷。

玩家B：你这人不讲道理（精神崩溃）。

玩家A：我绝对会偷，所以你应该选平分，因为我拿到10万美元后，保证做完节目跟你平分。

玩家B：你这人不讲道理（精神持续崩溃）。

玩家A：如果你也选偷，那么我们什么都得不到。相反，你选平分，至少还能寄希望于我事后跟你平分。你确实没有理由信任我，但有个希望不是比什么都没有强吗？

玩家B：你这人不讲道理（神智逐渐恢复）。

最后亮牌，玩家 B 果然选择了平分，精华之处是一直强调自己绝对会偷的玩家 A 也选择平分。两人愉快地平分了10万美元。

到底发生了什么？

学生说，A 是个天才！他制造出 B 不得不选平分的情境，避免了双方都选偷什么也得不到的结局。

确实如此。

但是，多想想。玩家 A 的策略可靠吗？

不可靠。

第一，如果要利益最大化，玩家 A“应该”选偷，独得10万美元。他没有做此选择，而是选平分，只拿走“应得”的一半。精心设计策略，操纵对方心理于股掌之间，最后却“公平”处事，这不“科学”。

第二，对于玩家 A“绝对会偷”的威胁，玩家 B 并非只能选择平分，将命运交给对方主宰。A 与 B 在游戏中是完全平等互为镜像的，A 所做的一切 B 也能做。倘若理性与智慧皆具，玩家 B“应该”这样回答玩家 A：你刚才说的我都没听见。你听好了，我绝对会偷，无论怎样我都会偷，倒是你应该选择平分……同样一份套餐回敬给玩家 A，就此摆脱威胁，双方回到原点。

如果就说决定本身，这样决定才是正确的。但这一正确决定对 B 来说真的好吗？双方都理智而智慧，于是锁定在囚徒困境里，走向双输的命运。

人生吊诡。许多时候，不理性、不智慧、不科学、反应不快、受制于人……却使我们走出困境，在人生险途中找到细如发丝的合作之机，尽管它本来“不应该”存在。

假如我在30年前就懂得这些道理……

虎妈心法

跟虎妈的对话是从朵拉开始的。

朵拉是我女儿，意志强大，智计百出，不过遇到的是同样意志强大智计百出的朵拉妈。我问虎妈，母女冲突怎么办?

虎妈，耶鲁法学院教授蔡美儿，一本《虎妈战歌》引爆中美育儿文化碰撞。她目标明确，意志坚定，遇到如出一辙的两个女儿路易莎和索菲亚，天然适合做导师为我解疑。

“朵拉跟妈妈冲突，谁赢？”

“妈妈赢。”

“现在这很正常，但从孩子七八岁起就不一定了，因为孩子会知道你的软肋在哪里，比如你重视上学，她就偏不去上学，用这来威胁你，你很难不被打败。”

蔡美儿讲过自己怎么逼女儿路易莎学弹某首钢琴曲，女儿认为太难学不会，虎妈说岂有此理，找什么借口，从羞辱到威胁，什么招都使，包括要把女儿的玩具全部捐出去，等等，非练不可。

这不是一个故事，而是日复一日年复一年的生活。

虎妈没说，但我不难猜到，孩子在过程中学会了一切，然后在未来的时间里，一样一样用回到妈妈身上。孩子的策略是父母策略的镜像：你用什么策略来对付她，就教会了她用什么策略来对付你。

那又怎么样？虎妈认为值得。论钢琴，女儿最终进林肯中心上台演奏；论学业，女儿今天一个在哈佛一个在耶鲁法学院；论亲情，“女儿整天给我发短信，还表示也要做虎妈，”蔡美儿说，“不过第三代我不管了。”

套用一句流行语——来啊，互相伤害啊——这样的互相伤害，是只属于至亲之间的经历。惟有成功是最好的报偿。

上面那个故事的结果，母女不眠不休对抗到最后，路易莎忽然弹出了曲子最难的那段音符。苦尽甘来。进阶的巨大喜悦使此前的相互伤害变成相濡以沫的共同历程。完美结果。

但如果失败呢？

在虎妈看来，失败不可接受，因为它不应该发生。她在《华尔街日报》的文章说：

“中国人父母要求孩子成绩优异，因为相信孩子做得到，如果没达到，就是因为努力不够。这就是为什么中国人父母对孩子表现不佳的反应总是斥责、惩罚和羞辱。中国人父母也相信孩子足够强大，承受得起这些，然后进步。”

估计今天即使在中国也只有一半父母同意虎妈这个看法，在美国这简直是岂有此理。一次晚宴，蔡美儿讲了自己的育儿故事，同席有人当场崩溃离席。虎妈一度是社交毒药。

如果虎妈只有这个见识，那就真与村夫愚妇不远。

如果不惜用羞辱和威胁逼孩子不断加码努力，就必须成功，只有成功才能带来回报赎回亲情，而失败则会是双重的：亲情受损，还没回报。

所以，必须选择那些孩子一旦努力就有回报的事情。

虎妈不是完全不给女儿选择：女儿可以在钢琴和小提琴当中选一样，但必须选一样。虎妈的父亲当年给了她同样一道选择题。具体原因不可考，但虎妈认识到，什么乐器其实无所谓，关键是乐器演奏是最典型的可以步步进阶的练习。它与天分有点关系，但更与努力相关，只要你是正常人，练习时间足够，练习方法正确，你肯定可以一级一级攀到专业水平。

经意不经意间，虎妈摸到了刻意练习的门。

刻意练习适用于这类领域和技能的学习：

——难度分级；

——目标明确；

——反馈清楚；

——方法成熟；

——改进具体；

——过程艰苦。

钢琴、小提琴正是最适合刻意练习的对象。这条路很难，但投入总有回报，那些投入最多的会走到最后。

成人的刻意练习与孩子的刻意练习有个重大不同。成人只能靠自己，孩子则必须有父母的角色，问题是这角色是什么？

虎妈说："中国人父母懂得，除非你擅长，什么事都不好玩，而要擅长任何事情都必须努力。孩子一遇困难都自然而然想放弃，这时父母要做的就是帮助甚至不惜逼迫他们坚持，练习、练习、再练习，越过困难，进入正反馈的轨道：努力带来回报，回报激发努力；获得赞扬，建立信心，那些曾经仇恨的练习这时变得有趣。”

如果你面对挑战，准备不断加码，增加努力，请确定你走在那条适合刻意练习的路上，因为不是所有领域都有难度分层、明确目标、清楚反馈、成熟方法、可做具体改进的。刻意练习不适合用来发现新领域，养成新技能。如果你在这些地方刻意练习，套用虎妈心法，层层加码，那就南辕北辙，最后结果是悲剧。如果是父母用在孩子身上，则是双重悲剧。

高标准，严要求，不找借口，如果你能接受这些虎妈心法，搞清楚它能用于哪些地方，它有用，但不普适。

我问蔡美儿，如果能重来，会不会做法不同？

她想了想：“也许会给她们更多一点户外时间，以前觉得这是浪费时间。”

虎妈一点儿也不后悔。

临别之际，她告诫我：小时候严格要求，长大尊重个人选择。顺序千万别反了。“你是愿意孩子小时候没有多少空间长大后有很多空间呢，还是小时候很多空间长大后没有空间？”

什么使人幸福？

“有选择才有幸福。”

我从被骗中学到的

周末从纽黑文去纽约，看完大都会博物馆出来，刚走到台阶下，我就被骗了。

故事的发生是这样的：

走到台阶下，但见两个黑人小伙，精赤上身，健美异常，分处场地两端；一位小姑娘立在场间，后来才知道，这是他们找的第一个游客。

黑人小伙子助跑几步，轻轻松松地从小姑娘头顶跳了过去。

有两下子。我停下多看几眼。

既已破冰，接下来容易了。大都会博物馆台阶又高又宽，天然的剧场效果，坐满游客。免费杂耍谁不爱看呢？

两位骗子开场白："大家记住了。我们是上东帮，但我们没纹身，都是好小伙！世界上只有一个种族，那就是人族！（There is only one race, that is human race.）" 总之一串串的词，上下文串得不见得有逻辑，但朗朗上口，押韵连贯，声遏云霄，道理昭然。纽约初秋下午的阳光里，人们的戒心融去了一分。

先后有六个游客被叫上场，骗子说，表演之前需热身，让群众演员模仿两人动作，亦步亦趋，效果自然是有好有坏。

其实，这都是套路，心理学家早就发现，人们更容易认同跟自己相似的他人。全场哈哈大笑之际，戒心又去了一分。

骗子把六位游客从矮到高依次排好，大家都把心提起：从六个人头顶飞跃？这可是高难动作。

骗子意犹不足，环顾全场，看见了我。

“你上来！”他叫我，然后面向全场，“没有亚洲人参与的表演是不完整的！”

全场鼓掌，是啊，刚才不是说过世界上只有一个人族？在我意识到什么之前，已经被站在场子里了。

如法炮制，他让我跟他打了一套太极拳，这套调试程序一个也没有少。

打完拳，我就不是冷静的旁观者了，而是个咧着嘴笑的游客。

打完，入列。

该飞跃人头阵了吧？

骗子开始收钱了。

第一，与有钱的捧个钱场没钱的捧个人场的传统告白相反，他们明确要求观众都给钱。按说这是无理要求，因为无法防止白看，但不是。心理学还发现过，只要你提要求，对方就感觉多多少少欠你的。有这点就够了。

第二，要天价。他们要20美元。在纽约大街上要人给20美元，不啻天方夜谭。可是，这两位有三寸不烂之舌，他们说：

“Obama wants change, we want twenty!”

这是句脱口秀级别的玩笑。谐音，双关，政治讽刺，都在里面。

哄笑声中，观众纷纷解囊，目测所得甚丰。

总该开始飞跃人头阵了吧？

骗子转向七位群众演员，你们出多少？出的少往后站，出的多往前站。You know，如果我飞跃中间掉下来……

有人出20美元，给排到前面，有人出5美元，给排到后面。我没带钱包，看着场下的老婆，好奇地想，凡花钱的事都要找 deal（交易）的老婆，这次会给多少？

老婆不打折，掏出20美元！全场沸腾了。骗子要我亲一下老婆以示感谢放过。我做了，确实很感激。

最后轮到刚开始的小姑娘，难道小姑娘也得给钱吗？骗子说，不用。这里有五美元你收好，回去告诉你朋友，就说：

“Two black men jumped on you at New York, and they gave you $5!”

全场又是一阵爆笑。jump on 是双关，跳过，打劫。骗子又扣住了 there is one race，that is human race 带来的宏大主题。

开跳了，却是个反高潮的结局：七位群众演员被要求弯身，手指摸到脚背，黑人小伙子助跑几步，轻松跳过。

“表演结束！再见！祝大家有个好周末！”

期待中的飞跃人头阵在哪里？这时知道上当，已经太晚。

回头去看，骗子深通心理兵法：

第一，扣紧政治叙事，吸引观众注意，而转移注意力是一切骗术的根本。

第二，分步套牢。从街头杂耍到收费表演到骗局收场，步步无缝连接。对观众，先用小试身手吸引流量，再将流量变现，以货不对版收场，是不是有点像互联网 O2O？对群众演员，把你请上来就成功了一半，众目睽睽之下，你能一毛不拔吗？你能不想要安全一点的位置吗？

第三，杠杆人们的脑补能力。骗子从来没有明确说过要飞跃人头阵，只是上来就飞跃了一个人，然后释放各种信号，使观众脑补出飞跃人头阵的画面，愿意为高难度付费，等发现货不对版已经太晚。

第四，大胆运用心理学中的锚定理论。大都会博物馆精品满目，也不过建议参观者花25美元买门票而已，街头杂耍要20美元简直疯狂。但是，此时此地，没有参照系，你很难为一场表演定价，特别是你以为他要展示飞跃七个人头这种独特技能。他要多少，你就不由自主地以这为基础在心里还价。到这里，骗子就已经赢了。

第五，制造稀缺，激发竞争意识。群众演员们以为要飞跃七个人头，能否成功无法预测，排前面更安全，一二三四五六七，你想排在前面还是后面？这是一场隐性的拍卖。我们都着了道，就像身上有个开关，一拨就灵。

第六，以飞跃人头阵的预期收钱，以跳马结束，这场表演终归是个骗局。尽管在博物馆门前这种人流来往之地，宰一次是一次，不用太顾及长远，骗子还是保持住了基本的吃相，没要小女孩的钱，而是给她钱。否则，这场装裹在街头即兴演出下的骗局会当场被人看穿。

"Two black men jumped on you at New York, and they gave you $5!"

第一次看这句话是笑话，第二次看是实话——我们都被 jumped on 了。

隔天写这篇文章，我并不气愤懊恼，仍在回味骗子技巧高超，如果他们的真实身份是纽约的哥伦比亚大学心理学系学生，我也不会太吃惊。写下来有两个目的，彼此有些冲突：

第一，无处不可学习，向骗子学习实战心理操纵也是一种，恐怕还很有用；

第二，汲取教训，以免将来再被骗。

回忆两位黑人小伙子流畅掌控全场的过程，对不再踏进这同一条河流我真没多少信心。

是啊，这些我本来就懂，不也上了当?

大学·问·答网友

大学·问·答网友

专业与技术篇

1. 如何用经济学思维分析问题

Stone：如何运用经济学思维去分析问题？

经济学的特点就是连回答这样一个无辜的问题都有可能吵翻天。我的回答只是各种可能回答中的一种。

经济学分析人类行为，它既是规范性的，又是实证性的。所谓规范性就是：人类应当这样行为，如果一系列对人类行为的假设和前提成立的话；所谓实证性就是：糟糕，这些假设和前提实际上不见得成立。那人类行为实际上是什么样的呢？

作为一门规范性科学，经济学依据的假设和前提很多，比如理性经济人假设人总能确定自己的偏好并为之排序；又比如公司金融的奠基理论 MM 定理认为公司价值与其中股权和债务所占比例无关，但别忘了它有十多个前提：不考虑税，不考虑是否破产，信息充分，市场有效等。

很明显，这些假设与现实不一定相符。但这不是理论本身的错。理论建个模型，谁保证它跟现实一定有啥关系呢？模型与现实发生关系时才有错可言。许多人要么忘记了模型的各种假设和前提，要么在假设、前提与现实不符导致预测错误时，说现实错了。这是过度沉湎于规范性的结果。其实，除了数学之外，其他学科都没有资格躲进假设与前提的框框里拒绝与现实打交道。现实是不会错的。

所以，经济学还是门实证科学，就是当假设、前提与现实不符的时候，研究人类行为事实上是什么样的，与基于那些假设、前提的模型预测相比有什么不同。一方面，现实固然是不会错的，但却是可以调整改造的；另一方面，改变哪些假设、前提会使模型的解释和预测力更强？

今天的经济学越来越重视实证。新生代的经济学家越来越倾向于这样定义经济学：用数据来研究激励如何影响行为。这是整个社会科学领域共有的趋势，经济学跟其他社会科学的区分会越来越模糊。

我以前介绍过史蒂文·莱维特（Steven Levitt），他是少壮派经济学家、芝加哥大学教授、克拉克奖得主、《魔鬼经济学》（*Freakonomics*）系列的作者。这段介绍用来回答你的问题很合适。

无论在说到一个人、一个组织还是说到一级政府的时候，人们通常总会说其应该做什么，很少会说怎么去做，几乎从来不会说为什么这样做可行或者不可行。如果实在被问到这个问题，答案常常是：因为这样做是对的。

这与 Steven Levitt 的告诫恰恰相反：绝对、永远不要以为人们仅仅因为某件事是对的就会去做。这句话来自其《魔鬼经济学》系列中的一本《不同凡想》（*Think Like a Freak*）。

激励被 Levitt 放到了最核心的位置。不考虑激励的公共政策是不可能有效的。他写的第一本书 *Freakonomics* 大热，第二本 *Super Freakonomics* 开始吃老本，这本 *Think Like a Freak* 写得不好，但读到 Levitt 列出的激励六要，也就算是没有浪费时间。

* 搞明白人们事实上重视的是什么，而不是他们自己说重视的是什么（Revealed Preference Instead of Stated Preference）。

* 激励要对别人有价值，同时对自己的成本低。

* 要尽可能使用那些能使零和博弈转换成正和博弈的激励。

* 这条前面讲过了，在此重申：绝对、永远不要以为人们仅仅因为某件事是对的就会去做。

* 如果别人对激励反应出乎你的意料，要从其反应中学习，并调整自己的方法。

* 总有一些人会祭出你无论如何也想不到的招，把激励拿走把成本留下。哪怕只是为了自己不被逼疯，就最好还是赞赏其天才，从教训中学习。诅咒别人贪婪没有用。

与此对照，官员总是懂得这六条，但政府出台的公共政策却往往与这六条相悖。为什么？

2. 经济机器是如何运行的

Amor（阿默）：能否推荐货币、汇率、宏观经济相关的入门书？

要搞懂这些问题，推荐你在 YouTube 上搜这个视频，How The Economic Machine Works（经济机器是如何运行的），应该有人已经搬到了国内的视频网站，你也可以搜搜看。

这个视频出自桥水资本创始人雷·达里奥（Ray Dalio）。桥水资本是过去10年最成功的对冲基金，达里奥是金融危机后对于经济减杠杆理解最透彻的对冲基金管理人，他不玩虚的。

在他看来，经济运行起来有如一架简单的机器。看这个视频只要花30分钟，也可以花更短的时间，读我看完视频后总结的这九句话。

第一，经济是由无数个买卖构成的。卖的是货，用钱或者信用来买。

第二，卖方代表供给，供给相对稳定，毕竟要造东西出来不是那么容易。

第三，买方代表需求，需求波动相对大，因为钱和信用这东西，在当今，创造出来比较容易。所以，经济周期的主要驱动力是需求变化。

第四，买货用钱结算，如果用的是信用卡，那不是结算，只是承诺会结算，用的是信用。

第五，钱和信用这两者相关但不是一回事，美国社会总信用是钱的15倍左右。钱的扩张取决于央行印钱的节奏。信用的扩张取决于整个社会中卖方接受买方延期结算承诺的意愿。乐观的时候，意愿强，信用扩张；悲观的时候，意愿弱，信用收缩。

第六，短经济周期中，央行通过利率影响信用的扩张与收缩。

第七，长经济周期中，即使央行把利率降到零也无法驱动整个社会的信用扩张时，信用收缩就不可避免，这就是减杠杆。它表面上跟信心有关，但根本原因还是杠杆率过高了。

第八，减杠杆有四种办法：削减债务，就是债权人承受损失；转移支付，就是有钱的补贴缺钱的；财政紧缩，就是少花钱；债务货币化，就是央行大量印钱。只要问题足够严重，总会走到央行大量印钱这一步。

第九，大量印钱有三种可能后果。第一种是虽然印了许多钱，但全社会信用还是扩张不起来，毕竟钱跟信用不是一回事，这是通缩型萧条，所谓钱不进实体经济。第二种是央行印了许多钱，人们预期本国货币将贬值，因此换成其他货币，加剧本币贬值，造成通胀型萧条。前两种达里奥称为丑陋的去杠杆。第三种是美丽的去杠杆，就是印了许多钱，货币适度贬值，竞争力增加，信用由收缩转向扩张，经济机器开始下一轮运转。区别在一个度字。

当然，你要真看懂这九句话，真理解这个视频，最好还是读本货币银行学教材，任何一本美国大学主流的货币银行学教材都行。不做起码的努力，是不会有捷径可言的。

3. 危机之下，谁更受伤

单启明：若是发生大规模金融危机，受伤更大的是富人还是穷人？照理天塌下来压不死蚂蚁吧？

这个问题是没有标准答案的。我试回答一下。

所谓金融危机，千姿百态但万变不离其宗，就是借钱太多还不上了，社会信用从持续扩张转为陡然收缩。可想而知，一定有些负债最多此前最激进的“富人”会被清光，所谓“首负”。富人作为一个整体则不大可能有此下场。在这种下场成为现实之前，政府一定已经采取一切可能采取的行动。

为什么？

因为全社会剧烈收缩信用如果不遏制，则后果是经济大萧条，也就是工厂关门，公司关张，大量失业。天要是塌下来，大家都死，蚂蚁也不能幸免：没工作了。

在救的时候，你问政府是救蚂蚁还是救大象是没意义的，都一样，对政策没大影响，因为不救不行。救的办法本质也都一样，撕开各种面纱，就都是央行做最后贷款人，拿钱出来救。

问题在于，央行印钱给谁？

答案很简单，央行救的目标是维护金融稳定，要救的是金融体系，那么拿到钱的就是金融机构。同样是货币投放，这与天气正常时完全不同，那时的货币投放与正常的经济活动挂钩，投得相对均匀；现在是救急，全部堆给几家几十家金融机构；至于惠及实体经济，那是以后的事。

所以，最近十年以来的历次金融危机及政府救援，事实上没有均贫富效果，倒是加剧了贫富分化。政府救援对穷人的痛苦略有缓解，同时显著地增加了富人财富。

身为蚂蚁，你想啥呢？

4. 贝叶斯对付不了黑天鹅

刘韬：你在《怎样形成一个有效的判断系统》中推荐贝叶斯方法，动态调整一群人的预测权重，加权平均，形成预测。如果大家的方向都是错的怎么办？就像《大空头》里面绝大多数金融业者不觉得楼市会崩。

你说到了贝叶斯方法的软肋，就是它无法对抗黑天鹅。这是没办法的事情，黑天鹅的定义就是无法预测之事。现在动不动说黑天鹅成群飞起，这至少不是黑天鹅的原意。小概率事件不是黑天鹅，不在概率集合里头的事件才是，或者换句话说，一个是 known unkown（已经知道不知道），一个是 unknown unkown（还不知道不知道）。

贝叶斯方法倒不怕跳跃，再大也不怕。比如说，假如天黑只有两个原因，一个是太阳爆炸了，一个是太阳在地球的另一侧。如果我们有绝对可靠的证据证明太阳并不在地球另一侧，那么，无论太阳爆炸的可能性本来是多么微乎其微，我们都只能接受这个解释。正如福尔摩斯所说，When you have eliminated the impossible, whatever remains,however improbable,must be the truth. 排除掉所有不可能之后，剩下的就是事实，无论多么不可思议。插一句，卷福版福尔摩斯第四季三集全部播完了，终局之作，值得去目送一程。

但贝叶斯方法对付不了未来的大转折大断裂。太阳每天升起，贝叶斯方法对明天太阳继续升起这个预测的信心会越来越大，直到不可思议的事情发生，那时只好重置。

运用贝叶斯方法时，下面两则寓言，一个也不能忘。

寓言一：亚当夏娃摸石头

在伊甸园的第一个晚上，亚当和夏娃不知道太阳第二天会不会升起。但人就是人，情况不明也要行动，不能困在无知的枷锁里。

亚当和夏娃做贝叶斯推理，既然不知道会是哪个，那就假设太阳明天升起和不升起的机会各占一半。他们拿出一个罐子，往里面放了一块白石头一块黑石头，并决定，如果明天太阳升起，就往里面放一块白石头，如果不升起，就放一块黑石头。第二天早上，太阳升起了。亚当和夏娃往罐子里放了块白石头。

亚当和夏娃在伊甸园的第二个晚上，还是不确定太阳第三天会不会升起，但现在他们对这件事不再一无所知。这个晚上，他们从罐子里随机摸出一块石头，以此来猜测明天太阳是否升起，摸出白石头的概率是2/3。第三天早上，太阳又升起了，亚当和夏娃又往罐子里放了块白石头。

亚当和夏娃在伊甸园的第三个晚上……摸出白石头的概率是3/4。第四天早上，太阳又升起了，亚当和夏娃往罐子里又放了块白石头。

每天升

每天放

每天摸

……

太阳每天都升起，白石头越来越多，黑石头还是当初那一块，用摸石头预测次日太阳升起，机会始终是n/n+1，n越大就越接近于1，亚当和夏娃对次日太阳升起的信念越来越坚定。

太阳还在升起。

寓言二：饲养员爱我

一只猪养在圈里，关心自己的命运，不知道饲养员爱不爱自己，听说了亚当和夏娃摸石头，认为是个好办法。猪也搞了个罐子，白石头代表爱，黑石头代表不爱，各放一块进去。次日要是饲养员来喂食，就再放一块白石头进去。

每天喂

每天放

每天摸

……

猪对饲养员有爱的信心与日俱增。喂到第181天，猪贝叶斯推算出饲养员有爱的可能性高达181/182（99.45%）。猪放心了。

当天，猪出栏了。

寓言一摘抄自格尔德吉仁泽（Gerd Gigerenzer）的书《凡人理性》（*Rationality for Mortals*）。

寓言二编自纳西姆·尼古拉斯·塔勒布（Nassim Nicholas Taleb）的书《黑天鹅》（*The Black Swan*）。

5. 大补丸吃上瘾戒起来难

葛洪雷：如果美国经济增长6.5，岂不是要乐开花？为什么我们增长6.5，全国紧巴巴？

解剖经济增长其实很简单。如果一个社会，能干活的人都有活干，而且都干他擅长干的活，那么从投入的角度看，这个社会的经济增长还剩下对两个问题的答案：一个是干活的人能不能增加？这个取决于人口总量和结构变化，急也急不来。二是每个人干活的时间能不能增加？怎么说呢，现代社会以来，如果除掉平权运动使女性大举进入职场的那个阶段，平均劳动时间一直是在下降的。我们的闲暇时间一直在增加。

当然，能干活的都干着自己擅长的活，这件事其实很难很难，要真实现了，经济增长问题已经基本解决完了。美国大体就是这样。

对许多国家来说，有两样东西使得它还未实现。第一是教育水平太低或者错配，第二是资本不足。农民种地需要拖拉机，工人生产需要流水线，码农需要互联网，没资本这些就都不行。把这两层因素剥离之后，余下的部分经济学家称作全要素生产率，它反映一个经济体的创新能力，包含技术突破、组织创新、专业化，等等，本质上它是个余额，所以叫作全要素生产率，它其实是后验的。

对于什么能促进创新，提升全要素生产率，人们有很多理论，本质上都是猜测。中国政府整天在抢答，答对这道题，就解开了当下中国经济转型的密钥。要我说的话，比较多的人，有比较多的自由空间，在比较正确的激励下，往比较多的方向探索，比较容易出创新。

你的问题其实是两个，一个是为什么中国增长比较快，一个是为什么稍微降下来一点就这么难受。

简单地说，中国经济增长快的原因不在于全要素生产率提升。全要素生产率对于增长的贡献只占到两成，而且近年还在下降当中。我们还是别提它了。于是答案就清楚了，增长的动力主要来自资本投入，而增长快的原因主要在于过去的资本太少。缺什么补什么。中国经济增长快，就是几十年间持续不断的大补丸下去，于是我们看到农民离开土地进入工厂，中国成为世界工厂，加入WTO，对接全世界消费市场。

什么东西再好，太多也不行，今天中国的情况已经变了，资本不是太少而是太多了。缺资本的时候，投入资本是效率最高的事情，今天正好反过来。但是大补丸吃了上瘾，要戒可难。资本不是从天上掉下来的，它是借来的，就是负债，也就是加杠杆，本来是努着劲一直往上加，弓拉满，弦绷紧，现在必须慢慢把劲力撤回去。增长每下降1个百分点就要脱层皮，能不痛苦吗？

今天美国经济增长主要看全要素生产率变化，中国总有一天会变成这样，但现在远远不是。

6. 经济学家做什么

王子超：纯粹的理论经济学家和参与重大政策制定的经济学家有何异同？

也许只有数学家可以不考虑数学有什么具体用处，至于经济学，不管经济学用了多少数学，都意在致用。

只有未参与重大政策制定的经济学家，没有不想参与重大政策制定的经济学家。不想经世致用的经济学家不是好经济学家。

我介绍一下经济学家、诺奖得主、博弈论大师托马斯·谢林对经济学家干什么的看法，出自他早年文章《经济学家们知道什么？》（*What Do Economists Know?*）。下面是我的摘译。

“过去20多年来，经济学家们和那些喜欢引用经济学家的人把这当作绝对真理：天下没有免费午餐。

他们想说的是，资源总是稀缺，人们总在竞争，你之所得是我之所失，经济学没有炼金术，不能无中生有。

我所理解的经济学则不然，我认为免费午餐处处皆是，等着我们去发现，帕累托改进机会多得要命。不管什么原因，经济往往处于无效均衡中，非零和博弈的机会处处都是。

比如说，从计划经济时代走出来的那些国家，哪里是仅仅存在免费午餐而已，到处都是免费大餐。如何分配当然是个重要问题，但大餐就在那里，等着你。

人们进入经济学领域，不管身处政府、学术界还是从商，要把时间用于寻找这些机会上：消除对互利贸易的限制，纠正市场失灵，为需求创造市场，发现可消除的无谓损失，促进一体化谈判，等等。

技术创新做的事是扩展生产可能性曲线；经济学家做的事是找

到我们身处这条曲线内部的什么位置，诊断是什么使得我们远离曲线，提出办法改进制度，将我们带到离曲线更近之处。

经济学家们，走出去！帮大家找免费午餐！”

7. 通胀是常态，通缩是异常

Damon 郭龙：世界越来越具有不确定性，请问王老师，通货膨胀会到来吗？

自从进入法定货币时代，通胀就是常态而通缩是异常。我们几乎始终身处通胀之中，偶尔进入通缩，就意味着经济陷于很大困难之中。

通胀常在，因为对一个经济体来说，最重要的事情之一就是保持足够高的就业率，或者反过来说，把失业率控制在足够低的水平。它跟提高生产率一样重要：生产率上不去，经济没有真实增长；失业率控制不住，社会要重来，一切都免谈。

现代央行，不管其使命陈述写的是控制通胀单一指标还是控制通胀和促进增长双重指标，其货币政策实际上长期都是偏通胀的。

所有经济体都希望看到一定程度的通胀、接近充分的就业、稳定在自然水平上的长期增长。所以，管理得再好的经济体，通胀也常在。以美国为例，从未出现过恶性通胀，但自从美元于70年代与黄金脱钩以来，其真实购买力已经下降了95%。今天的一美元，相当于当年的五美分。

通胀虽然两个字，包含着多重含义。

第一种是物价上涨但温和上涨。几乎所有经济体都欢迎这种情形。对温和上涨的定义，视乎各国的政治经济状况而不同。比如中国，5% 以下就是温和的；比如德国，5% 肯定难以接受。这个国家对于历史上恶性通胀的后果极为敏感。

第二种是明显上涨。同样，各国人民耐受度不同，但不论哪个国家，通胀水平持续在两位数字都是不可接受的。但凡央行履职，都会尽力把它压下来。

第三种是恶性通胀。如1920年代德国剧烈通胀，货币贬值到不如纸，悲惨纪录直到近年才被打破。这种情况一旦发生，明天没有意义，人人活在当下，社会礼坏乐崩，一切坚固的都烟消云散，国家倾覆。

当然，恶性通胀从来不是因而是果。它也几乎从来不是经济管理失败所致，它折射社会整体溃败，首先是政治失败。它是晴雨表，也是放大器。

你的问题是：我们会不会进入这种状态？

第一，离得还很远。历史没有方向也不会线性发展。过度沉迷于见微知著，结果往往是杞人忧天。

第二，不过，正如2015年诺贝尔经济学奖得主安格斯·迪顿（Angus Deaton）所说，过去几百年，人类逃离饥荒和疾病的速度与规模是从所未见的，也是偶然的，没有什么理由认为它一定会持续。

第三，太阳底下无新事，这次不同。各有各的理。你怎么办？别预测，做准备。建议你再读一遍本书文章《黄金有何用》。

8. 概率没有这么简单

上善若水：想起罗胖的概率权，给你两个按钮，按第一个，可以直接拿走100万美元，按第二个，有一半的机会拿走1亿美元，惟一正确答案是按第二个按钮。如果没有背后的一整套概率知识，很多人都会做出错误的选择。

在读者留言中，经常看到读者谈到罗振宇讲的这个例子。如果概率这么简单就好了，情况不同，选择不同。

第一，如果这个游戏可多次重复，按第二个按钮。

第二，如果这个游戏可多次重复，但第二个按钮的回报改成有一半的机会输掉本金，有一半的机会增值一亿倍，而且一旦选择第二个则必须玩下去不能停止不能反悔，那么，你应该按第一个按钮。

第三，如果游戏是一次性的，这个问题没有标准答案。钱对每个人的效用不同，100万美元对普通人很重要，1亿美元（或者说例子中5000万美元预期收益）对王健林来说只是完成个小目标。对于同一个人来说，100万美元和1亿美元的效用也不是线性递增的，否则怎么会有"第一桶金"的概念？如果线性递增，则每一桶金的效用都应该是一样的。而对于要饿死的人来说，确定的一百万美元，比不确定的一亿美元重要，一百万美元就活下来，博一亿美元可能死。

有幸的是，人生百年，许多事是重复发生的，或者至少我们可以用可重复的眼光来看待它们。所谓把眼光放长，不执着于一时一地一事，即指此。

不幸的是，越重要的选择越难以重复，最重要的选择往往不可重复。我们应该做何选择？

这就是著名的孤例难题。它是个哲学问题，我介绍一种回答。

概率学大家、哲学家查尔斯·佩尔斯（Charles Peirce）说，我们应该做预期收益更高的那个选择，即使它对我们是一次性的，预期收益在此并无实际意义。

他说："(在做一次性选择时)，逻辑要求我们的利益不再受限于自身，不能锁定于自己的命运中，而必须拥抱整个社群；同样地，社群利益也不能受限于自身，而必须扩展到所有人类。它必须超越这个地质时代，超越所有边界。逻辑植根于社会原则。"

也就是说，对我们每个人来说的一次性选择，对整个社群、全部人类，以及未来世代来说，是可重复选择的一次取样，惟其如此，预期收益才有意义。为什么要这样做？佩尔斯说："因为信仰、希望和慈悲。"

9. 石油基金定投

某网友：想听王老师聊聊石油基金定投，现在适合不适合定投石油哦？

挑这个问题来答，只是为了展示自己什么问题都答得了。一法通万法通，虽然只通八成，够用来回答问题的了。

你这问题的提法本身，就说明你还不懂什么叫定投。定投是种时间多元化策略，用这策略的原因就是放弃择时，用跨时的分散投资来分散风险，免得集中买入买到顶。

既然放弃择时，还问什么现在适合不适合？

定投不择时，除了投资者的人生周期带来的要求之外，既无起点也无终点的要求。正因如此，无论你要定投什么东西，它可以是周期性的，可以是长期上涨的，但它不能是长期下跌的，更不能是要归零的。

石油是周期性的？长期上涨的？长期下跌的？还是说要归零的？

这个问题不滑稽。过去十多年来，粗略而言，对石油的主流看法，先认为它是周期性的，后来因为中国需求而认为会是长期上涨的，近年来又因为新能源兴起转而认为它是会长期下跌的。

如果关于能源只读一本书，那就读丹尼尔·叶尔金（Daniel Yergin）近年新作《大追逐：能源、安全与重构现代世界》（*The Quest: Energy, Security, and the Remaking of the Modern World*）。这是本关于能源的百科全书式著作，出自真正专家之手。叶尔金认为新能源旧能源都一样，都是周期性行业。

至于它事实上是不是，得你自己下判断。

最后一点，虽然你说石油基金定投，但不能光看基金名字，得搞清楚基金实际投的是什么。基金是与油价直接挂钩呢，还是投资于上游石油公司股票呢，还是投资于下油炼化厂呢？差别非常之大，搞不好你想定投的是面粉，实际定投的却是面包。一定要避免这种悲剧。我建议是越简单越好。

10. 买房的最优选择

RoFF：看了极简谈判课之后，想问：买房子的时候，如果是上涨趋势中，卖家处于优势地位，是不是卖家的 BATNA 应该高于实际价格？老师能不能用买房子为例讲一讲呢？

极简谈判课极简，因为只讲两件事，都很关键：

第一，算双方的 BATNA，双方至少要拿走 BATNA，两个 BATNA 之间剩下的部分才是蛋糕。

第二，蛋糕应该平分。

务必注意，蛋糕平分不是在双方出价还价时取中，而是在各取

BATNA 后剩下的部分取中。到目前为止的各种误解，一般都在这里。

翻译成普通话，就是有要价权的拿走要价，再平分剩下部分。这兼顾了现实和公平。

套在买房上，你要明白现在是买房者的 BATNA 大还是卖房者的 BATNA 大。前一段时间毫无疑问是后者。买卖谈不成，卖房找下一个买家毫无难度。在最疯狂的时候，你还在谈判的时候，房价没闲着还在涨，于是出现你所说的情况，谈着谈着，卖家的 BATNA 变大了，已经大于你们刚谈时候的整个蛋糕加你的 BATNA。这就是人们觉得总也赶不上涨价的原因。

买家怎么办呢？

理论上有个办法，就是谈判时付大笔订金，除了锁定价格，付大笔订金的主要用途还是改变卖家毁约的 BATNA，房价要涨得超过订金数，他毁约才是有利可图的。

当然了，在中国，还是那句话，法律不是挡箭牌。肉包子打狗，包子没了，狗没打着的事，可也不少见。房价飞涨年代，买家就这地位。

当然，风水轮流转，相信我，买家扬眉吐气的那一天，我们终会见到的。

11. 房价与汇率关系

光彩夺目：最近房价上涨是一个再热点不过的问题，我有些搞不明白的是国内房价与汇率之间到底有啥关系？请开示。

如果就说一句话的话，房价与汇率之间的关系是不明确的。有时汇率涨房价涨，有时汇率涨房价跌，有时汇率跌房价跌，有时汇率跌房价涨。跟你是什么国家，货币地位如何，经济走到哪一步，汇率下跌幅度速度，都有关系，无法一概而论。

最近谈得较多的逻辑，是指要稳房价就要更宽松的货币，更宽松的货币意味着更低的利率，更低的利率意味着更大的对美元贬值压力。

怎么说呢？这只是多种传导逻辑中的一种，真实世界比这复杂。

比如说，过去十年，房价上涨是与人民币升值同时发生。如果升值变成贬值，特别是万一贬值进程管理不完美，对房价有什么影响，完全不知道。

国际金融存在三元悖论，就是一国在独立货币政策、固定汇率与资本自由流动三者之间，不能全部获得，只能三取其二。我估计在中国，最容易付出代价的就是资本流动。

12. 汇率升贬值的三重逻辑

雪飞鸿：系统讲下影响货币升贬的因素吧。

一国货币汇率的升跌，短期取决于市场交易动力，中期取决于国际收支情况，长期取决于对这个国家首先是对其政府的信心。

短期取决于市场交易动力，也就是买方与卖方的能量对比。新年以来离岸人民币市场出现罕见的人民币对美元大涨，就是一例，价格一度重回6.7× 区间，并使人民币对美元的离岸价格贵过在岸价格，出现倒挂。因为离岸市场是自由市场而在岸市场翻不出中国央行的手掌心，所以相当长时间以来是人民币离岸市场价格低于在岸价格，并有引领作用，尽管其规模相对于在岸市场来说小得可怜。

此次利用离岸人民币流动性抽紧之机，多头力量突击空头，正如一位财经重量级人士所说的那样，择机夹了投机力量一下。

中期取决于国际收支，这又分成贸易和资本项目两部分。在中国，这两者现在处于背离状态，进出口仍然是巨额顺差，资本则是巨额流出。两者之差，再加上国际收支表上的“误差与遗漏”项，使得外汇储备从最高点的4万多亿美元节节向下，目前逼近3万亿美元。

资本巨额流出，首要因素是企业基于汇率预期调整资产和负债结构。预期美元对人民币升值，所以企业增加美元资产减少人民币资产，相应减少美元负债增加人民币负债，正如2005年以来多年间因为预期人民币升值所以增加人民币资产减少美元资产，相应减少人民币负债增加美元负债。当年人民币面临的升值压力，今天人民币面临的贬值压力，主因都是中国企业基于汇率走势预期的调整行为所致，而不是什么海外做空势力。不然为什么去年以来会出现中国企业天量海外投资？因为要将负债留在境内，将资产置于海外。

如果说这次有什么不同，主要是中国家庭资产配置美元这个因素第一次变得重要。中国家庭的人民币存款总额已近60万亿元。由于外汇管制放松与人民币升值相同步，中国家庭配置外币资产的比例极低，只要这个比例向正常水平靠拢，对人民币汇率和外汇储备数量就有持续压力。

长期中，一国货币的汇率取决于人们对国家首先是其政府的信心。法定货币没有固定的锚，价值完全来自政府信用。法治社会，长治久安，安宁幸福，和平稳定，这些是政府信用的根本，也是其币值的最终保障。

影响货币汇率的这些短期、中期、长期因素，时常各指一个方向，力量互相抵消。今天的人民币汇率应当还处于这种状态之中。真正需要担心的是影响短中期的因素形成合力，指向同一方向，这会释放出排山倒海之力，非人力所能抗。当年人民币启动升值进程，就一度处于这种合力之中，将中国推进了黄金十年。今天，如果相似但方向相反的合力形成，中国会被推到哪里？

13. 数字货币改变世界，比特币改变少数人

王实：如果数字货币变成市场流通货币，对整个世界有什么影响？

如果你指的是比特币，那回答这个问题李笑来最合适，出门往上走。我说几句，你带在路上消化。

比特币基于区块链技术，没有中央发行机构。说一千道一万，它的关键就是这一点。这是它的优势，也是软肋。

说是优势，因为既然没有政府来发行，持有比特币就免于货币政策的影响。法定货币（fiat money）下，政府印张纸说值多少就值多少。也因如此，现代以来通货膨胀是常态，印钱又不是难事。比特币就没有这个问题，货币供应量的增长由算法决定。谁想创造比特币，慢慢挖矿吧。

说是劣势，因为绝不会有政府支持比特币，现在最最最多是容忍而已。比特币由算法决定供应，匿名，在全世界自由往来，政府能容忍到今天已是奇观。估计一是因为政府天生反应慢，二是政府还想看看能不能慢慢渗透比特币。比如说，比特币持有者今天真能保持匿名状态？恐怕已不尽然。

除此之外，比特币世界并不单纯，虽然没有中央发行机构，但

今天全世界一半的比特币供应来自中国人，中国也是比特币需求最大的市场。前者是因为中国挖矿成本相对低，参与者多机器也多，更重要的是电费便宜。总之，比特币市场结构畸形，规模偏小，于是波动极为剧烈，风险很大。当然了，比特币也只有是小众游戏才能活着，要是真做大了，估计死期也就快了。

与比特币针锋相对，今天全世界的中央银行都在讨论数字货币，而中国央行走在最前面。如果说比特币是想逃离政府控制，央行发行数字货币则是想加强控制，它第一步是要消灭现金。

想想看，消灭现金对政府有多大的好处。

第一，黑色经济黄赌毒难以为继；

第二，灰色经济只好由暗转明，走到地上，告别逃税生涯，乖乖纳税；

第三，有利于反腐败。一个国家发改委局级官员收两亿贿款现金这种事，再也不会发生了。

等等。

最重要的，消灭现金会给政府货币政策以更大空间。近年来欧洲日本相继搞负利率，给全世界央行打开了想象之门，搞刺激，降息，地板不是尽头，下面还有地下室，地下室还可以有十八层。但现金世界里搞负利率有个麻烦，储户不跟你玩了把钱从银行里提走怎么办？你搞负利率，储户就提款，搞不好弄成挤提，不玩了。这是普通人对于央行的反抗。如果消灭了现金，就连这反抗手段也拿走了。

技术是中立的。政府发行数字货币也许会用到一些与比特币相似的技术，但背后意图完全相反，指引方向也完全相反：一个指向彻底的控制，一个指向更多的自主。你问我的看法，我觉得前者会改变整个世界，而后者只属于少数人。

14. 风险、活力与监管的金融困难三角

钟炜：金融创新花样繁多，监管要如何把握尺度，才能既防控风险，又合乎法治原则，又不破坏市场活力？

此事古难全。防控金融风险，遵循法治原则，维持市场活力，也许还没到不可能三角那么严重，但至少是个困难三角。

我来告诉你金融风险是什么。说一千道一万，手法简单也好玄妙也好，其实看结果就是负债率太高。欠钱太多，本金太少，风一吹就倒了，这就是风险。反过来说，欠钱不太多，本金相当多，这就是审慎。至于怎么欠债的这些细节，一是监管机构想搞清楚做不到，二是各有各理，扯不清。

同理，监管的本质就是看着金融机构杠杆不要放太高，至于用什么方法实现，在其次。

再来告诉你什么是金融市场的活力，就是变着手法放杠杆，而主要办法就是把资产负债表上的业务移出表外，因为资产负债表上的东西，监管者看得见，管起来容易，而且都有一定之规，违反便是违规，违规就有后果。何必呢？所以想的各种招都是把业务移到表外去，表外的意思就是不在资产负债表上，不是风险业务，不受资本金要求约束，也就是不受杠杆限制的约束。

过去几十年金融业最大的创新是什么？要我看就是证券化。把传统的存贷款业务移出表外，变成各种固定收益产品，储户变成固定收益产品的投资者，理论上要自负风险。美国到2008年金融危机，

花了近40年时间，才走到这一步。中国走到相似的规模，只花了最多十年时间，而大爆发是最近四五年。

说到金融监管，法律是必需的，但只靠法律是管不过来的。业界总是跑在监管的前面，没办法，激励不同，一个要挣钱，一个不过是看（kan，一声）着别人挣钱，差别太大。所有金融监管的法律法规，全都是在打上一场战争，因为学到的是上一次危机的教训。危机总是相似的，因为说到底都是欠钱太多，但每次危机又是不同的，因为导火索换了。业界却不会停留在过去，这次搞砸了，换个办法继续来，下次再搞，再搞砸，反正只要搞砸得太厉害，自有别人出面收拾，too big to fail（太大而不能倒）。

这个猫捉老鼠的游戏永远停不下来。从猫的角度来讲，让老鼠不准动也不是好办法。难道过去全是传统存贷业务就没有银行危机吗？照样有，形式不同而已。从社会角度来讲，过去储户只能把钱存在银行，别的什么工具都没有，那人家说利息是多少就是多少，没的讲。事实上，这正是金融抑制的要诀：用垄断的银行体系＋畸低利率盘剥储蓄者。

你可能要问了："王烁你把正话反话都说尽了，你到底是个什么意思？"

我的意思就是：

第一，金融监管要有比较大的相机取决权力（discretionary power），这种权力并非明文载于法律，因为法律来不及。耶鲁商学院著名金融学教授高登说，如果美联储要求哪家银行补充资本金，这家银行说为什么要我补充不要隔壁那家补充，美联储得有权说，这不关你的事，要你补充你就补充，别废话。高登说，美联储需要这种权力，把所有权力都写成法律，对金融监管可不见得是好事。

第二，相机行事的权力太大也不行。权力太大则难免随意，一是有可能打破市场的基础性共识，二是可能朝令夕改，损毁信心。其实在危机来临时，市场总是想与监管者合作的，只要你给它机会。

第三，金融监管堵不如疏。金融创新既难压也压不住更何况压住不见得是好事，关键还是要让风险释放。谁做砸了该倒就倒，倒得越快对社会越好，别拖着变成太大而不能倒。不是说有它就能解决金融风险，但没它就一定会有金融风险。

第四，最终，我们恐怕得现实一点，要学会在一个时常爆发金融危机的世界里生存下来，而不是指望它不会发生。没有哪个经济体成熟到从金融危机这门课中毕业了，就连美国也没有。

15. 什么是指数

人生美好：1、标普500指数和纳斯达克指数哪个更有活力？哪个更优质？2、国内各种指数——沪指、深成指、沪深300、中小板、创业板指数，哪个相对能代表最好的上市公司？为什么会有这么多指数？

你这些问题基本是错的。指数本身谈不上好坏，一定要谈好坏，要看是否达到了编制指数的目标。比如说，道琼斯30种工业股指数、标普500指数，都致力于从上市公司中挑出一个子集，能代表股市整体情况，甚至能代表美国经济表现。30家道指公司和500家标普指数公司对美国股市和美国经济的代表性怎样，存在好与坏的问题。

但是，大量指数，比如纳斯达克指数、上证指数等，只要是在该市场上市，满足最低条件，就统统纳入指数，你说这类指数的代表性如何？代表本市场肯定是够了，因为它就是全市场指数；对经济表现的代表性如何呢？未必。比如纳斯达克上市公司很大部分权重是信息技术类，纳指就主要代表这类公司的市场表现，对美国经济的代表并不充分；而上证指数按市值权重编制，大市值公司对指数的影响较大，翻译过来也就是说，央企对指数的影响较大。许多人因此认为，它对中国经济表现的代表性较弱。

一般人，对于指数关心这么几点就够了：

第一，用什么标准选择加入指数的股票？比如标普指数含500家在纽交所和纳斯达克上市的公司，其中400家制造业公司、20家交通运输类公司、40家金融公司、40家服务业公司，被认为比道指和纳指更能代表美国经济，道指30家太少了，纳指过度倾向于信息技术。对冲基金经理想要对冲市场风险的时候，会用标普500指数作标的，不会用道指或者纳指。

第二，采用什么方法确定权重？一般是两种之一，价格或者市值。前者的话，小市值但高股价公司对指数影响大；后者的话，大市值公司对指数影响大。没有什么指数是完美的，但你得知道它是往哪个方向不完美。

第三，指数除了反映市况之外，还能帮助投资者更准确地刻画出风险/收益。比如说，如果看好科技股，可以做多纳斯达克指数，但市场整体下跌怎么办？有些投资者就会做组合，做多纳斯达克指数，做空标普500指数，其逻辑是市场整体下跌没关系，只要信息科技类表现强过市场整体表现就行。这想法是对是错？市场最后给出答案，但至少你做出了更精确的表达。指数及其组合帮助你更精确地表达看法，拥抱你想拥抱的那些风险，而不是打包全给你。

第四，你提到这些中国市场上的指数，有些很有问题，但问题主要不在编制方法，而在于许多指数其实并不反映不同的风险／收益。比如说，请问中小板指数和创业板指数有什么不同？两个市场上的上市公司，除了代码字头不同，还有什么不同？当然，这不是指数本身的问题，而是中国证券市场本身的扭曲。好的指数，要么能够代表市场整体的风险／收益，要么能代表某类独特的风险／收益，中国市场上的指数，两边都不靠的有点多。

16. 怎样选择指数基金

上期问答讲了普通投资者对指数需要知道什么，这期接着讲指数基金。

如果你想用指数基金来做投资组合，记住下面这些：

第一，投资于指数基金意味着你只想抓住贝塔（市场收益），放弃对于阿尔法（超额收益）的妄念。只要你读过本书的极简金融课，就知道，这是对的。

第二，不要买杠杆类指数基金。

许多人买指数基金，但想用杠杆来放大收益，这是错的。杠杆很贵，时间对你不利。对于普通人来说，面对专业投资者是处处不利，惟有一点占上风，就是比专业投资者更有时间，专业投资者必须每个季度都战胜基准，他们没有时间。普通人买杠杆指数基金，等于自断一臂。以国内的分级基金为例，本质上是 A 类向 B 类贷款，B 类投资者向 A 类投资者付固定回报，还要负担整个基金的管理费和其他成本。整个结构类似于赌场，赌客入场就面对着于己不利的概率，预期收益显著为负，待得越长玩得越多，结果就越稳定地亏损。现实中，分级基金 B 类投资者基本是散户，A 类基本是以保险公司为主的机构投资者，正说明了这一点。B 类没有 A 类精。

第三，要了解指数基金相对于指数的跟踪误差。

指数基金等于在市场上重新复制指数所代表的策略，往往存在误差，越小越好。如果一个指数基金表现长期显著低于所跟踪的指数，当然不行；但即使是显著好于所跟踪的指数，同样不行，因为你想要的是与特定指数对应的风险/收益，而基金经理肯定背着你去追逐了其他风险/收益，对你说的和他自己干的不是一回事。

第四，低成本为王。

指数基金的收益是市场收益，天花板已经看见了，而且收益的方法很简单，复制而已，所以投资者没有为指数基金付高成本的理由。在跟踪误差最小化的前提下，低成本为王，越便宜越好。

而且，低成本与指数基金的另一个重要标尺高流动性往往同在，你要首选成本低、规模大的指数基金。

可惜，用上面这几把简单的尺子去度量中国基金市场，会发现很不尽如人意。杠杆基金太多，跟踪误差不小，而且成本太高。

放眼全世界，这类问题同样存在，但找到合适的指数基金的机会就大得多。比如，先锋基金（Vanguard Group）以极低佣金著称，旗下绝大多数 ETF（在交易所上市的指数基金）每年的佣金水平在 0.05% 到0.10% 之间。多年以前，先锋基金开创了面向大众的第一只指数基金，今天已管理着4万亿美元资产，规模超过中国外储，仍然主打低佣金，业界良心。

国内有哪些跟踪误差小、成本低、所跟踪指数也合理的指数基金？欢迎在下面留言。

最后，推荐先锋基金创始人约翰·博格（John Bogle）的一本小书，《常识投资红宝书：获得属于你那份市场收益的惟一靠谱办法》（*The Little Book of Common Sense Investing: The Only Way to Guarantee Your Fair Share of Stock Market Returns*）。我上面所讲的，这书里讲得更好。

17. 保险最好是消费

D.X104361: 可以说一下对保险的看法和建议吗?

保险是对风险的对冲。你担心什么风险就购买什么保障。如果你担心生大病的治疗费用太高，那就买健康保险；如果你担心房屋毁于火灾，那就房屋保险；如果你担心意外伤残死亡留下老小无依，那就买寿险；如果你买了债券担心发债企业破产倒闭，那就买CDS，等等。

买这些保险就是消费，消费是保险的本质。所谓“保险姓保”，这一段你经常在媒体上看到的保监会宣示，指的就是这个意思。你付出保费，获得给定时间内针对特定风险的保障。如果风险不发生，祝贺你；如果风险发生，你获保障。

保险存在逆向选择问题。比如说，医疗保险本质上是购买医保的人群的自我保险，由保险公司居中完成。保险公司向每个人收取保费，保费高低根据人群的患病机率等多种因素核算而来，必然是基于人群健康状况的均值，但每个人的健康状态及相应的治疗费用则不会是平均的，有的身体差治疗费用高，有的身体好治疗费用低。身体好的补贴身体差的，中间保险公司拿走点利润。

所谓逆向选择，就是预见到这种情况后，身体好的人不愿意参保，何必去补贴别人呢？而身体差的人积极参保，何不去占身体好的人的便宜呢？久而久之，买保单的人都是身体差的，保险公司会亏损。保险公司也不傻啊，怎么办呢？提高保费，于是展开新一轮同样的博弈，继续劣币驱除良币。今天美国的奥巴马医保就陷入了类似的陷阱，参保的人数减少，保费提升，保险公司亏损增加。有人说，就算特朗普不搞它，它也持续不了太久。

但上面说的逆向选择问题不是无解的，否则世界上就没有保险公司了。每个人对风险的概率判断和价值判断都不同，这种差别构成了买保险的基础。如果你很重视获得保障，就不会太过在意事实上补贴了别人：千金之子，坐不垂堂，哪怕檐瓦掉下来砸到他的机率微乎其微。只要投保人群数量足够大，每个人对风险的差异定价便使保险得以持续运营。

保险的另一面是投资，对保险公司来说投资是必须的。获得保费与支付保障之间总是有一定时滞，保险公司总会持有一笔准备金。寿险公司与财险公司有所不同，但先不管那么细，把它大致理解为巴菲特所说的“浮存金”（float）就好。浮存金可用于投资。事实上，从保险投资的角度看，你可以把保险业务理解成为获得浮存金运用和收益权所付的成本。保险公司之间为获得这权利的竞争极为激烈，以至于保险业务本身往往是亏损的，都指望着从浮存金投资中挣回来。

这些跟你作为投保人基本没有关系，如果保险公司资本金充实保障能力够强的话。但除了消费之外，对于投保人来说，保险仍然还有投资一面，就是说，许多保险产品不仅许诺保障，还有投资收益。

听起来是不是很美？

但世界上没有免费的午餐。你看今天保险公司们提供的各种保险产品中，纯粹的消费险越来越少，消费与投资杂糅的越来越多，甚至出现了几乎纯粹为投资的保险产品，就知道投资可不见得一定是好事。

首先是把产品复杂化有利于掩盖高定价，太简单让你算清楚了，保险公司的精算优势不就成摆设了吗？更重要的是，那些几乎纯为投资的保险产品，如万能险，对保险公司来说实质是短期融资工具，对投保人来说则无异于短期理财产品。

这类保险的风险是相当高的。保险公司用万能险资金做长期投资，甚至像前海人寿这样用来参与对万科的敌意收购。应付期限错配的惟一办法是滚动发万能险产品，而且必须得规模越发越大，否则就有资金断流之虞。

用保险产品来做投资还有一层不利。就是保险的资金成本较高，你的保费被经纪人佣金或者渠道成本先吃走了一大块，然后再用于投资，可谓输在了起跑线上。如果本意在投资，完全没有必要走保险，你用指数工具做多元化组合非常方便，而成本低很多。

对普通人来说，最简单也最好的方法是各管各，让投资回归投资，保险回归保障。记住保险是一种消费，你想管理什么风险，就购买什么保障服务，这是正路。

18. 共享单车与中国电信

TerryPan：最近共享经济比较火，滴滴的模式可以看到盈利，共享单车如何有盈利模式？

虽然都叫作共享经济，优步、滴滴代表的共享汽车跟摩拜、ofo代表的共享单车商业模式的确很不一样。优步、滴滴把家用车的闲置潜能释放出来，对接公众的打车需求，创造出真实价值，然后无非是怎么分的问题。在起步阶段需要补贴用户和司机，投资极大，但共享汽车的商业模式本质上是极轻资本的：司机自带汽车，自负维修，自负保险，等等，优步、滴滴所做是汇集和分发信息，一旦市场整合完成，停止补贴，只需要投资于平台建设和维护，运营杠杆极大，简直是躺着收钱。

共享单车的商业模式没有这么幸运。它不是车主自带自行车，而是公司向社会投放自行车，需要极大的初始投资；不幸的是自行车损耗严重，需要不停地追加投资。不仅是一开始，就算到了市场整合完成的时候，它也仍然会是个重资本行业。

重资本行业不是不可以做。举个例子，建电信网络要极大量的投资，怎么来的？你还记得初装费和入网费吗？装部电话要给初装费，手机入网要付入网费，就是用户你们先给我一笔钱把网络建起来，然后使用再按量计费。

今天的共享单车做的事不太像滴滴，更像当年的中国电信。用户付押金相当于初装费入网费，摩拜和ofo把共享单车的基础网建起来，把单车放到大街小巷，然后使用时按次计费。

摩拜和ofo当然不能跟中国电信的能量相比，所以不是初装费，是押金。初装费付了就付了，押金还能退，在公司账上是应付款，与无息贷款相似。

毛估一下市场总量，假若最终有1亿人用户，对应1000万台单车投放，每个人付200元押金，而每部自行车的购置成本是500元，那么，总共要花50亿元买自行车，而押金则是200亿元，完全够了。假如实际成本是用一次5毛，每天两次，那么一年就是365亿收入。账这么算就明了：押金对应硬件投资成本，收入对应运营成本。

你是不是觉得我画饼画得太爽了？我相信摩拜和 ofo 的 CXO 们给投资者描绘的图景跟我这个逻辑应该差不多，就是参数细节不同而已吧。当然，这是市场总量估计，但对于重资本行业领先者来说，历史为鉴，最后，通过竞争、并购、整合，市场总量估计适用于最后剩下来的赢家。你问我摩拜和 ofo 谁是赢家？这个问题只对他们自己重要，如果你是投资者，看好这个行业的未来，那么你应该两头下注。

最后，想必你已经看到共享单车建网投资的关键所在了，就是有极大的内置杠杆：平均下来，一辆单车，多个用户，对应多份押金。我上面使用的比例是1:10, 只是为了计算方便，实际是多少恐怕是商业秘密。用这个杠杆撬动聚合用户的投资，打造出单车网络，逻辑上是可行的，魔鬼在细节之中。

还是那句话，事在人为。

19. 如何对待媒体信息

万维刚：现在有一种声音，认为美国主流媒体在政治报道中过分倾向于民主党，尤其对希拉里的负面新闻报道，相对于特朗普来说，力度不够，请问您对此有何评论，以及，个人应该如何对待媒体信息？

首先，不存在一个铁板一块的东西叫作美国主流媒体。《纽约时报》《华尔街日报》与各家电视台不是一回事。如果你光看电视台的话，你会发现特朗普上镜的时间远高于希拉里。这才是硬指标。至于上镜以后的内容是什么，有关系，但重要性属其次。我现在身处深蓝州，人们也抱怨媒体不公，但内容不一样，抱怨的是给希拉里的上镜时间太少，而对特朗普太认真。

其实原因很简单，特朗普上镜的时候，收视率就高，电视台就愿意让他上镜，而希拉里则相反。媒体跟媒体不一样，电视台的主要驱动力是收视率。

像《纽约时报》《华尔街日报》这样的大报就又不一样。尽管日渐艰难，他们仍然保有专业新闻理念，办报兼顾两点，一是新闻客观，二是评论自由。

现在信息很多，哪些可靠哪些不可靠？我的大拇指定律是这样的：如果是大报发的，那么默认为可靠，直到被其他证据证伪；如果不是大报发的，不管是小报还是社交媒体，那么默认为不可靠，直到被其他证据证明。什么是大报呢，《纽约时报》《华尔街日报》、英国的《金融时报》。在流言横行的当世，他们是新闻质量的标杆，舆论的中流砥柱。

这些媒体不是不犯错误，而是时常犯错误，但第一他们的错误比所有其他媒体犯得少，也比绝大多数其他信源犯的错误少，第二他们犯的错误不是系统性偏差，你不会系统性地被误导，第三，他们犯错误后，会告诉你，你会知道。

这些媒体不是没有立场，每家其实都有鲜明的立场，我所见过的绝大多数记者也都表示会投希拉里的票。但这些大报把新闻报道与立场宣示分开，前者在新闻版，后者在言论版，前者客观中立以事实为准；后者表达立场选边站。中国读者往往不明白两者的区分，看到后者，就以为前面的新闻版也有立场。不是这样的，两边的编辑团队都不一样，中间还有防火墙。中国人几乎不这样做并不意味着这世界上没有这样做的媒体。

很多年前，我访问《纽约时报》，问其国际新闻主管，《纽约时报》的编辑政策是什么？她说，没有。是什么就报什么。

不信，看看最近《纽约时报》对希拉里助手丈夫事件的报道。国际重大新闻得看《纽约时报》，这是专业新闻的全球质量标杆。我自己是这样做，建议大家也一样。

吴军：这次大选的两个候选人都不能让人满意，为啥两党找不到更合适的人？这种情况下是否投票率会很低？

只看眼前的话，我会觉得，两个候选人都很弱。如果能随便的话，民主党派出任何一个身家清白、年轻有活力、能拿出振奋人心口号的候选人，就能击败特朗普；反之亦然，共和党派出任何一个身家清白、年轻有活力、能拿出振奋人心口号的候选人，也能击败希拉里。

可现在就是特朗普对决希拉里，为什么会这样？为什么两党初选会选出在最终大选中竞争力并非最强此次则是相当弱的候选人？

这跟美国总统选举制度有关。党内初选大体采用票数多者获胜制，也就是说，在大多数州，不管多少人参加党内初选，第一名得票多少，哪怕得票只有20%，哪怕只比第二名多一点点，只要是第一名，就能拿走该州的票。在这种制度下，政纲接近的候选人会很吃亏，因为彼此分流了选票，而政纲独特的候选人会占到便宜，因为没人来分流选票。这就是两党初选时奇葩频出而旗号堂正的候选人时常早早出局的原因。

这同样可以用来解释为什么特朗普赢得共和党初选。当然，希拉里是另一个故事，比她激烈的民主党候选人多的是，她靠的主要还是几十年深耕民主党建制派打下的基础。2008年意外输给奥巴马后，这次是她最后一次机会，完全是拼了。

20. “得到”的竞争力

Jeff.Qin: 怎样才能比较清晰地研究透彻一个产业？

我从来不去研究透彻一个产业。如果需要研究，我只会去了解大概八成。怎么了解到八成，我倒是有个建议。

第一，这个行业 / 公司靠什么赚钱。这个不用过多解释。

第二，用波特的竞争五力模型看得细一点。看一个行业 / 公司，看五种力量：

上游，就是供应商；

下游，就是买家；

看已存在的竞争者；

看潜在的竞争者，就是谁有可能进入这个市场；

最后看整个行业面临什么样的替代品威胁。

对每家公司来说，对于上游的压价能力，对于买家的要价能力，对于竞争者的竞争能力，阻止潜在竞争者进入的能力，以及无可替代的能力，决定了其地位；如果已了然主要玩家在五力作用下所处的位置，你对行业已就了解得差不多了。

我一般到这里就结束。如果你还想了解得更微观一点，那么可以用杜邦分析法来分析行业/企业的财务特点。

第三，杜邦分析法出自杜邦家族派到通用汽车的财务总监，从财务角度指导通用汽车改进管理，使其成为20世纪中叶最成功的制造业公司。出发点是净资产收益率，就是净利润/净资产，也是企业利润的最终落脚处。

净资产收益率=利润率×资产周转率×权益乘数

又可以进一步分解为：

净资产收益率=（净利润/销售收入）×（销售收入/总资产）×（总资产/净资产）

其实这串式子是恒等式，为什么能用来管理企业呢？因为它标出了利润的三大来源：利润率如何？周转率够不够？有没有借足钱？如果每笔赚得多，卖得快，又不需要花自己的钱，那净资产收益率就上去了。正因为它是恒等式，所以管理者可以根据需要来突出任何一个环节来细看问题与机会，重新理一下式子就可以了。

不同行业在这个式子中强调不同要素，比如零售最重视周转率，银行最核心的是杠杆率。

第四，我小试牛刀，现卖现用，来看“得到”这个产品。

“得到”怎么赚钱？

一句话，“得到”靠内容解包销售赚钱。所谓解包，是打包的逆过程。传统媒体是一层一层地打包。首先是内容与广告的打包，其次是内容的打包，把报道与观点打包，把不同作者打包，把不同文体打包。如果你主要在手机上消费内容，你是不会接受打包的。“得到”就是反过来，层层解包。你想想，如果有人订阅“得到”20多位作者的全部专栏，总支出4000多块钱，比订阅一份《纽约时报》

贵得多，而后者是面向大众读者提供新闻、言论、知识的全世界最高水平内容，层层打包了不知道多少珍宝。移动阅读时代，解包能赚钱，打包比较难。

“得到”的杜邦分析：

这个没法分析，没数据。

“得到”的五力分析：

上游：就是作者，好作者当然有议价能力，但还有个情况是好作者并不缺。这条“得到”可以的。

下游：就是买家，也就是你们。我觉得“得到”的用户群相当特殊，忠诚度较高，支付意愿强。这条“得到”很可以。

已有竞争者：看起来，竞争者还不多。看起来，跟竞争者相比，“得到”比较克制也比较专注。这条“得到”很可以。

潜在竞争者：如果微信公号启动收费阅读模式，那么头部内容竞争会加剧。这条不确定性很大。

替代品威胁：什么能够替代内容解包销售呢？不知道。肯定会有。

总结，从五力分析看，能看清的地方，“得到”的竞争力都在不错和很不错的位置，问题在于看不清的地方，这正是移动互联时代内容行业的特点：一切都在迅速改变。最后胜出的，要么千里眼，要么幸运儿。

大学·问·答网友

学习与成长篇

1. 终生学习不一定终身阅读

阿道夫：借着跟王老师一起入学耶鲁的机会，想请教一下关于终生学习的问题。工作后一直不能静下心来阅读，我们怎样才能培养一个终生阅读的习惯？

终生学习是必须的，但不必通过阅读。我知道一位极为优秀的年轻人，她学习新知的方法是看 youtube 视频，youtube 上有你想找到的几乎任何视频，她觉得阅读不够有效率。我还见过许多人，他们平时并不怎么读书，但产生问题的时候，带着问题意识，有针对性地大量读书，类似汪丁丁说的宽带阅读法，效率极高。我之所以读书，主要是因为兴趣在此，阅读是我学习的捷径。

人与人不同，各有各的办法。对你，我的建议是先试试，工作之余拿起你想读的书，坚持读一个月，无论怎样都要坚持下来。如果一个月以后你还是静不下心来阅读，我建议放弃，转而去找适合你的学习之道；其实这样你也没什么损失，读一个月书，你能亏到哪里去呢？但坚持一个月使你确实知道，不阅读不是因为不努力，你努力过了，只是它不适合你。当然，如果一个月后，你发现自己适合阅读，恭喜你。

2. 如何提高阅读速度

一支穿云箭：读书到底是该逐字逐句读还是该速读个大概呢？我读书比较慢，生怕自己漏了哪个词而没能理解到作者想要表达的意思，心里很着急，如何提高读书效率？

我没有训练过读书方法。大体而言，有些书读的本身就是享受，我最担心的就是读完，当然要慢慢读。有些书读的目的是了解它讲了什么，那就去读导言，如果导言读了还是不够，那就读末章总结。这样总是大体够了，然后再确定是否从头读到尾。还有些书读它的目的是解决某个问题，那就从书后的索引开始倒查，查到书中相应部分，读下来。书跟书不一样，你读它的目的不一样。别着急，先了解你自己。

3. 写作的诀窍

穿夹克的jake：你的写作风格是极其言简意赅，没有一个字废话，请问要做到写作上的简洁有力，有什么诀窍吗？

我写的时候比较随意，因为要憋着一口气，不能让它散了，要尽快写出来。但写出来之后，要修改，主要就是删。

任何文章删掉30%都根本损害不到筋骨。比如说，你把“一个”删掉80%，一点问题没有；你把文章里的“的”字删掉90%，一点问题没有；你把“进行”全部删掉，一点问题没有。把这些删掉，文章自然就少了30%。这还没说如何精炼呢。冗字必去，从这里起步吧。

4. 如何整理信息

风中唱歌、zxc：信息爆炸的今天，不缺有用的知识和信息，但是东抄一点西摘一些笔记，总感觉很零散，没有形成系统。您有什么建议或经验分享么？请教王老师，爱学习的你或者耶鲁学人是怎样整理学习信息呢？

还是那句话，每个人学习的方法不一样，首先要了解自己；当然，了解自己不等于放纵自己，总要真正努力过才能说一种方法是不是适合自己。从你们提的问题看，不在于东抄西摘本身，而在于你们虽然向上好学，但还没有明确目标，并不知道自己想做什么。这个阶段的学习就是要尽可能多地涉猎新东西，然后才知道其中有没有你会长期感兴趣的方向；但更好的办法是多做事。做事给你目标。如果年龄够了，打打工吧，打短工，多打几种。格物致知，不格无知。

5. 怎样写读书笔记

乔释冰：写文章和读书笔记有哪些相同和不同？读完一篇文章或一本书后怎么能写出一篇抓住核心关键的读书笔记？

就是读书笔记，也是各人方法不一样。我记得零碎，不求系统，不求未来看到笔记能还原整本书讲过些什么。记在卡片式本子上，或者手机备忘录里，它就成了思考时的凭借，写作时的积木。如果读完书我写篇完整一些的文章，也很少会写这本书的核心关键是什么，除非写的目的是向别人介绍。但我大多时候写文章是为自己，所以会写的是读书时候受到的启发，触类旁通的感想，以及待探的线索。话又说回来，一本书的核心关键，还用得着我们自己再写一遍吗？看导言、结论两章，不都在那里了吗？不是比自己总结来得更精当吗？

不过，如果你还是想知道怎么抓住一本书的核心关键，我现在耶鲁上的一门课对你大概会有启发。这门课叫 Global Politics，全球政治，说起来很大，其实就是一门读书课，一学期12周，教授就拟了12本书的书单，都跟全球议题有关。比如，第一课讲金融危机，第二课讲欧元何去何从，第三课讲收入不平等，如此等等。学生们每周读一本书，在上课时讨论，每次都是由某个学生把当周的书讲一遍，另一个学生把这本书与此前的书做比较。我已经上了三次课，对耶鲁学生们读书的能力印象深刻，抓得住大纲，记得住细节，生得出阐发，做得了 PPT，讲的还头头是道。这样一学期高强度读12本书下来，估计收获不小。

我观察，他们的做法是这样的：根据书的结构，抓住主题，列出大纲，层层分解。方法不难，就是训练有素。

你如果也想这么做，就多练吧。

6. 如何学习英语

一拉：请问您是如何提高英文的听说读写能力？对英文阅读，有什么好的建议？

我的英语水平没有我希望的那么好。我在听说读写当中，从强到弱依次是读听写说。近年进步比较大的是写。如果是写文章的话，往往要自己用中文写一遍，然后自己再改成英文。财新传媒有很好的英文新闻队伍，我会请他们再过一遍，不过我对他们的要求是只改错不润色。这样生成的一篇长文，已经在牛津大学出版的一本书中作单章出版。

说是我的弱项。一位英语文学教授说，学语言要以写作为核心，我很同意。按说会写的话，说能有啥问题呢？但事实是近年我的口语并无多大起色，我也很懊恼。

本书的极简谈判课，里面的主角巴里教授教过我怎么办。他说，你在家里，跟孩子只说英语，孩子要说中文的话，只能跟妈妈说，跟你说中文，你就不做反应，迫使他们只能跟你说英语。这样下来，很快孩子们英语就很好了，你也会提高。他自己三个孩子，太太跟孩子说法语，阿姨跟孩子说中文，结果孩子上中学的时候，三种语言都很流利了。

巴里是活用博弈论的高手，对付实际问题的聪明人，他的建议值得试试。

阅读方面，我近年来主要读的就是英文书，有价值的书一般是用英文写的，不读不行。读书的时候，务必做到有生词必查，别混过去。然后就是多读。过去数年平均下来一周一本，去年做了个微信公号 BetterRead，把自己读后的感想书评放在上面，也邀请一些朋友在上面发文章。原想，中国能有几个人对读英文书感兴趣呢？结果一年下来，居然有了近13万订阅者，可见中国人求知之心切。

读英文书也不是完全没有捷径，可以先读读英文世界里那些关于写作的书。比如《风格的要素》(*The Elements of Style*)，这是关于英文写作的经典，很短小，忽略掉具体英文字词使用部分就更短，一小时读完，可知英文世界对于好文章的判断标准，可了解文章是怎么构造的，有助于你更好更有效率地阅读。

7. 写作与演讲哪个更重要

张岩：公众演讲可以把自己学习到的知识讲述出来，您认为写作和公众演讲哪个更能加深对知识的理解呢？

这个只能说是看人。管理学大师德鲁克说，有些人是长于读有些人长于听，要根据自己的长短和别人的长短相应组织交流方式。同样的道理也适用于写与讲，有人擅长写，有人擅长讲。我自己是长于写作，短于演讲。我不觉得在理解知识上两者有什么高低，但两者适用的情境是不同的，要知道自己的长短，选择适合的情境。这是扬长避短的一面。

另一面，就是不要总待在自己的舒服圈里。要逼着自己适时地处于不舒服的境地，有所改变，有所进步。比如，演讲我不行，但也不能总躲着。耶鲁世界学人项目有个演讲培训，我去参加了，颇有体会，也学到了一些技巧，已经在前面的文章《一小时速成影响力》里分享给了大家。

8. 快脑子与慢嘴巴

老晶儿：提高随时随地说服别人的能力，而不是事后想到如何应答，应主要从哪方面锻炼？

跟上一个问题相似，你得了解自己。比如说我，与一对多演讲相比，一对一效果更好，所以我会尽可能把谈话变成一对一。

如果一对一谈话中，反应速度仍是个问题，那就有意识地把速度降下来。

举个相反但可借鉴的例子，我跟同期世界学人坎巴聊天，他是来自英国外交部的高级外交官，说话总是得体有趣。我向他表示钦佩，他说自己其实说话过快，因为脑子转得太快，甚至因为脑子转得太快，说话跟不上老是跳跃着说。我说，他这种情况我熟悉，因为我的同事胡舒立就是这样。不过怎么在你身上没感觉到啊？他说，因为知道自己有这个缺点，所以长期训练，有意识地放慢语速，现在大有改观。

还有，就是要多说。虽然这条我自己做得也不够。我自己的情况，是跟人往往无多少话可说。你的这种情况，当时说不出事后才想起来该说啥，我少年时代也常有。我靠什么呢？多读多想多写，这种症候就慢慢消失了。

9. 好学深思

賨波：如何建立个人的知识体系、思维构架以及表达能力？我相信这是个人成长重要组成。

建立知识体系、思维框架这件事，有人有方法，有人没方法，我是没方法的那一类。我信马由缰，听凭兴趣、好奇心带着我到处游走，效率是低一些，但过程愉快一些，走得多见得多，自然就有一套看法。对于我这一派，目的性少一点，好奇心多一点，适不适合你，得看你是哪种人。

还要讲的是，这世界不存在与内容相分的形式，与实质脱离的框架，不存在与经历、记忆剥离的思维，所以，体系、框架，等等，即或有些许捷径，也无法速成。内容、实质、经历、记忆，只能靠在时间中累积。要我看，好学深思，四个字足矣。

具体建议，是底线要达到能用英语阅读，且达到相当于大学文科高数课程的数学水平，这都属必须，且不难。否则的话，什么体系、框架，都是虚妄，空中楼阁而已。在这之外，我推荐要多了解博弈论，今天的社会科学研究，材料越来越重视数据，而分析越来越多引入博弈论。

我自己的经历，是早年学习哲学，然后从事新闻工作，其间又学习过商业管理相关课程，还有国际关系，有时是被命运推着走，有时是基于自己的工作需求，有时是基于自己的兴趣，比如现在耶鲁这个项目。我自认为是成熟比较晚的，勉强达到四十不惑的门槛。

表达能力我能说的多一些。就我自己而言，文字表达最好，一对一交流其次，一对多公众演讲比较差。有资格讲的，就是文字表达。还好，文字表达极为重要。《王烁·大学·问》刚刚发的关于蔡崇信的那篇里，蔡说，耶鲁法学院教育对他从商的优势之一，就是优雅、简洁、有逻辑的写作。

斯蒂芬·平克说，写作之难，在于把网状思考，用树状结构，体现在线性展开的语句里。我觉得这句话说尽写作之难。正因如此，写作最难的就是开始写作本身，因为人们太过畏难。我的建议，就是第一要先写起来，第二要尽可能多写。

我自己的阅读与写作是高度融合的。许多时候的阅读直接以写作为目的。即使不是这样的时候，也很重视读书笔记。曾经有一篇近两万字的书评，就是读几页写一段发在微博上的，每段必须控制在140个字，发了上百篇，不期然成为很好的写作训练，也正好与一流作家卡片式写作法相符。纳博科夫、钱锺书等一流作者的皇皇巨作，也都是起源于用卡片记录片断，然后组合，连缀，生发出来。这对我们是个很好的启发。

工具则惟求简单、快捷，念起即用。我用的是 iPhone 自带备忘录，足够简洁又足够强大，速度极快，且与 Mac 无缝同步，非常趁手。写到这里查了一下，今年以来，长短不论，已记录了512条，如果我有什么体系与框架，都在其中矣！

10. 通识教育

1-Lens：王老师，能不能详细介绍一下耶鲁大学通识教育的理念和方式，它对我们培养孩子有什么参考价值？

耶鲁最重本科教育，而本科教育的风格是通识教育。所谓通识教育，旨在为学生带来完整的知识结构，养成触类旁通的通用智慧。学生们会有专业，但大量涉及本专业之外的知识，因此不同于职业或者技术教育，比如说，在耶鲁，本科生院和研究生院之外，医学院、法学院、商学院等等都叫作职业学院。

通识教育起源于古希腊，指公民所应当具备的知识与能力，要参与公共生活才是完整的人，也就是说，要会打仗，会辩论，能打官司，在法庭上为自己辩护，所以得懂哲学、逻辑学、语言、演讲术、音乐、天文、数学，等等。

现代社会分工细密，古希腊的通识教育当然只能从精神上去效仿：你作为现代公民应当具备的知识，一般来说涵盖文学、哲学、数学、部分自然科学和人文学科。你从大学毕业，应当具备现代公民的完整智识能力，而不仅仅是被打造好只解决特定问题的工具。

最本真地保持通识教育的，是一些小型的文理学院，规模极小，教学质量极高，散布在美国新英格兰乡间，稍微有点与世隔绝。耶鲁早已走出这种模式，成为现代研究型大学，但还保留了通识教育的精神。

我看到的情况是这样的：

第一，本科生集中住校，分成14个学院（college），每个学院都建筑古雅，四面围合，有广大的中庭，学生们在此食宿、娱乐，也有图书馆和体育设施，college 不管教学，主要是一种生活的组织，旨在使学生们增加交流，培养集体荣誉感，或者说，在现代社会重现一种雅典学园之风。

第二，所有老师，不管多么大牌，都有为本科生开课之责任。比如保罗·肯尼迪这学期开课，年纪大了，站一会儿就得坐下，所以专设了桌椅，就这样，还是开了两门课。

第三，耶鲁最大的系是历史系，经济学系屈居第二，恐怕在国内很难想象。因为耶鲁历史系水平极高，特别是古典部分，有专精古希腊的殿堂级学者唐纳德·卡根（Donald Kagan）坐镇。大量的学生注册在历史系，但同时学其他专业课程。我的一个学生联络员就是历史系学生，兼修计算机。通识教育体制给了学生更自由的选择。

第四，大量面向本科生的课程并非关于技能和知识，而在于修养与思考。比如，耶鲁有门名课，“值得活”（Life Worth Living），依次讨论七位哲人及其所代表的人生哲学，探讨在这些哲人眼中对多层问题的回答：什么值得活？怎样才感觉值？有何理据？失败会怎样？对谁负责？老师严格价值中立，引导讨论。这门课影响很大，学生们成立了“活得值”协会，使命陈述是“要让每个耶鲁学生都要认真思考生活为什么值得过这个问题”。

第五，耶鲁通识教育之下，也有弱点，比如科技一环偏弱。我听耶鲁学生说，多年之前，还曾经考虑过裁撤科学技术相关学科，当然未成事，但重新追赶也待时日，据说是当下耶鲁校董会关注的重点。

11. 怎么摆脱拖延症

闪闪发亮：你是特别勤奋的人，通常勤奋的人时间利用效率都极高，请问有什么特别强力有效的方法能让人摆脱拖延症吗?

需要摆脱拖延症的，我看还是不够忙。够忙的话，你拖不起。

习惯性地拖延坏处很多，至少在我犯这病时的体会，一是浪费时间，因为拖延那段时间你不会在干有用的事，而是纯拖延；二是消耗精神能量，因为拖延那段时间里，你不是看电视就是刷微博、朋友圈，而且为刷而刷。

怎么办呢?

我今天没有什么拖延症，因为太忙，你先忙起来。如果一时忙不起来的话，那就先做两件事。

第一是想到什么马上做，一刻也别拖。耶鲁世界学人项目有专人来培训写作。写作指导老师对我们说，写这件事最容易拖，所以要告诉自己，只写两分钟就好。这当然只是降低你开始写的心理焦虑，只要开始写起来，就会写下去了。

第二是把你的大计划分解成许多可以马上去做的小任务。别被自己的伟大目标吓住，总是走不出第一步。无须把目标变小，会分解就行。

12. 忘掉财商这回事

黎兆生：我们70年代没有受过财商教育，我女儿高一，学校外的机构推销财商冬令营，作为家长怎样引导孩子的财商，和有哪方面的入门书籍推荐给女儿？

首先，忘掉财商这个概念。在这商那商之中，只有智商（IQ, Intelligence Quotient）是有科学依据的。它可测量、可比较、可重复；情商（EQ）虽然已经进入心理学词汇，其提出者之一甚至已成为耶鲁大学校长，但在学术上仍有争议；至于财商，well，把它当个比喻就好。

所以，我的建议就是：绝不要让孩子上什么财商冬令营，也不要让孩子去看什么有关财商的书。这些书和冬令营都不值一文。

不过，应该让孩子懂得这些关于钱的事：

第一，钱是好东西。

每个人有自己定义的幸福与自由，但整个社会平均而言的幸福与自由，很大程度是由钱来衡量的，有钱才有幸福和自由。钱跟铜臭不铜臭无关，它是对资源的度量。资源可以是山川、大地、河流，可以是安宁、平静，可以是让陌生人为你做事。钱不是完美的度量，但现在惟一普适的度量就是钱。

第二，钱总是有限的。

稀缺无处不在。富到世界第一，盖茨的钱可也不是花不完的。因为一个人拥有的资源与其抱负相比总是不足。所有人都缺钱，所以花钱就是取舍。让孩子建立预算，给自己的多重目标和需求排序，用钱来表达。

第三，让孩子早点挣钱。

早点挣钱，让孩子知道生活不易，没有人欠他们一个好生活，这是其一；其二是人生的错误要尽量犯在前面。犯在后面的错误你无法承受，少年则是最好的犯错时期，这时犯错的收益／风险比高到惊人，不犯错简直是虚度人生。

我所知道的大多数传奇投资人物，不管出身什么家庭，都是从小就开始挣钱，在早早开始的成功和失败循环中不断学习，最终对钱所代表的一切产生持续终身的热爱。

这比什么财商教育靠谱多了。

13. 做智识的游牧民族，竞争力在哪里？

一位小朋友：在加州大学圣地亚哥分校（UCSD）里的星巴克，一位小朋友问，我的兴趣广泛，但很多前辈跟我说必须专精一门才有竞争力。你说做智识的游牧民族，随时准备转场，那竞争力在哪里？

是这样的。第一，如果竞技场稳定，大家争尺寸之短长，则专精一门以求寸进，可能带来很大收益。如果体育场上只知道冠军，谁知道第二名是谁？尽管只差0.01秒。不过，如果竞技场随时在变，则专精一门，付出极大时间精力努力，有可能付诸东流。今天是哪种情况？说实话难讲，各有各判断，有这框架会好一点。

第二，你必须知道走马观花的竞争力在哪里。走马观花，则在所有个别领域里，你无法战胜专家；但将不同领域的东西放在一起，触类旁通，你或者有点优势。如果你相信布莱恩·阿瑟近著《技术的本质》所讲，那么绝大多数创新的本质就是将已有的模块以人们没有做过的方式放在一起，哪怕这些模块分处知识和技能地图上很远的地方。所以，光走马观花不行，你得时时想到，将哪些已有的

知识 / 技能模块与眼前的新东西组合。绝大多数组合是不成的，但偶尔会释放出没想到的力量。

第三，得知道你身处的环境是否许可走马观花。以我自己为例，我是新闻工作者，走马观花是我的工作。我不能战胜任何一个领域里的专家，但那又有什么关系？能让专家跟我谈就可以。新闻工作之外还有哪些领域能容纳甚至鼓励走马观花？你得找到它们。

14. 人工智能时代的择业假说

Water: 我即将面临大学选专业。很苦恼，不知道选什么专业不会被人工智能所代替，不会失业。金融、传媒、艺术，还是其他领域。

第一，你想得太多，又想得太少。想得太多，指人工智能这件事，你既不太了解，又过于担忧，听任内心的不安发酵；想得太少，指你只看到人工智能这件事有可能带来影响，却不知道有无数因素会影响大到经济小到你的就业。这些因素多到你想不过来，又彼此放大彼此抵消，其间的动力复杂到无从预测。所以，基本上你是白烦恼。想不清楚的事，不必多想。

第二，以我对人工智能的粗浅了解，这一轮人工智能的兴起，主要是深度学习的突破，影响很大，却又是个很具体的事。影响很大，指在计算能力极大扩展，社会和经济普遍数据化时，深度学习算法已经获得的突破，可以在比较广的面推开，一个领域接一个领域地收获。很具体，指你不能线性外推，自己吓自己，以为人工智能在未来一定会像今天一样继续突破。人工智能下一次在哪条战线上哪种算法上取得突破，能否突破，都难以预测，如果不是无法预测的话。

第三，就这次深度学习带来的人工智能突破来看，哪些领域机器会有比较强的竞争力，已经跟人们预想的大为不同。比如我讲过几次阿尔法狗下的围棋，用人类观点来看，极有创造性。以前认为人类在创造力上有优势，这看法是靠不住的。再比如，德州扑克牌是不完全信息游戏，人工智能近来战胜了人类顶尖牌手，说明从前以为人类在不确定情境中的决策上有优势，也是靠不住的。可以说，如果有足够的计算能力支持，有恰当的大量的数据用于学习，那么，有什么样的算法，就可能呈现出什么风格的“智慧”。

第四，我觉得这一轮人工智能进展多远，更多地取决于社会数据化的水平。那些越难以数据化，或者即使数据化但数据粗糙的地方，人工智能对于人的替代越难。

按此推理，至少金融市场上的投资是靠不住的。金融市场产生的数据是经济活动所产生的最规整一类数据。金融经济学发展那么快就是因为数据又多又好，当然，金融这个筐里东西很多。私募股权类投资（PE、VC）与金融市场上的投资不同，没有标准数据，主要看人。其实，现在的资产配置研究已经指出，对冲基金几乎不能带来稳定的超额收益，但私募股权投资则有可能，它的分布是畸形的，大多数私募股权投资机构不能但少数第一流机构能稳定带来超额收益。

第五，你还问到传媒、艺术。先说媒体，我是新闻工作者，就谈文字。文字本是标准化数据，但其组合既是开放的，又必须基于社会共识。就是说，一方面，文字有任意种组合，另一方面，哪些组合是“对”的，不取决于预定规则，取决于社会认可，这两点对今天的机器智慧都是很大挑战。如果机器能够写出我现在正在写的这篇回答的话，我就该退休了。

艺术是另一回事。它首先是创作者的个人表达，最终需要但不是那么马上就需要社会认可。我觉得机器创作出专家无法分辨出自人手还是机器之手的艺术作品，会很快，如果不是已经发生的话。同样地，很难想象机器创作的艺术作品会对人类的艺术作品有强烈的替代冲击，因为表达是个体的事，每个个体的表达都有独特价值，无法替代。

不过，艺术这个领域赢家通吃的性质太过强烈。站到金字塔尖固然风光无限，但如果站不到塔尖，谋生都是个问题。你既然提出这种问题，说明一点：艺术这件事，你还是算了吧。

15. 幸福首先靠运气

Guxinxy：如何选择合适的伴侣，维持幸福的婚姻，养育良好的子女？

这个问题的答案，首先是运气，或者是随机性。我们往往过度低估了运气有多重要。其实，我们是什么样的人有什么样的际遇，命运骰子的转动至少能管住一半。而剩下的另一半也没有单一的解决之道。比如说，有人认为幸福的婚姻要求双方共同成长。听起来很有道理，但我是不太同意的：难道不成长就要离婚吗？我的理解，合适、幸福、良好，这些词的内涵是什么，每个人只有自己清楚。至少你在选择伴侣时，对方肯定是合适的；至少你在结婚时，婚姻肯定是幸福的；至少孩子降生时，他肯定是良好的。所以，我们要做的，就是保有当初的合适、幸福、良好。

怎么做呢？

你得会谈判。这里的谈判自然是广义，指一切人际协商互动。

我接下来会在这个产品中开出极简谈判课系列，它当然不会直接回答你这些问题，但相信你能从中受到启发。

16. 防骗指南

梁斌：说说我一个朋友被骗的惨痛经历。朋友是微商，要进一批货，认识了一个便宜的渠道，有几次成功交易，突然有一次，还是和往常一样付了款，迟迟不发货。对方说，现在货很紧，这个数量已经暂缓发了，批发门槛提高了，如果要快速发货，需要再打一笔钱，否则就退钱。结果我这个朋友就增加了订货量，钱打过去了以后，对方又提出金额还是太少，经理不批，要求再多加一倍的钱，同时会赠送一些货，否则估计要两个月后才能发货。我这个朋友做生意哪能等呢，又怕之前的钱冻住了，希望早点脱身，只好打了一笔巨款过去。这一过去，对方就突然失去联系了，电话无人接，根本找不到。

这就是传说中的切香肠片战术（salami tactics）。什么意思呢？你去买香肠，店主切好了，你说，再切一小片吧。店主多切了一片，你又说，再切一小片吧。如是再三，最后你把人家的整条香肠都切走了。

说起来好像很滑稽，但切香肠片战术著名地难以对付：再付出一点点努力就能达成交易，而不付出这点努力则已付出的努力都作废。有几个人能挺住？

航空公司有超售惯例，如果不巧乘客都来了，只好用补偿吸引乘客自愿放弃座位，这就特别适合采用切香肠片战术跟航空公司谈。有些谈判高手谈下了多得令人难以置信的补偿，办法很简单，第一态度始终很好；第二是把对方每个让步都接住，变成既成事实；第三是无情地用小刀接着往下砍。

当然了，之所以效果奇佳，还因为航空公司的利益与来跟乘客谈判的工作人员的利益不一致。航空公司的利益是以最小代价拿到座位，工作人员的利益则是拿到座位，但不关心成本。可能是因为谈判高手太多，最后，美国航空公司不得不缩小对登机口工作人员的授权，甚至这都不够，干脆通过立法，规定补偿上限，不得超过。

介绍一些对付切香肠片战术的办法。

经济学家阿维纳什·迪克西特（Avinash Dixit）在《战略思考》（*Thinking Strategically*）一书中说，如果对方切你的香肠片，你威胁说再多要一片就谈崩，这威胁是不可信的，因为多要一片的损失与谈崩的损失不能相比，不符合你自己的利益。如果你足够理性的话，应该忍。

你有什么办法？

第一个办法是成功地使对方相信你确实被他逼疯了，已经没法理性了。

第二个办法使你既保有理性，又使对方了解谈判有破裂风险。

假设大家都清楚“香肠片”还有10片，你就做10个阄，其中一个上面写着谈判破裂。你告诉对方，每多要一片，你就抓一次，有10%的可能谈崩，而且你控制不了。如果对方懂博弈论的话，他就该收手了。你放弃自控，获得力量。

第三个办法是你所做让步不能被对方拿走，作为下一步谈判的基础，必须彼此互为条件。

问题中的案例，受害人一是始终“理性”，二是没有反制手法，三是步步增加被套金额，最后被人一把清光。

最后说说一把清光，这是骗子惯技，其手法是通过长期博弈形成声誉，然后一举套现。防骗关键是两个词：长期和声誉。只要对方的声誉价值超过你潜在损失的价值，你这宗交易就是相当安全的。在这个案例中，骗子与受害者是不是长期交易？不是。有没有声誉？显然没有。可惜普通人的思维方式是模糊的、近似的，把网上混个"脸熟"当成了可靠关系，把几次交易完成当成了声誉。

要防止被骗子一把清光，就不能逐步加码最后全部投入。人生偶尔用得上逆序思维，就是从终点反推，此即其时。如果对方是骗子，那么长骗（long con）的终局是一把清光；反过来说，如果对方制造出将你一把清光的可能性，那么是骗子的可能性显著增加。这是说他。对你而言，无论他是不是骗子，你总是做分段、持续、均衡的投入，使对方欺骗你一次总是无大利可图。这样的人生才是遇不到骗子的人生。

后记

我刚刚结束访学，回到北京，继续财新主编这份很有前途的工作。我留下一些话，自问自答，希望有用。

知识有用吗?

答案似乎是不言自明的。其实不尽然，得看你是什么人，用处是什么。比如中国首富前三名，王健林、马云、马化腾，难道他们是最有知识的前三名?知识、技能、运气、胆色……条条大道通罗马。有知识可能成功，成功不必有知识。

对那些致力于获得知识并运用它来尽量活得好的人来说，知识才是有用的。这似乎是同语反复，但有其意义。芒格说："我的剑留给能舞动它的人。"知识亦然，它选择自己的使用者。芒格本人就是活生生的例子，一生求知，既获得了众人意义上的成功，也获得了自己想要的成功，他历年的演讲，建议尽量找来都看看。

怎样快速了解一件事?

这个问题总有人问，我也回答过。这次讲得全面点。

如果你真想了解一个领域，最快最靠谱的办法就是读一本教材，想差不多了解下的话，初级教材就可以；想了解更多的话，读中级教材；但是不要轻易去读高级教材，读完你可能拿到博士了。

你可能要问读什么教材。其实读教材这件事，读本身远远比读哪本重要得多。不要在挑选上想太多，任何一本美国大学常用教材都行，先读起来。

如果你像我一样主要需求是快速浏览某个主题，然后再确定是不是真想了解下去，那么，我用维基百科，英文版最丰富最好。维基百科天天在其首页募捐，因为创始人认为知识应当是自由的免费的（free），所以拿着金饭碗讨饭。我捐过些钱，因为受益很多。作为知识的入口，维基确实很好。

怎样识人？

财新做过许多金融报道，我经常听投资家说一句话，投资就是投人。

我忍不住想投资家们到底是怎么成功的，因为人是靠不住的。

其实，什么都是靠不住的，没有找准一条路然后稳如泰山这种事。一招鲜吃遍天，那是因为没遇到克星。

在人与制度的循环之间，制度是靠不住的，因为凡制度必有bug（漏洞），捉了这个，那个冒出来；也因为徒制度不能自行，得靠人来做。但人也是靠不住的：人会变，情境会变。或者不管人变不变情境变不变，就说这一刻，我们就不止一个自己，而是多重复合体。在做决定的那一瞬间会塌缩到哪一个自己，好比人生的量子力学，事先难以预测。

访学之前，我出了本书，是此前所写短文的集子，用了其中一篇的标题做书名：《我们为什么总是看错人》。文章介绍的是哈佛心理学家罗伯特·崔沃斯（Robert Trivers）的书《愚人蠢事：人类欺骗与自欺的逻辑》（*The Folly of Fools: The Logic of Deceit and Self-Deception in Human Life*）。

简而言之，我们对他人的能力看得相对准，对他人的好坏善恶忠奸看得很不准。原因不难理解，能力有相对客观的标尺；好坏善恶忠奸则没有：大家一起做蛋糕，这是非零和博弈，彼此会倾向于合作，合作就有蛋糕，不合作就无；合作得好就大，不好则小。分蛋糕就不一样，是零和博弈，你多我就少，我多你就少。天底下没有只做不分的蛋糕，也没有不用做就能分、凭空掉下来的蛋糕。合作与背叛交织，共存于包含创造与分配的所有人际协同之中。如果因为合作愉快而忘掉了背叛就在转弯处，因为被背叛过就对一切合作丧失信心，结果都很惨。

何时合作何时背叛？或者何时可以信赖别人合作，何时提防别人背叛？

如果我有答案，那么我就解开了千古难题，所以我没有。牢记但凡蛋糕都有做和分就好。

勿以言举人，勿因人废言。

这句话出自孔夫子。这些年来我见人阅世，时时想到这话，逐渐沉淀出味道。

这句话说，不要因为他说了正确的话就看重、推荐、提拔他，不要因为他这个人不靠谱就完全不听他说的话。

第一层，人归人，话归话。有道理的话，不管是谁说的，都要听听；同时，不管说出多有道理的话，跟这个人好坏没有关系。

第二层，坏人说得对，好人说得错，这种事经常有。社交媒体时代，好人坏人都努力发声，不要根据言论高下去度人。

第三层，韦小宝骗人，十分话九分真一分假，而关键在假的这一分。凭此绝技，韦小宝在海公公、康熙、天地会、吴三桂之间如鱼得水，成就通吃侯之业。你要是遇到韦小宝怎么办？不是完全没有办法，如果你们处于零和博弈之中，那么，韦小宝说的话，九分真也好，一分假也好，当作风过耳，既不当作假，也不当作真，而是统统没听见。如果你们是在正和博弈当中需要彼此合作呢？ Well，只能祝你好运，谁说人生容易呢。

告别之际，语无伦次。祝各位学习进步！

图书在版编目（CIP）数据

在耶鲁精进：成为专才之前，先成为通才 / 王烁著. —北京：民主与建设出版社，2017.11

ISBN 978-7-5139-1778-0

Ⅰ. ①在… Ⅱ. ①王… Ⅲ. ①社会科学—文集 Ⅳ. ①C53

中国版本图书馆CIP数据核字（2017）第267266号

© 民主与建设出版社，2017

在耶鲁精进：成为专才之前，先成为通才

ZAI YELU JINGJIN: CHENGWEI ZHUANCAI ZHIQIAN, XIAN CHENGWEI TONGCAI

出 版 人　许久文
著　　者　王　烁
责任编辑　韩增标
监　　制　于向勇　秦　青
特约编辑　张　卉
营销编辑　刘晓晨　罗　昕　刘　迪
版式设计　谭　锴
封面设计　张丽娜
出版发行　民主与建设出版社有限责任公司
电　　话　（010）59419778　59417747
社　　址　北京市海淀区西三环中路10号望海楼E座7层
邮　　编　100142
印　　刷　北京嘉业印刷厂
开　　本　700mm × 995mm　1/32
印　　张　12
字　　数　258千字
版　　次　2018年1月第1版　2019年2月第2次印刷
书　　号　ISBN 978-7-5139-1778-0
定　　价　58.00元

注：如有印、装质量问题，请与出版社联系。

质量监督电话：010-59096394

团购电话：010-59320018